U0030508

Phaidros

專文推薦

閱讀柏拉圖，滿足愛智慾

苑舉正

西方文明的核心是哲學思想，而西方哲學的內涵，大致上可以從柏拉圖的哲學中看出一個輪廓。這也無怪乎，英國哲學家懷海德（Alfred North Whitehead, 1861-1947）曾說，西方哲學傳統最確定的普遍特徵，就是一連串對柏拉圖所提出的註腳。這句話至今依然膾炙人口，但為什麼柏拉圖哲學具有這種影響力呢？

柏拉圖的哲學能夠占據西方思想核心地位的理由有三，分別是：寫作風格、理念體系，以及天人之際。柏拉圖的作品統稱為《對話錄》，其主要內容大多以蘇格拉底為對話的主角，在雅典的大街小巷與人交談所發展出來的思想。對話是一種很特別的寫作方式，最主要的價值就在於保存了闡揚真理時的辯證思維。

理念體系的自然呈現，是閱讀柏拉圖對話錄時的驚喜。每個讀者在聚精會神之下，跟隨對話的脈絡，而逐步理解追求真理的過程中，皆會突然發現，柏拉圖三十多篇的《對話錄》，形成了一個完整的理念體系。最令人嘖嘖稱奇之處在於，這個體系的浮現，完全出自於讀者閱讀後的感想，而不是柏拉圖在作品中想要告訴讀者的內容。

天人之際是柏拉圖哲學對後世影響最深遠的部分，原因有如下三點：首先，柏拉圖哲學超越人倫，並直達天際的系統，為後來基督教的發展奠下基礎。其次，理念體系不受人際關係的限制，讓所有讀者皆可以感受柏拉圖哲學的超越價值。第三，天人之際告訴我們，人是由無限的心靈與有限的身體所組成的，因此，「認識自己」是人在追求永恆生命的過程中，最需要理解的一件事情。

研究柏拉圖哲學的人，整理柏拉圖《對話錄》思想的結果，將它分為早期、中期與晚期三個階段。柏拉圖早期的思想以簡短的對話錄為主，內容多為記錄蘇格拉底的言行。中期思想為柏拉圖的成熟階段，大多以篇幅較長的對話錄作為他思想的代表。晚期的柏拉圖思想，雖然展現思想的方式更為深沉，但討論的議題反而多以早期思想所列舉的為主。

柏拉圖思想成熟期的主要對話錄代表中，最著名的是《理想國篇》（*Politeia*）與《饗宴篇》（*Symposion*）。前者內容豐富，但大多在討論何謂正義，後者是眾人發表高論，在酒酣耳熱之際，大談愛慾。《理想國篇》的對話，以理性、穩健與細緻著稱，而《饗宴篇》的對話則以感性、跳躍及粗獷出名。兩者之間，像極了希臘神話中長期談到的太陽神阿波羅與酒神戴奧尼斯之間的對立。這個對立其實是同源的，來自人性中所流露的兩個面向。

《費德羅篇》正是柏拉圖這一時期思想中的傑作。它具有多方面的功能，試圖將人性中理性與感性這兩種不協調力量，透過這篇對話加以結合。它讓人理解，將衝突的理念放置於同一架構下的結果，其實是達到內心諧和的途徑。因為這個緣故，所以《費德羅篇》具體而微地描述了柏拉圖思想的主要內容，將寫作風格、理念體系與天人之際揉合在一起，成為柏拉圖哲學的縮影。

《費德羅篇》是柏拉圖作品中，唯一一篇記錄對話人物離開雅典城的對話錄。這個細節饒富深意，因為鄉村與城邦之間的差別，正是應用鄉村的神話世界，來描繪城邦政治規範的想像空間。像《饗宴篇》一般，《費德羅篇》談論的主題是**愛**。然而，愛卻是如此矛盾，讓所有的人，無論是被愛者，還是示愛者都遭受「滿足慾望」與「追求美感」這兩股力量的拉扯。面對這種拉扯，沒有人敢忽視愛的力量，卻也讓蘇格拉底的觀點，出現否定與肯定的兩種不同立場。

蘇格拉底對愛的詮釋延續著柏拉圖典型的二元論思維，將愛的力量，從表象到實在，從表面的狂野到真實的提升，做了兩種截然不同的說明。所有人都明白，愛的力量是多麼強烈，讓人根本就無法從示愛者的激情中脫離出來。但是，在鄉間散步的蘇格拉底，抬頭見到烈日當頭，卻又立即想到，縱使愛的力量有其瘋狂之處，難道這個瘋狂不正是哲學中追求真理的神祕力量嗎？

因此，蘇格拉底發揮了理性的精神，強調愛的瘋狂力量，其實就是一種神性動力的展示。此動力充斥於我們的靈魂之中，讓所有的人皆能發揮理性的力量，不追求肉慾的滿足，而追求滿足求知慾。對於蘇格拉底而言，求知慾的滿足，就是愛的力量發揮到最高層次的展示，也就是哲學被稱為「**愛智**」的主要理由。這種藉用神話故事展現哲學定義的方式，讓所有人讚嘆不絕，打從心底佩服柏拉圖真是一位充滿藝術細胞的寫作家。

不料，就在這個時候，《費德羅篇》的對話話鋒一轉，開始問到寫作的價值。出乎大家意料之外，當所有人肯定文字的價值時，蘇格拉底卻認為，真正使作品具有價值的地方，不是用文字記錄的文本，而是透過辯證思維所口述的對話。換而言之，文本只是用文字記錄下對話當時的智慧，而其功能，只不過是一連串幫助我們恢復當時對話情景的提示文字；文字本身卻不代表真實。真實來自於辯證時的體悟，卻與修辭所應用的技巧沒有直接的關係。

《費德羅篇》內容豐富，閱讀起來非常緊湊，牽涉範圍廣泛，需要細細閱讀，否則並不容易掌握其要旨。本篇譯者孫有蓉是我的學生。她以優異的成績在法國留學，並留在巴黎第一大學索爾本校區任教。長期以來，她教授經典之一，就是《費德羅篇》。在翻譯本對話錄的過程中，她提供了大量的譯註、前言與摘要，甚至列出一篇跋，企圖說明閱讀本篇對話錄的細節與挑戰。我在閱讀完她所做的翻譯之後，可以很驕傲地說，因為她的努力，所以華人世界中的柏拉圖研究必然會因為這一篇翻譯，獲得更向前進一步的機會。

我向所有熱愛西方哲學經典的國人，鄭重推薦本譯本。

本文作者為國立臺灣大學哲學系教授

CONTENTS

前言

西方經典族繁不及備載，為何鍾情兩千五百年前的這位古希臘哲學家，柏拉圖的作品來翻譯？可能如懷海德所言：「兩千五百年西洋哲學，只不過是柏拉圖哲學一連串的註腳。」也可能單純只是受限於譯者專業領域，更可能只是無版權書海中不經意的緣分。

為什麼翻譯柏拉圖對話錄？為何譯註《費德羅篇》？屢屢試問，愈是挹注深入，愈是希冀此書能讓更多人與哲學結緣。東西方各有一部經典以對話形式撰寫，一部提供人生百解，另一部百思無解。柏拉圖思想的特色即此：重百思，不求正解。因為一旦有正解，眾人就以為思想已經徹底凍結在此答案當中，殊不知凍結在答案中的思想，若是失去動態和發展只會僵化死去。而失去了靈活度的思想，也使得所謂標準答案除了試卷，嵌不進任何人生境遇。那些看似知識、智慧、功成名就、幸福、美滿、公正、愛情的護身符千變萬化地躍然眼前，能以文憑、履歷、薪水、娛樂、和諧或玫瑰現身，也能以名聲、權力、為所欲為、以眼還眼或慾望示人。如果柏拉圖此生有所執著，那大概是致力於釐清所有虛實排列組合下編織出的生命百態，總結柏拉圖思想：幻象若能使人相信，因為幻象總是交雜了些許真實；真實若會讓人誤解，因為真實總有虛構的空間，而智慧，不過釐清萬象與其根源而已。

柏拉圖《對話錄全集》其實早已存在，然而多年以來，也只有一套從英文翻譯而成的《對話錄全集》中文譯本，有失對希臘文原文的雕琢。除此之外，最為可惜的是這套《對話錄全集》只有譯文沒有註釋，無法引導有需要的讀者進入其中進行哲學討論，加上譯文著重口語對話，使得情境掩蓋了討論中的概念，難以用哲學的方式進行閱讀。柏拉圖的書寫方式極為特殊，雖然是對話，卻不是真實對蘇格拉底言行的記載，而是如同寫實小說一般虛實半參。因此，在翻譯上必須同時注重是否有忠實呈現其藝術創作層面，例如劇情發展與情境是否忠實體現，更需要在翻譯時再再提醒自己這是一篇哲學著作，需要將「概念」、「論證」和「定義」刻意突顯出來，避免對話情節掩蓋過哲學思想。另外，隨著時代與知識發展，許多國家都會不斷重譯經典的哲學作品，而這些哲學討論的發展，也重新賦予經典新的生命與觀點。近年來單篇對話錄陸續有新的譯註出版，也都是由哲學教授重新譯註，貢獻良多。《費德羅篇》至今尚未有新的譯註，因此意圖在其譯註工程上盡棉薄之力，希望臺灣能享有愈來愈多古代哲學的資源，讓古希臘哲學教學不再屬於歷史認識，並將柏拉圖哲學探問生命的魅力重新放到每個獨立思考的靈魂間，當靈魂反思、與自己對話、與自我辯論，思想則愈敏銳活躍。

柏拉圖一生沒有建立哲學系統、沒有思想理論，但他無止盡的提問與質問卻確保了思想不怠惰地推陳出新，每個提問皆開創出了一個問題平臺，之後讓後人拾了去，在上頭建造出不斷相互辯論的思想系統，發展到極限的時候，一場新的提問與質問又在思想中推出新的浪潮。

選擇《費德羅篇》，因為這是徹頭徹尾、淋漓盡致地呈現柏拉圖哲學精神的作品。正如所有柏拉圖對話錄，每篇對話錄都有至少一個主題，而《費德羅篇》乍看之下主題是「愛」與「美」，但短短的對話錄當中實則談及了組織思想、寫作、修辭、說服他人、道德、行動、命運、生活方式，而在寫作的形式上更展現出對話錄的彈性：不只對話，還有大量的詩歌、神話、寓言、譬喻、虛構故事，形式與內容二者皆豐富多元，卻良好組織成一道流線不斷推進的思辯過程，而不至於天女散花似的零碎。正因為此篇對話錄思想十分富饒，語言和論述並不會映入眼簾滿是艱澀，不似《辯士篇》（*Sophistes*）或《泰鄂提得斯篇》（*Theaitetos*）由於論說形式的複雜而屏障了背後的提問，難以讓所有閱眾親近；不似《理想國篇》篇幅稍長；也不似《饗宴篇》主題非常特定，無法藉此一窺柏拉圖哲學整體。在這個意義下，《費德羅篇》成了十分適合所有程度讀者的對話錄，並非因為這是一篇難度較低的對話錄，而是因為這是一篇能夠陪伴各種讀者成長的對話錄。《費德羅篇》所觸及的反思與哲學問題，更是所有生命必然捫心自問的課題：「什麼是愛？」、「我如何知道對方是否愛我？」、「我人生有何追求？」、「如何得到幸福？」這些課題，只要是有反思能力的生命都會經歷，既然或早或晚都要面對，那麼也可以跟哲學家一起思考、一起面對。不只是《費德羅篇》所觸及的哲學反思能利益大眾，更是極少數有意圖在作品當中教讀者如何思辯、如何判斷誤導性推論、如何分析組織思緒的哲學作品，從哲學啟蒙與教學的觀點上來看，此作品面面俱到。

正由於我深信《費德羅篇》在各方面的考量下都是哲學教育起步的良方，因此《費德羅篇》也是在我第一年於法國索邦巴黎第一大學哲學系任教時，為大一學生們所選擇的古代哲學課程內容。用一個學期的時間，慢慢與學生分析、論辯。柏拉圖用《費德羅篇》做了完美的示範，教我們如何從所身處時代中各種紛亂、難分真假的言論當中，去提問、獨立思索，在這一連串辯真偽、論虛實的討論上，柏拉圖最終將上述對思辯的追尋與執著總結在一個字上：Philo-sophia，愛智慧。哲學之大用，不過探尋命中所愛何為已矣。

《費德羅篇》譯註工程浩大，作品能有今日之貌，除了編輯勞苦功高，更一路有師友相伴。在此感謝撰寫過程中所有曾經贈言的朋友簡維儀、梁家瑜、何星瑩與舍妹孫以倫，Ouliann Fournier 一路支持，更感謝父母的栽培與薰陶。除此之外，法國索邦巴黎第一大學／法國巴黎高等師範學院教授 Dimitri El Murr 教授辛苦栽培，讓我在成書過程得到許多助益，臺灣大學哲學系教授，苑舉正老師對我哲學史啟蒙功不可沒，臺灣大學社會系教授，賴曉黎老師更在註釋與概念討論上貢獻良多，在此致謝。

孫有蓉

二〇一七年，二月十四，寫於法國巴黎

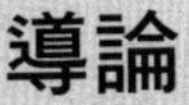
導論

01 作者和作品簡介

柏拉圖（Plato, 427-347B.C.），古希臘人，生於雅典，為蘇格拉底[1]的門徒、亞里斯多德[2]的老師，在雅典創立**學院**[3]，為西方史上最早的高等學院。歷史上稱蘇格拉底、柏拉圖、亞里斯多德為古希臘哲學三哲。

柏拉圖在歷史上的地位極為顯赫，其為蘇格拉底的門徒、撰寫對話錄的事實家喻戶曉，然而，直到今日仍然可見後人描述其作品為「導師蘇格拉底與他人對話的紀錄」，以上這些事蹟看似無誤，卻隱含著一連串對柏拉圖身分相互不一致的認識。此刻即突顯出「思辨」與「思辯」能力的重要性。思辨不一定思辯，前者明辨是非（辨，區分之意），後者論辯事理，換句話說，光是思辨，能區分、判斷差異尚且不夠，更需要透過自我辯論的方式來琢磨問題的各種面向。在這個例子當中，柏拉圖為蘇格拉底的門徒，若其對話錄僅止為老師與他人對話的記載，並非柏拉圖本身的思想，那麼柏拉圖何以被稱為哲學家，而非《對話錄》作者？或甚至記錄者？

作者

1. 門徒柏拉圖：對蘇格拉底思想的承繼

有足夠的史料顯示柏拉圖是蘇格拉底的學生，且在二十歲左右與蘇格拉底相遇。蘇格拉底沒有書寫任何作品，因此所有跟蘇格拉底相關的資訊都是從認識他、與他對話過的時人，並將他寫進自己作品的文獻當中得來，其中贊諾芬[4]、雅里司多芬[5]和

1 蘇格拉底（Socrates, 470-399 B.C），古希臘哲學家。

2 亞里斯多德（Aristotle, 384-322 B.C.），古希臘哲學家。

3 學院（Academia），又稱雅典學院，是柏拉圖於西元前三八七年設立於雅典的學校。

4 贊諾芬（Xenophon, 427-355B.C.）生於雅典的文史學家，記錄當時的希臘歷史，作品中多次記錄蘇格拉底言行，其著名的作品有《長征記》，是以個人經驗所撰寫的文學作品；《希臘史》描寫西元前四一一到三六二年間的希臘史；《居魯士的教育》，透過研究波斯帝國的開國國王居魯士來談其政治思想；《蘇格拉底回憶錄》、《蘇格拉底的辯護》、《饗宴篇》（與柏拉圖某篇對話錄同名）。

柏拉圖三人的著作提供了對蘇格拉底其人與其思想的豐富描寫。然而，此三人筆下的蘇格拉底判若兩人，尤其在雅里司多芬的喜劇著作《雲》當中，把蘇格拉底描繪成一個荒謬詭辯的角色，與柏拉圖對話錄當中堅持與人論辯事理到底的形象相差甚遠。此外，贊諾芬同樣撰寫蘇格拉底語錄，為什麼後人將柏拉圖的《對話錄》視為哲學經典，卻只將贊諾芬的作品當作文學、歷史文獻看待？而在蘇格拉底本身沒有留下隻字片語的狀況下，將柏拉圖稱為蘇格拉底的門徒，有何意義？

首先，我們必須自問，是某人的學生、曾在某人門下求學，是否就等同於某人的門徒？學生單純指出向對方求學的事實，但門徒的意義似乎更加深遠，暗示了兩人的思想之間有所繼承、連續或對話。既然蘇格拉底未曾有作品傳世，後世又如何判定柏拉圖為蘇格拉底的門徒？以下將由三點來討論柏拉圖對蘇格拉底思想的繼承。

在多數描寫蘇格拉底的歷史文獻當中，共同提到的一點就是蘇格拉底治學的方式：對話。不管在贊諾芬的回憶錄，或者雅里司多芬的喜劇裡面胡言亂語、到處找碴的形象，蘇格拉底都是個以「對話」為其主要思想活動的人。而蘇格拉底之所以堅持只用對話的方式進行哲學思辯，而不將他的思想撰寫成文，這跟蘇格拉底對知識與哲學的定義有關。蘇格拉底否定知識能像商品轉手一般傳授他人，因此認為，哲學作為探問真理的活動，只能透過對話當中的一來一往、一辯一答孕育出較為清明、真實的思想。而其弟子柏拉圖，畢生著作輝煌，卻無一不以對話錄的形式撰寫，由此可見柏拉圖繼承了蘇格拉底進行哲學活動的形式，認為哲學只能在對話當中進行，知識也只能在對話當中被喚醒。想當然耳，柏拉圖並沒有全然承襲蘇格拉底，不然柏拉圖就會跟蘇格拉底一樣，花畢生精力在市場上找人辯論，而非撰寫《對話錄》並成立雅典學院。柏拉圖書寫思想，但運用文字能夠虛擬實境的潛力來虛構出一部部的對話錄，用文字來呈現一個理念或哲學問題如何在一來一往的對話中發展、淬鍊，最重要的是，**知識不是一連串辯論探索的結論，而是整個動態的過程**。

柏拉圖的這種教學方式被稱為「辯證式（dialectical）教學」，用意在駁斥「訓導式（didactical）教學」。訓導式教學基本上就是當下全球各個社會中最常使用的教學方式，在師生之間建立起對立關係，老師負責講述內容，學生則負責聆聽、抄寫，將講述的內容當作知識本體，知識因此如物品一般能夠從一端轉手另一端。辯證法在古

5 雅里司多芬（Aristophanes, 448-380B.C.），雅典人，為古希臘著名喜劇作家。雅里司多芬的喜劇作品時常涉及當時帶的人和事件，用喜劇誇張諷刺的方式重新呈現，其劇作《雲》（*Nephélai*）即是一齣嘲弄批評蘇格拉底的喜劇。

希臘文中的字源就是「對話」的意思，dia- 有相互的意思，lectic 則是 legein（說話）的變形，從對話到辯證法，柏拉圖和蘇格拉底並非只是單純對知識或哲學有著不可傳授的信念，反之，這個必須透過對話與辯證觸及知識的理念成為整個柏拉圖哲學的基礎，柏拉圖稱之為「知識的助產術」（maieutic）[6]。

柏拉圖在《泰鄂提得斯篇》當中讓主要角色，蘇格拉底，講述了「知識的助產術」的作用，更讓蘇格拉底自許為「知識的產婆」。在《泰鄂提得斯篇》中，蘇格拉底說到自己的母親是產婆，他看過產婆們用各種方式讓產婦集中注意力、用歌聲減輕痛楚、調整姿勢等，來引導產婦誕下嬰兒，而知識也是一樣，沒有人能替其他人得到知識，必須由自己用正確的方式培養、孕育自身本來就有潛力取得的知識，旁人最多只能在這培育、生產的過程中引導。因此，雖然歷經同樣的過程，有些人中途放棄、有些人培育的方式不對，最後就可能得出四不像的濁見[7]。

柏拉圖延續蘇格拉底功業的第二點在於「駁斥辯士」，這點一直到柏拉圖的學生，即亞里斯多德身上仍然維持了這個敵對的態。辯士（sophist），又稱詭辯學家，是西元前四世紀開始在古希臘出現的一種身分，在與蘇格拉底與柏拉圖同時代的其他作品也時常討論到辯士的角色。辯士的身分很難有一個明確的定義，但基本上指的是那些販售知識、教人演說辯論，或收費幫人上法庭打官司的職業。從此可以明顯看出，辯士不僅認為知識可以轉手傳遞，更可以販售，再者，辯士宣稱擁有所有知識，所有內容都能夠講授教學。柏拉圖盡畢生精力，幾乎用每一則對話錄在尋找一個能定義辯士的概念，且證明了辯士無非是玩弄幻象、惑人信以為真之徒。

讀者可能覺得納悶，為什麼辯士的定義能夠讓柏拉圖，甚至亞里斯多德討論一輩子。原因在於，辯士沒有辦法定義，因為他隨著販售知識的對象不同、聽眾不同、場合不同，用話語形塑出的形象千變萬化，絲毫沒有同一性，因為辯士如千面女郎一般，在每個面向之間不需要連續性、不需要理由，這樣一個恆常處於變化的對象難以用恆定的概念攫獲。因此，在辯士的問題上，蘇格拉底、柏拉圖與亞里斯多德師徒三人在同一陣線上，嘗試突顯出辯士話術當中相互矛盾、模糊真偽的操縱手法。

最後，柏拉圖對蘇格拉底思想的繼承在於其提問的方式。對蘇格拉底的描繪當中皆會提到，蘇格拉底式提問即「何謂某某？」，例如「何謂正義？」、「何謂知識？」

6 此一討論可以參考David Sedley, *The Midwife of Platonism: Text and Subtext in Plato's Theaetetus* (Clarendon Press, 2006).

7《泰鄂提得斯篇》，148e-151d。

等探詢定義，論辯理念核心組成的提問方式，在希臘文當中為「Ti esti」（What is）。柏拉圖繼承了這種提問方式，因此在每篇對話錄當中，都至少能找到一個蘇格拉底式提問，因為對柏拉圖來說，哲學的目的在於探究每個理念（idea）的全貌，而一個理念必然是抽象、普世的。由於柏拉圖繼承了此種提問方式，他的哲學思想旨在探詢知性、普世的理念，或他所稱為「知性形式」或「理型」（intelligible form），在這個基礎上，柏拉圖發展出「參與理型」的討論，認為每個個體參與了某個理型，因此能夠從它身上認知到某種特質，譬如說一個義行必定參與了正義的理型，因此才能從此行動上認知到正義。柏拉圖的學生亞里斯多德就沒有繼承這個提問形式，反之，亞里斯多德換了一種問題，即「何謂此某某？」，不再探問普遍、抽象概念的定義，而詢問個別單個對象，在希臘文中寫作「Tode ti」（what is this），因此亞里斯多德的整個哲學思想發展重心就與柏拉圖走上了不同的方向。

從上述這三點上，我們得以進一步理解，為什麼柏拉圖能稱之為蘇格拉底的門徒，而兩人之間的思想又如何繼承與對話。

2. 作者柏拉圖：對話錄如何體現其思想

柏拉圖除了蘇格拉底門徒的身分之外，同時以作者的身分劃下了他與老師的相異之處。柏拉圖《對話錄》出自柏拉圖之手，這點在歷史上並無太多爭議，除了一些最後被收錄的信件，遭到有些學者質疑其並非出自柏拉圖之手，其餘三十五篇對話錄皆為柏拉圖所撰寫。柏拉圖的對話錄當中通常有一個主要的對話人，多數由蘇格拉底擔任這個角色，但有部分對話錄當中的主辯者並非蘇格拉底。有些是主辯者與多人對話（如《饗宴篇》），有時只有主辯者與另一人對話（如《費德羅篇》），而作者柏拉圖本身卻未曾出現在任何一篇對話錄的與談人當中。

問題由此浮現：若柏拉圖所撰寫的對話錄當中，未曾有柏拉圖自己的位子，那麼我們以何為憑能說《對話錄》展現了柏拉圖的思想？更有甚者，若作者未曾直接發表自己的思想，那麼我們又怎麼能將《對話錄》歸為哲學著作，而非文學或劇本著作？

前文中已經說明，柏拉圖的對話錄並非純然的歷史紀錄，而是半真實半虛構的作品，換句話說，對話錄當中的人物、地點幾乎都是歷史上真實的人物，更可能有零星的討論真實發生過，但對話錄卻完全誕生於柏拉圖的筆下，因為每個理念的呈現與鍛造都能夠從鋪陳當中看出刻意安排、前後呼應的痕跡，就連論證失敗與置礙[8]，都能在對話錄前後比對出特意安排的意圖。《對話錄》是部哲學作品，因為作品指在刻劃、琢磨理念的發展，以及理念之間的關係，而不在雕琢人物、情境或探索文字的可能性世界。正因為每篇對話錄的環節都是意圖安排的結果，閱讀的時候必須時時提醒自己，柏拉圖讓某個人物說出什麼樣的言論，也許另有其間接的作用，故不應該將通篇對話內容直接當作柏拉圖思想，否則我們可能只會得到一些相互矛盾的意見。柏拉圖的作品因此既是哲學著作，卻同時豐富地展現出藝術的面向，讓讀者能夠以多層次、多義的方式閱讀，這也是為什麼直到今日，《對話錄》的詮釋與研究仍然非常活躍。而柏拉圖作為《對話錄》作者，其悉心安排的每個環節，且如何用這些環節堆疊出他最終意圖揭示的思想，兩千多年來經過眾多學者不斷淘洗、分析，至今未見枯竭。

3. 哲人柏拉圖：何謂「哲學」？

柏拉圖作為哲學家的面向，似乎最常被提起，但在稱呼柏拉圖為哲學家的同時，似乎意指著我們已經清楚明瞭何謂哲學，因此將此人歸類為哲學家，其作品歸類為哲學作品。在如此的提問下，「哲學家」這個稱號似乎又變得模糊不清。

在能夠完善定義哲學之前，我們也許可以先對那些被我們稱為「哲學」的活動做一些歸納分析。在眾多哲學家與哲學作品當中，我們能夠發現這些人與作品展現出三個特點：第一、重視提問，且針對抽象普遍的對象提問；第二、用理性、邏輯的方式論證；第三、嘗試透過提問，翻轉慣習思考的內容與方式。這三點也許過於簡陋，不足以定義哲學，卻能夠藉此窺見哲學活動的核心重點在於，顛覆習慣所統治的所謂意見與被稱為知識的思想，用新的提問來開創新的觀看存有整體的視界，而哲學活動的方法則在於理性論證。關於哲學的定義問題，柏拉圖在本篇對話錄，即《費德羅篇》當中有所探討，在後文會更深入討論。

柏拉圖在對話錄當中，透過提問去追問事物的抽象普遍本質的基礎為何，且在對話的過程中，用論證證明對方言論的缺陷或立足論證，更嘗試通過對話，推翻許多人

8 置礙（**aporia**），在希臘文中指的是「死路」、「窒礙」之意，在柏拉圖的思想當中，這個概念被發展成為思辯的方法，用置礙來展現一個問題的極限，用極限來提醒重新反思和提問的重要。簡單來說，有時候某些問題最後所有討論方式都窒礙難行時，代表也許問題問錯了，或問問題的方式錯了，才會導致思想走入死巷。

直覺會認同的言論思想，提供新的視角。從這點看來，柏拉圖的作品無疑具備了哲學作品的特質，除此之外，柏拉圖更在作品中多次探討何謂哲學的問題。「哲學」（philosophia）一詞雖非柏拉圖所創，卻正是在柏拉圖的思想當中，確立了哲學作為最高層次的思想活動與生活方式，今天所使用哲學一詞的意義，就是從柏拉圖開始才確立了這門活動的定義。

作品簡介

1.《對話錄》

內容與形式的特殊性

前文當中已經就對話錄的結構稍有介紹，在柏拉圖三十五篇《對話錄》當中，每一篇都蘊含著超過一個的哲學問題，因此時常因為對話錄觸及的問題太多，導致後世研究者必須探討單一對話錄的內部統一性何在。雖然簡單說起來，對話錄的形式就是多個人物之間的對話，但每一篇當中除了對話之外，都一定有開場的序幕，序幕的用途在於將這個對話擺在一個特定的情境與脈絡當中。比如說，《饗宴篇》的序幕就在呈現這篇對話錄是由第三者記錄且轉述一個宴會當中的對話。

對話錄的結構除了序幕用來設定對話場景之外，對話當中慣性運用「反詰法」（elenchos）來作為對話發展的形式。反詰法指的是用否定前人言論，且呈現前人言論中矛盾處的方式來進一步發展論題，在《費德羅篇》當中能夠非常明顯看出討論主題如何在一次又一次的反詰當中進展。

對話錄的另一個特點即是少有結論，如同上文所述，對話錄時常以「置礙」做結，也就是在這個提問上的所有討論最終全都被駁斥，沒有一個能夠完滿地回答問題的所有面向。因此，置礙指的並不是單一論證失敗，而是一個問題上的所有論證都遭到否定的狀態，置礙所指涉的是一個思辯狀態，而不是一個論證。柏拉圖對於「置礙」的使用在每篇當中各有不同，而且難以捉摸其意圖，但由此可推知，對柏拉圖來說，「置礙」並不代表知識沒有進展或沒有意義，否則以置礙做結的對話錄根本不會被寫下來。相反的，「置礙」有時作為前後對話錄呼應的關鍵，有時在於呈現某種提問方式的極限，同時也用負面方式說明什麼不是知識。

此外，柏拉圖選擇用對話的形式呈現自己的思想，但另一方面又要用書寫的方式來虛構出對話情境，因此對話錄中就運用了大量且多元的元素，來豐富情境的層次與不同智能運作方式所適合的引導方式。例如像是詩歌、神話、譬喻、寓言、祝禱等的引用，運用這麼大量非理性論證的內容，在哲學作品當中幾乎是空前絕後。對於柏拉圖來說，哲學活動是一種生活方式，而哲學家不管如何孤立於世，仍然身處於人世間，而哲學提問更是從所有日常素材的對話當中提煉出來。此外，每個智能的運作方式不同，著重說理論證者要以理度之，需要舉例理解者，要以例度之，需要用影像進行理解，就要以神話寓言度之。這個考量在本篇對話錄當中有被特別點出說明。

《對話錄》的成書順序

關於《對話錄》的成書順序，有許多不同的假設，但卻沒有一個足具科學基礎的年表。《對話錄》的順序大抵是由文獻學者分析內容、結構、風格、不同對話錄中人物年紀變化所推論出來的，目前最著名的歸類是將柏拉圖的對話錄歸為三期：少年柏拉圖、成年柏拉圖、老年柏拉圖。在少年時期，學者認為柏拉圖的思想尚未成熟，蘇格拉底的影響較為明顯，也尚未提出自己的立論與概念；成年柏拉圖的對話錄中開始著重於建立思想體系，大量討論理型；而老年柏拉圖則是在對話錄當中顯現出自我反思，把從前對話錄當中討論過的問題再次拿回來重新探討。這樣的分類固然有其意義，但卻不可過度依賴，認為柏拉圖作品必然分為三期、三期之間必然有明顯分界。

除了《對話錄》順序之外，柏拉圖在某些作品當中明顯做出了先後順序的暗示，因此讓讀者能夠找出幾部三部曲、四部曲《對話錄》。透過文中的開頭和結尾來暗示哪篇為哪篇的續集，例如《泰鄂提得斯篇》、《辯士篇》與《政治家篇》（*Politikos*）就是著名的三部曲，藉由文中的「昨天」、「今天」將三篇對話錄排成一個序列。

2.《費德羅篇》

內容大綱簡介

本篇對話錄名為《費德羅》，因為其中與蘇格拉底談論的人物為「費德羅」，《費德羅篇》又有個副標題「論美，道德類型」，讓讀者能一窺此對話錄的主題。

《費德羅篇》主要分為兩大部分：第一部分以「愛」為主題，第二部分以「修辭學」為主題。在第一部分當中，包含了四個部分：序幕、呂西亞斯（Lysias）言論、蘇格拉底第一言論與蘇格拉底第二言論。兩個部分的連結並沒有什麼必然關係，因此有許多學者探究柏拉圖將兩部分同時放在一篇對話錄當中的用意。然而，如前文所述，柏拉圖對話錄不僅內容豐富多樣，在結構上也極具彈性，不僅因為對話本身的發展結構並不如通篇論述嚴謹，更利用對話的彈性來豐富對話錄的閱讀方式。

舉例來說，《費德羅篇》表面上看起來分成兩大部分，各自主題不同，拆成兩篇對話錄似乎也可行，然而這種分割方式只考慮到了兩部分討論內容中的主題不同，卻忽略了兩部分中對形式的討論也自成一格。《費德羅篇》第一部分雖然討論愛，卻是透過一篇有特定目的的寫作的言論開啟這場討論，因此修辭作為說服人的藝術在對話錄一開始就埋下種子。對話錄不僅在愛的主題上讓討論內容在對話中進展，柏拉圖更設計讓討論的形式也同時在進展。

進一步對《費德羅篇》第一部分進行分析，三則言論當中，後一則否定前一則，而否定的也不只是內容，更是從形式上否定某種呈現思想的方式能夠稱做論證。在這個意義上，我將第一部分的三則言論分別概念化為：修辭論述、邏輯論述、辯證論述，呂西亞斯的言論只有修辭價值，沒有任何思想組織或論證；蘇格拉底第一言論之所以是邏輯論述，原因在於蘇格拉底用跟呂西亞斯言論當中一模一樣的元素，用邏輯推論的方式將呂西亞斯的論題以論證的方式呈現，在這個意義上，蘇格拉底第一言論駁斥了呂西亞斯言論的形式，卻沒有駁斥他的內容。

最後，蘇格拉底第二言論用重新提問的方式來駁斥呂西亞斯言論，也就是他自己第一言論的內容，在不斷提問、否定、再提問的過程中最後提出愛的定義與效應。在內容上的發展在第一部分當中，愛的主題在蘇格拉底第二言論當中得到相對完滿的結論，但是對於形式上的討論卻尚未深入，因此第二部分事實上在於重拾思想形式的問題，來解釋為何呂西亞斯的言論沒有組織卻能煽動聽眾，更在最後說明真正好的修辭學必然要求辯證能力，以此來作為此對話錄對形式部分的結論。

出場人物與地理背景

《費德羅篇》當中所涉及的對話人物有四人：費德羅、呂西亞斯、蘇格拉底，其中只有費德羅和蘇格拉底兩人直接發表意見，呂西亞斯則是透過費德羅之口轉述其言論。雖然呂西亞斯沒有親自參與對話，但卻在此篇對話錄當中占有非常重要、提供論題素材的角色。

費德羅在柏拉圖的三篇對話錄中出現，分別為《普羅塔哥拉斯篇》（*Protagoras*）、《饗宴篇》與《費德羅篇》。在《費德羅篇》當中，費德羅為對話的主要角色，以文中對他跟蘇格拉底和呂西亞斯之間的關係設定，可知這時候的費德羅未滿二十歲。在《饗宴篇》當中的費德羅已經步入壯年，且是對話錄眾多參與人中第一個在「慾愛」（Eros）女神的主題上發表言論者。

《費德羅篇》與《饗宴篇》時常被拿來相互比較，因為兩篇對話錄的主要論題都是慾愛，只不過在《饗宴篇》，有八個參與討論的人各自分別發表不同意見，因此不像在《費德羅篇》中，思想在兩種意見一辯一搏中發展。《饗宴篇》中九個言論之間的辯駁對話較少，卻比《費德羅篇》呈現更多愛所展現出的各種效應的面向，讓每個人就自己注意到的部分進行抒發。

除此之外，《饗宴篇》當中也說明了愛的起源，用神話來講述「貧窮」偷偷去跟「富裕之神」睡在一起，就生下了擺盪於向死與永生之間、永遠不滿足、想追求更多的慾愛之神。在《饗宴篇》中的費德羅，一改在《費德羅篇》中呂西亞斯的論點，歌頌愛所讓人擁有的勇氣，並主張若集體之內大家彼此相愛，那麼將孕育出德性最高的城邦。

呂西亞斯雖然沒有親自參與《費德羅篇》的對話，其書寫的卷軸卻成了整篇對話錄的進行軸線。呂西亞斯是古希臘非常著名的演說作家，幫別人撰寫演說稿。他的父親克法羅斯（Cephalus）與兄長浦連馬克斯（Polemachus）也都是柏拉圖對話當中的角色，最著名的討論為《理想國篇》克法羅斯和浦連馬克斯的言論。呂西亞斯在歷史當中有著非常重要的地位，其所撰寫的演說稿多數都有被保留下來，作為古希臘演說文學重要的研究文獻。

至於蘇格拉底，他在《費德羅篇》當中的形象，呈現出了歷史研究中蘇格拉底的一些特點。首先，蘇格拉底不穿鞋，總是赤腳走路，而且非常喜歡用揶揄的方式進行對話，除此之外，在多個對話錄和其他歷史文獻中都會提到「蘇格拉底守護靈」，根據史料中的描述，這如同是良知的聲音，以肯定或否定來提點蘇格拉底。在此篇對話錄中，蘇格拉底的形象被刻劃地十分生動，光腳、不喜歡出城，因為蘇格拉底偏好從與人的對話中學習，且在《費德羅篇》當中點出著名的神諭「認識你自己」，強調這才是所有知識的終極目標。除此之外，文中也點出蘇格拉底對言論探討的熱愛幾近病態。

此篇對話錄的起點在雅典城內，從蘇格拉底遇上費德羅開始。《費德羅篇》是唯一一篇在動態中進行的對話錄序幕，從蘇格拉底遇上費德羅，隨著費德羅走出四面都有城牆圍起的雅典城，往郊外沿著河流走去，直到走到一棵松樹下，在河邊舒適的草皮上，兩人才正式展開對「愛」的討論。由於文中多少描寫了地理環境的相對位置，因此按照對話錄，後世學者得以重建兩人在真實雅典地圖上的行進路線，並推知費德羅與蘇格拉底所行走之處即是雅典城外的伊利索斯河（Ilissos）河畔。

《費德羅篇》就在這一老（蘇格拉底）一少（費德羅）的對話之間展開，儘管兩人只是散步於城郊的林間，一切景色與視野卻彷彿在對話中被賦予了生命，將人類的靈魂從肉體的限制中解放，透過神話、傳奇悠遊在永恆的宇宙中。而「愛」，作為生命中的終極動力，在理智成功地引領下，讓我們追隨高遠超越的理想，在有限肉體的生命之內，能夠觸及剎那中的永恆與超越。以下的文本結構分析，將幫助讀者在閱讀正文的同時，不失卻其對話整體的結構。

02 《費德羅篇》文本結構分析

序幕〔227a-230e〕

227a-227c 相遇

蘇格拉底迎面遇到費德羅，得知費德羅剛從呂西亞斯家中離開，便與他同行，要他分享剛習得的言論。

227c-228e 言論之愛

由於費德羅躊躇推託，蘇格拉底便開始描繪費德羅對言論的熱愛，以他對費德羅的認識，費德羅必當熟記呂西亞斯的言論。而蘇格拉底同時也表示自己對言論的熱衷，簡直到病態的地步。

228e-229c　**對談場景**
沿途場景多有描繪，費德羅提及許多養生之道。

229c-230a　**論神話**
行經波瑞阿斯（Boreas）神話所描繪之地，費德羅詢問蘇格拉底對神話的看法，兩人討論神話的真實性與研究意義。

230a-230e　**安頓**

第一部分

第一回　呂西亞斯言論〔230e-234c〕

之一　230e-231a　開場

之二　231a-234b　論題

1. 231a-231e　**由愛戀者觀點論利弊**

(1) 愛戀者在不愛之後，悔恨於本來可以爭取卻錯失的利益，反之，無愛者只以自我利益為行動準則。

(2) 愛戀者所承受的苦楚，無愛者則否。

(3) 愛戀者心隨境轉、見異思遷，無愛者則判斷不隨人改變。

(4) 總結愛戀者失去理智、無法自我控制、心理病態，因此跟愛戀之人交往毫無益處。

2. 231e-232e　由社會觀點論利弊

(1) 選有用者交往比有愛者交往來得有益。

(2) 跟愛戀者交往讓人陷入汙名，因為愛戀者會不由自主地想向眾人昭告其努力與心意。

(3) 在眾人眼中，相愛者之所以同處，只為了滿足慾望而無他。

(4) 愛戀者會因為嫉妒而將所愛之人孤立於社會中，讓他沒有其他社會連結。

3. 232e-233d　由被愛者觀點論利弊

(1) 與愛戀者關係難以維持，因為只由肉體慾望維繫；反之，友誼則恆常。

(2) 要追求進步與卓越，與愛戀者交往毫無幫助，因為愛戀者判斷失義。

(3) 排除一切情感影響，才能作自己的主人。然親情、友誼不在此限。

4. 233d-234b　交往的真諦

若要施恩惠，要施予最急迫所需者，因為這些人的感念與回報最多。人跟人的交往就如同交換，需要理性計算才能得到最大利益，而在交換利益系統下所鞏固的交往才最為穩定。

之三　234b-234c　結論

第二回　第一中段〔234c-237a〕

之一　234c-235a　蘇格拉底對呂西亞斯言論形式的評論

在修辭的意義上辭藻華美，無話可說。

之二　235a-237a　蘇格拉底對呂西亞斯言論內容的評論

但在內容上，呂西亞斯並沒有窮盡問題的探討。費德羅認為呂西亞斯的言論已經提出了這個主題上的所有元素，驚訝於蘇格拉底不滿意此篇言論的內容部分，因此逼著蘇格拉底發表他自己的言論。蘇格拉底表示，呂西亞斯的言論並非全錯，元素也都有所觸及，但缺乏組織。在蘇格拉底與費德羅對言論的慕愛之下，蘇格拉底終於同意將自己不知從何聽來的言論與費德羅分享。

第三回　蘇格拉底第一言論〔237a-241d〕

之一　237a-237c　開場

1. 237a-237b　召喚繆思女神

這段對繆思女神的召喚一來呼應崇高的言論並非來自有限、凡俗的他，而是來自神靈的啟發，在此後的對話當中會不斷呼應這點，二來，蘇格拉底透過召喚來強調他的言論本身就屬於傳說。

2. 237b-237c　情境設定

此言論儘管出自蘇格拉底之口，蘇格拉底卻精心安排讓他的這段言論不僅是傳說，更是一個虛構場景中的對話言論。蘇格拉底在此創造了「機靈的愛戀者」這個角色，機靈的愛戀者跟其他愛戀者一樣迷戀男孩，但因為機靈因此假裝不愛這個男孩，並且用以下言論來說服男孩與其交往。

之二　237c-237d　導論：論定義之必須

機靈的愛戀者所發表的言論從討論的事前準備工作講起，強調若討論的對象在議論開始之前沒有先界定清楚，那麼討論將無所適從，最終無法達成任何共識或結論。機靈的愛戀者表示，在議論開始之前，必須將討論的對象定義清楚，定義對於任何議論都是不可或缺的起點。

之三　237d-241b　論題發展

1. 237d-238c　慾愛的定義

(1) 愛是一種慾望，但慾望卻無法定義愛，因為所有人，不管愛或不愛都慾求美。

(2) 每個人的行動都由兩股驅動力引導：追求歡愉、仰慕崇高。

(3) 當追求歡愉主導行動，則稱為縱慾；當仰慕崇高主導行動，則稱為節制。

(4) 縱慾有許多種，每種有不同名稱，我們由它驅使我們去追求的對象來命名，例如縱慾地追求美食即稱為饕餮。

(5) 慾愛因此指的是一種縱慾，而其對象是肉體之美所帶來的歡愉。

2. 238c-241c　與愛戀人交往之利弊

(1) 縱慾者傾向將其歡愉最大化，而所有與其平等或超越他的都只讓他感到違逆，而不感到歡愉。

(2) 他既然無法承受與其平等或超越他的對象，那麼他就會貶低所愛之人，讓他停留在卑下的狀態。

(3) 愛戀者會阻撓所愛之人結交其他朋友，以免結識比他更具優勢的對象，而見異思遷。且希望所愛之人永遠停留在無知的狀態，繼續仰慕愛戀者且滿足他的慾望。

(4) 因此，愛戀者為了最大化自己享受肉體之美的歡愉，希望所愛之人無親無友、家破人亡，只剩他自己可以依靠。當愛戀者年老色衰，就時時猜忌所愛之人會愛上其他人。

(5) 當愛戀者年老，不再追求歡愉時，他行動的主導驅動力就換成了理性而非衝動，當主導的驅動力變換時，他就像換了個人一樣，從前的諾言或積累的人情債都隨之消失。

之四　241c-241d　結論

第四回　第二中段：懺頌之必須〔241d-243e〕

之一　241d-242d　蘇格拉底守護靈

蘇格拉底語畢後不願再開口，本想離去，這時卻宣稱收到了神靈的訊息，禁止他在為剛剛這篇言論懺悔之前離去。

之二　242d-244a　懺悔

蘇格拉底徹底推翻前面的言論，揚言自己是被迷惑才說出如此對慾愛之神大不敬的言論，承認自己的錯誤不但不敬而且愚蠢，因為神靈之所以是神靈便是因其高尚，而呂西亞斯和蘇格拉底方才的言論，卻貶損了被敬為神靈的慾愛。若慾愛是神，那麼神怎麼可能是導致眾惡的原因？因此蘇格拉底要重新發表言論，以懺頌洗滌自己的罪。

第五回　蘇格拉底第二言論（懺頌）〔243e-257b〕

之一　244a-244b　導論

蘇格拉底更正其言論，認為「與有愛戀之情者交往實為不智」這個論點有誤，因為在這個論述當中預設了愛戀即瘋狂，而瘋狂即惡。然而，瘋狂卻是神賜予人最為神聖的禮物。

之二　244a-257a　論題發展

1. 244a-245c　神聖之瘋狂有四：預言、巫術、詩瘋、慾愛。

2. 245c-249d　何謂靈魂

(1) 靈魂永生〔245c-246a〕

靈魂永生且作為所有運動的起源與原則的論證，在此段落解釋十分清楚。

(2) 靈魂的形式〔246a-246d〕

蘇格拉底認為靈魂的形式用論證的方式來呈現，已經超過一般人理解的能力，因此用一則神話來將靈魂的形式描述一駕寶馬車，上面有一位車伕控制著兩頭性格迥異的馬，其中一匹聽從指令，色白，另一匹衝動莽撞追著歡愉跑，色黑。

(3) 靈魂的旅程〔246d-247c〕

靈魂的初始狀態與神靈得以飛翔，如果馬車伕馴服得了自己的馬，那麼靈魂就會跟隨著神靈運動。蘇格拉底用一期一度的饗宴來描繪所有靈魂與神靈聚集，來到天庭之外，理型所在之處，透過冥思理型所得到的真理是最適合滋養靈魂的糧食。

(4) 靈魂的墮落〔247c-248c〕

然而，若車伕無法控制反抗的黑馬，任憑黑馬拉著馬車去追尋立即、非真實的歡愉，那麼靈魂就會失去翅膀而墜地，並寄生在一副肉體上。

(5) 靈魂的輪迴〔248c-249d〕

靈魂墜地之後依照生活方式的不同，決定肉體凋零之後靈魂向上昇華或向下沉淪，不同的生活方式又跟靈魂所愛、所追求的對象彼此區分。所有靈魂都愛美好，但要作為車伕的理智判斷所好追求的確切對象，何者真正能通往美好，又有能力駕馭衝動與享樂的慾望，才可能實現較為幸福的生活方式。

3. 249d-256e　何謂愛

(1) 慾愛狂〔249d-250a〕

慾愛作為四種神聖瘋狂最為美善，因為一旦美攫獲靈魂的眼光，隨之而起的慾愛會讓靈魂充滿的能量與動力。

(2) 遺忘與回憶〔250a-250e〕

靈魂初始的狀態都冥思過真理，但墜地之後受限於肉體，容易將表象當作實在，因為身體的感官不斷傳遞表象，而使靈魂開始遺忘真實。因此靈魂墜地之後，容易將物質上的美好當作真正的美好，而非美好的影像。當靈魂被「美」驚嘆時，驚訝的感覺正是讓靈魂脫離日常慣習，感受到有更加超越的存在，進而去思考真實的美，這個過程稱為「回憶」。

(3) 慾愛之效應〔250e-252c〕

慾愛讓靈魂充滿動能，不斷刺激著靈魂去追尋渴求的對象，靈魂可能放任自己，選擇繼續遺忘真實，將看起來美好的事物當作美好來追尋，因此放縱享樂，沉溺在可消費的美好上。但靈魂也有能力回憶起真實，儘管理智上知道表象上的美好誘人，卻不放縱慾望，把肉體當愛的對象消費，因此內部痛苦掙扎之後，有足夠智慧的靈魂得以克制自己不縱慾。但不管靈魂中理智的部分有沒有能力管好馬車，愛都是讓靈魂充滿動能，好似讓靈魂重新長出翅膀的能量。

(4) 追求所愛〔252c-255b〕

會對靈魂產生巨大吸引力，讓靈魂在愛足夠的動力下去追求的對象，事實上是靈魂自己渴望追隨之典範的倒影。

(5) 受愛者〔 255b-256a〕

愛也許在一開始並非對等的狀態，可能有追求者與受愛的一方，然而，若愛督促靈魂去仰慕對方的靈魂，而非消費對方的物質層面，那麼受愛者可能會因為認知到這段關係的超越性，而使愛變得相互對等。此狀態稱為慕愛，意味兩人的愛有堅固的友誼鞏固。

(6) 愛智〔256a-257a〕

相愛者之間形成了一個道德共同體，一同在生命當中追隨所渴望實現的生命目標，若兩人相互扶持，思慮自己追求的對象屬真實或表象，且讓理智引導出節制的生命，彼此的愛就成了對智慧的愛慕。

之三　257a-257b　結論

第二部分　論書寫形式

第六回　導言〔257b-259d〕

257b-258c　對呂西亞斯之演說作家身分的批判

258c-258e　何為好的說話或書寫形式？

258e-259d　蟬的神話

第七回　論題發展〔259d-278e〕

之一　259d-274b　說話的藝術

1. 259d-266c　原則：所有藝術都預設真實的認知

(1) 修辭學只在乎似實而非真實〔259d-262a〕

(2) 似實如何讓人信以為真：相似性〔262a-263a〕

(3) 相似性的由來：缺乏明確定義〔263a-263d〕

(4) 思想之組織與關結〔263d-265d〕

(5) 辯證法：分割與聚合〔265d-266c〕

2. 266c-272b　運用：修辭學家的祕密

(1) 傳統修辭技巧〔266c-267d〕

(2) 對傳統修辭的批判〔267d-269d〕

(3) 修辭學的前提：言論與心靈的類別〔269d-272b〕

3. 272b-274b　結論

之二　274b-259b　書寫

1. 274b-276a　何謂書寫

(1) 書寫的起源：特伯神話〔274b-275b〕

(2) 書寫的作用：幫助回憶〔275b-276a〕

2. 276a-278e　文學與哲學書寫

(1) 書寫態度：遊戲或嚴肅〔276a-277a〕

(2) 能自我辯護的作品：辯證〔277a-277e〕

(3) 詩作、律法、哲學三種寫作〔277e-278e〕

第八回　結語〔278e-279b〕

03 《費德羅篇》中的概念詮釋

《費德羅篇》是少數對話錄中全面觸及柏拉圖重要概念的作品，這其中每一個概念都有著兩千年以來的詮釋歷史，且每一個概念背後的思想體系都十分龐大，都能各自獨立成書。本文不敢懷有透徹解析以下所示概念的野心，但希望透過這些理念上的重要哲學探討與問題意識，來幫助讀者在閱讀對話錄的同時，有機會稍微深入背後的哲學討論。《費德羅篇》所觸及的重要概念繁不勝數，像是「認識你自己」、「靈魂永生論」、「知識回憶說」等等，都在《費德羅篇》中有著重要的位置，為了不搶走對話錄本身的光彩和重要性，以下僅選出《費德羅篇》中核心且最經典能突顯柏拉圖哲學特質的概念來進行介紹與詮釋。

靈魂

看到「靈魂」二字，也許有讀者的心中會不自主升起一股猜疑，直覺認為靈魂的討論迷信、過時或淪於形上學產物，我在此邀請讀者先去除「靈魂」二字在一般語言中的意義，純粹當成X來看待[9]，從柏拉圖背後問的哲學問題來理解為什麼要討論靈魂。柏拉圖思想著名關於靈魂的論證有以下幾個部分，這些論證全都出現在《費德羅篇》中：靈魂永生論、靈魂三分論、靈魂轉世說。

「靈魂」要探討的是「運動」或所有「動態」的起源。

廣義的「運動」隨處可見，不管是位移、變化、思想，皆因相對於靜止而屬於運動的一種。若所有「動態」皆由外力引發，那麼一個動態引發另一個動態，無限循環下去則無法設想讓「運動」出現的條件究竟為何，因此運動本身必然得有個「啟動者」，其本身不需要被啟動。這個「啟動者」就是讓運動出現且持續進行的條件，「啟

9 閱讀哲學作品的時候時常會有此問題，哲學家在運用詞彙時，都會先對詞彙進行嚴謹的定義，但這些定義卻不一定符合我們一般對這個詞或概念的想像或印象，因此時常造成誤讀或偏見。哲學思想，除了創新獨特，更重嚴謹界定，而哲學作品閱讀則著重確實理解，才能有進一步判斷與探討，因為只有理解了背後的哲學問題從何而來，才可能真正對思想作合理的評判。

動者」若有消失的可能，那麼所有的「動」就會跟它一同消失。之後的亞里斯多德會提出「不動的啟動者」的概念，但在柏拉圖的思想中，「啟動者自動」，因為對柏拉圖來說，「不動的啟動者」是個相互矛盾的概念，因此柏拉圖認為「啟動者」的特性在於「啟動自己」。換句話說，柏拉圖思想中的「啟動者」同時是運動主體，也是運動受體，而這個「啟動者」被柏拉圖稱做「靈魂」。不同於一般對「靈魂」二字的想像，此處「靈魂」沒有任何人格、經驗記憶，更不是只有人才具有靈魂。柏拉圖思想當中的「靈魂」是一股純粹的「勢」，也就是希臘文中 dynamis，簡單來說就是一股「能量」，而能量的概念正在於自己不斷翻動且能夠啟動其他物的動能。

在古希臘哲學當中時常看到「存有」（einai）和「勢」（dynamis）之間的對立，存「有」如其名所示，具備一定的界定和框限才能更「有」整體性，然而「勢」則如不斷湍流的力，只見能量能夠展現的結果，卻無法將能量界定在一個穩定靜態的實體內。好比佛家云「緣起緣滅」，即是否定「有」，而強調背後不斷處於動態的「緣」。

由此可見，作為「勢」的靈魂，就如同不斷引發自己動能的啟動者，它不但自我啟動，而且啟動其他無法自我啟動的運動。因此，各種「動」就能夠依照「啟動」類型的不同，而分為「引動」與「自動」，「引動」代表必須依賴外力引發運動，反之，

「自動」則不需外力來啟動自我的動態。因此，有嚴格意義「自動」能力者，即為運動總體的「啟動者」，柏拉圖稱此為「靈魂」。

一般所見的運動當中，十分容易注意到的兩種運動，舉例來說，石頭滾動和動物獵食，就反映了兩種不同的啟動。在這個意義下，生命，因此在柏拉圖眼中就是動態的延續，當「動」窮盡而靜之時，就是生命結束的時刻，這點在《費德羅篇》245c-245d有所論證。既然「生命」並非一次性的運動，而是一段能夠有延續性的動態，代表被稱作「生命」的對象都有著能夠不斷引發自己動態的關鍵，換句話說，所有被稱作「生命」者內部都有著一個啟動者，也就是靈魂，而靈魂和物體的結合就賦予了物體「生氣」，而成為「生物」，因而享有不同程度的「自主運動」，靈魂愈是遠離自己初始的狀態，受到物體的限制就愈高，主動能力就愈低，生命能自我實現或負責的可能性就愈低。因此，「靈魂」這個概念串起了物理學之後（也就是形上學）對運動如何可能的解釋，行為分析（透過身體實現的動作）、倫理學中行動分析（蘊含選擇與意義的動作）到靈魂本身純粹狀態下唯一活動：知性活動的分析，例如想要、思考、判斷、相信、正確或錯誤地以為，等等等等。

在簡單說明柏拉圖的「靈魂」概念處理的是什麼樣的哲學問題之後，接下來正式開始討論三大靈魂相關論證。

1. 靈魂永生論：靈魂真的不朽嗎？

靈魂永生論在《費德羅篇》中有完整嚴謹的論證，此論證用來界定靈魂的定義。「永生」並非靈魂的定義，「永生」這個特質是靈魂定義所必然導出的結果，而靈魂的定義就如上文所說是「自動者」，而「永生」則是界定靈魂本然（nature of soul）的特質。

靈魂永生論在《費德羅篇》和《法篇》（*Nomoi*）第十書當中多有論述，兩篇論述共同以靈魂作為運動的源頭與原理，來證成其永生的必然性。如上文所言，運動若非被另一個運動引發，那麼就是自我啟動，前者使得運動無限後退，無法設想其起源，而後者則給了整個宇宙運動整體一個支撐點。因此，自動者即運動的源頭與原理，起源，因自動者為啟動源頭；原理，因為運動所能展現出的所有可能性，不管是物理運動上的位移、變動、循環等動態，或是知性運動意義上的感受、思想、判斷、想望等等，所有動態的可能性都取決於自動者，因此自動者作為萬物運行之道，即是運動原理[10]。一方面，自動者永生因為其動態不依賴外在條件，其持續維持動態，因為其不斷啟動自己，既然生命即動態延續不斷地實現，那麼自動者則因為永遠維持動態而永生。靈魂，作為自動者，不僅永生，更因為自動者作為運動原理而不朽。因為，自動者既然是宇宙所有動態的運動基礎，那麼若這個自動者可能消逝，則代表所有因自動者這個基礎而已經或可能出現的動態都會灰飛煙滅，動態不僅意味著生命消失，更連思想和所有意義下的活動都會消失，既然宇宙陷入永恆虛無是不可設想之境，那麼作為運動原理的自動者，即所謂靈魂，自然也就不朽。

關於靈魂永生的討論，在兩千年以來漫長的詮釋史上曾經引發諸多爭論。比如說，某些詮釋者，例如李特[11]在其《柏拉圖哲學之本質》[12]一書當中，質疑柏拉圖在靈魂永生的探討中，嘗試暗示有著記憶或人格的個體靈魂超越肉體，這個論點非常有問題。另外，也曾經有學生問過我，若每個生命都有靈魂，而且靈魂永生，又如果靈魂數量固定，那麼如何解釋地球人數增減？這兩種類型的問題也許是一般大眾最直

---

10 此處「原理」一詞跟一般科學上從經驗規律找到的法則概念不同。

11 李特（Constantin Ritter, 1859-1936），德國研究柏拉圖思想學者。

12 Ritter, C. (1933). *The Essence of Plato's Philosophy*, New York: Russell & Russell.

接會有的疑問。

在著名談論柏拉圖宇宙論的《蒂邁歐篇》（*Timaios*）中，「靈魂」的討論想當然耳占了非常重要的地位，而在此篇當中，不僅如《費德羅篇》論證靈魂作為整體宇宙動力的源頭，更仔細描述每個有生命及無生命的存有如何被靈魂賦予生命與運動，在靈魂的討論上多了存有論的討論。靈魂作為動力源頭，代表著宇宙運行生生不滅，因此有其靈魂作為其運行原理，而一個個體生命能夠自主生活，代表其也有一個靈魂作為其「生命原理」。

正是因為「生命原理」一詞讓李特認為個體生命的靈魂因此有人格。然而，此處「生命」二字指的是「不斷自我展現的動力」，不管這種自我展現是自我實現（人）、覓食生存（動物），或甚至只是生長代謝（植物），而不是專屬於某個人的靈魂在肉體死去後還作為其生命的延續。做一個簡單的比喻，機器電力作為動力，當此機器只要給予能源就會自己動作，我們稱作「自動」，同樣的能源給這臺機器時，好像在「喚醒」這臺機器，而插上別的機器就喚醒了另一臺，兩者之間不會有延續，靈魂亦然。而靈魂之所以是所有生命的原理，正因為靈魂與肉體的結合與其如何啟動身體有道理可循，而背後不存在一個人格體，可以任意賦予或奪走其生命。

至於靈魂的數量問題，這個問題之所以會出現，代表我們仍然嘗試將靈魂理解為一個「實體」，認為其是一個具體的東西，可以擺進肉體當中，因此在中世紀哲學史上，有層出不窮的學者嘗試找尋靈魂在肉體內的位置。然而，靈魂不是「實體」，不是一個東西，而是「勢」，不斷翻攪滾動的力，因此沒有數量、沒有切割、沒有增加或減少的問題。「靈魂」既然就定義來說就是無形、無邊界的動能，那麼當柏拉圖討論「一個人的靈魂」、「一個城邦的靈魂」、「宇宙的靈魂」時，並非先界定單一靈魂結合單一身體，而是「具自動能力個體的邊界」，其自我啟動的能力展現的極限就是對「一個」靈魂的界定。正如一個人的「自主」活動不包括他人的身體，因此有了「自己」與「他人」的概念，一個城邦的運行既有相對自主性，而強弩之末也相對界定了城邦的邊界。

真正在學術上造成難題的，是柏拉圖對於「靈魂創造」的討論。在《費德羅篇》，柏拉圖清楚指出靈魂並非創生而來，也不會衰朽。但在《蒂邁歐篇》卻描述了鍛造靈魂的創造之神（demiurge）。在詮釋上，兩篇對話錄中的不一致造成後世重構柏拉圖思想的困難，因為正如《費德羅篇》所述，靈魂若能被創造，代表其也可以被摧毀，如果靈魂可以被摧毀，那麼其就既非永生，亦非不朽。因此，柏拉圖「靈魂永生」的論題直到今日，詮釋的工作還在不斷翻新與爭辯。

2. 靈魂三分論：誰決定靈魂的動向？

《費德羅篇》中，在蘇格拉底將靈魂定義為「永生的自動者」之後，用一則神話來說明靈魂的形象。蘇格拉底在此討論中區隔了非神靈的靈魂，以及神靈的靈魂，因此「靈魂三分論」指的是非神靈的靈魂，亦即不完美的靈魂。

蘇格拉底將不完美的靈魂喻為一輛馬車，其配有一位馬車伕和兩匹馬，因為人類的不完美，這兩匹馬當中一匹聽從指令，另一匹卻時常為了追求享樂而反抗指令。在《費德羅篇》中並沒有理論化這個部分的討論，然而早在《理想國篇》第四書中，柏拉圖便已經將「靈魂三分論」的理論結構呈現出來，主張不完美的靈魂內部有三個部分：「理智」（logistikon）、「情志[13]」（thumos）與「慾念」（epithumia）。此處馬車的比喻正是將車伕對應於「理智」，良馬對應「情志」，而劣馬對應「慾念」，因此生命中每一個行動都是在理智作了判斷、情志認同貫徹、慾念追求享樂的三股力量角力搏鬥之後的成果。

舉一個簡單的例子，理智上判斷應該早起，情志上認同願意且也想要早起，但當真正要起床時，慾念可能因追求貪睡而反抗，最後的結果就看是理智與情志的力量勝出，還是慾念較為強大。根據《理想國篇》，理想國的運行也如靈魂一般分成三個階級，以理智為主導者成為領導階級，以情志主導者，因其勇氣與意志力而成為城邦的守護者，最後以慾念為生命主導力量者則成為生產階級。此處目的雖不在詳細討論理想國當中三階級對應靈魂三個部分的討論，不過靈魂三分的理論確實影響了每一個人行動和展現出生活方式的差異，因此是柏拉圖道德哲學中極為重要的基礎。

靈魂三分在哲學上的討論聚焦在「差異」與「同一」上。一方面是柏拉圖在各篇對話錄當中提到靈魂的三個部分時，有時說「三個部分[14]」，有時說「三個種類[15]」，因此造成哲學討論上的爭議，在一個靈魂內部分三個部分，或者一個人根本就有三個靈魂。表面上看起來問題很單純，卻其實各自有理論基礎。

13 Thumas一字在希臘文當中只有「氣息」的意思，在此譯為「情志」而非「意志力」。因為thumas主導了所有情感、同情、同理心，因此當中包括了「勇氣」與「意志力」。換句話說，當理智決定了前進方向，這個決定不僅必須合理，更需要合情，也就是被行動者自我認同，既然認同就會貫徹理智所決。

14「部分」一詞在希臘文中寫作meros，是相對於整體的部分概念。

15「種類」在希臘文中則為genos，只有區分類別的意義，並不蘊含整體／部分的概念。

上文說明靈魂是動態的源頭，也是所有運動的原理，因此如果有三種不同的原理影響運動，那麼推論來說每一種原理應該都有一個靈魂作為啟動者，那麼三種原理（以判斷準、以情志為準、以慾念為準）就有三個啟動者，以此推論，不就有三個靈魂？儘管三個靈魂並不意味著三種人格，因為前文已經說明過，靈魂跟人格在柏拉圖的討論當中沒有任何關係，因此此處的同一性問題著重的是「部分」與「整體」，而非自我認同的問題。

到底有三個靈魂或三個部分可以先擱置，但唯一確定的是的確有三股驅動力，因此有三種原理。然而此三種原理並非各自獨立運作，反之，三種原理不但在固定的內部關係下運作，而且其運作的對象三者相同。換句話說，並非車伕、良馬、劣馬三者獨立行走，反之，永遠是「車伕」同時駕著兩匹馬，三者之間的關係是清楚界定且無法更改的；再者，車伕、良馬、劣馬三者指向的作用對象相對統一[16]，重拾剛剛的例子，車伕決定早起、良馬貫徹早起、劣馬則可能反抗早起，但不可能在同一個情況下，劣馬還另外慾求美食。因此靈魂運作的三個原理事實上在於貫徹或否決追求同一個對象，而三原理之間的互動由不屬於三者，但同時界定三者的關係來界定，因此三原理儘管各有不同，卻又位於同一個限制之下，以相互關連且互相的方式運作。

然而，要論證靈魂如何三分，又在什麼意義下三分，必須進一步討論靈魂三個部分各自的運作方式，以及三者之間的互動方式，才能最終回答靈魂同一性的問題，也就是說在什麼意義下，有異質性的對象仍然可以成為有同一性的整體。若要用一個比較具體的方式來說明這個問題，則是社會中每個個體如此異質，甚至相反矛盾，在什麼意義下這些異質個體卻構成「一」個社會，且同屬一個社會中的成員？

個別檢視靈魂的這三種原理。智能指的是靈魂理性的部分，是由智性啟動的運作，包含一切思想活動：判斷、計算、理解、想像等等，理智是靈魂最接近初始最完美狀態的部分，因為理智是唯一能認知到理念界的部分，換句話說，現象背後恆定實在、理型的官能。其次，情志（thumos）的部分，指的是炙熱的情意，在理智冰冷的計算或理解和慾念的縱慾之間作為調和二者的中介，一方面讓理智與心之所向結合，另一方面讓被動的慾念能與主動的嚮往調和。因此，在中文的語境內，thumos 比較接近「嚮往」，呼應《費德羅篇》當中蘇格拉底第一言論中的兩股驅動力中的「仰慕崇高」的部分。情志因此不需要理解或判斷，情志所追求的對象是對意見的貫徹，而信念在古希臘文中作 doxa，與「意見」同字。

16 Delcomminette, Sylvain, «Facultés et parties de l'âme chez Platon», *Plato* 8, 2008, p. 9.

由此可見，兩個部分的主導原理不同，理智的運作在於啟動所有思想方式來摻透對象，而情志則把嚮往的對象當作意見來貫徹。最後，慾念（epithumia）的部分相對容易詮釋，儘管希臘文中 epithumia 即慾望之意，慾念卻不僅僅是慾望，而是非理性的慾望，因此慾念與理智最大的差別就在於理性與否。這個部分的靈魂追求的是「歡愉[17]」，也就是滿足慾望後會得到的感受，由此可見在柏拉圖的思想中，慾望與拿來滿足慾望的對象之間還夾著慾望真正的對象：歡愉。慾念這個部分追求的就是「歡愉」，而且不理性地想要擁有更多、更多歡愉，因此慾念的壯盛就會導致縱慾的行為，甚至縱慾的生活。

由此可見，靈魂的這三種原理針對的對象並不完全一樣，但卻相對來說是同一個對象衍生出的三種面向。參考戴孔米奈特（S. Delcomminette）的舉例，今天一個人口渴，「渴」的這種狀態會引發一種相對應的慾望「喝」，二者相互對反。在一個人渴，而且想喝的時候，理智可能因判斷場合、條件等等不適合而打算忍耐不喝，理智這個駁斥慾望的判斷，代表著行為不只慾望／需求這種驅動力。然而，慾念的部分儘管在理智的判斷之後，仍然會不斷干擾、分心，驅動身體去追求喝之後能夠得到的「歡愉」，換句話說，慾念追求的是享樂。由此說來，慾念這股驅動力不在於僅僅滿足慾望或需求，而在於不斷追求更多歡愉，因此儘管不渴，仍然想要暢飲，渴所對應的需求已經完全與此動力無關，而暢飲本身才是慾念的對象。由此可見，慾念的對象是立即（immediate）、無任何理性介入，因為理性和理智都必然被過程中斷，因此所有知性活動都不是立即，而是中介（mediate）的活動。

在這個例子裡，可以看到理智部分跟慾念部分的兩股驅動力處於相反的狀態，當然也可以設想理智與慾念同流，然而，若理智跟慾念永遠都不會相互衝突，那麼驅動力就無從被區分為二。對於柏拉圖來說，多數動物的理智部分已經不再有力量，因此隨慾念主導行為。而第三股驅動力，情志在這個例子裡面的角色即是一股將我們帶往目標對象的力量，在靈魂中除了「判斷」，更對判斷結果多了「嚮往」。情志和慾念的差異就在於兩股驅動力瞄準的對象不同，情志既沒有慾望被動地催促，更不以歡愉當作目的，反之，情志所驅使的嚮往的對象，是意念的實現，而非行動所帶來的結果。

情志與理智進一步的區分較為細微，因為情志所驅使的方向會跟理智相合，因此需要討論的問題是，如果情志與理智所做出的結果相同，如何能說是兩種不同的驅動

17 此處的歡愉亦即希臘文中 hedone 一詞，相對於英文當中 pleasure 的概念，意指一個活動終結時觸發的正面感受。此概念在哲學研究上時常與「苦」（pain）一同出現，作為活動終結時的兩種結果。

力，而非同一種驅動力？因為在所有行動當中，柏拉圖觀察到某些行動儘管是在於實現、貫徹一個意見，意見本身卻既不從本身的理智判斷而來，更可能根本不理解這個意見的內容。在孩童身上最能夠觀察到此差別，在沒有能力推敲理解時，卻由於教育或外力給了一個指令或信念，而嚮往且加以貫徹。換句話說，理智和情志兩者作為兩股驅動力的區分基礎，即在於缺乏理解和判斷的意志力：嚮往且覺得必須要執行，卻不知道為什麼嚮往、為什麼執行。在風俗規範中最能夠看出這點，大部分的人不知道為什麼要尊師重道，卻堅持社會要尊師重道。這也是柏拉圖在《理想國篇》中，之所以將被情志主導行動者安排為城邦的守護者，因為「勇氣」在這些人身上強於理智判斷。

將三股驅動力分別說明且區分清楚之後，就必須探討三者是否構成一個整體，並且一個靈魂，又在什麼意義下構成整體。從以上的例子裡面可見，這三股不同的驅動力代表著三種針對同一對象的三種態度，換句話說，同樣的對象都是「喝」的慾望，三者依照各自的某種運作方式進行，理智判斷喝的慾望目前不適合滿足；情志認同這個決策；而慾念則被喝的慾望所能導致的歡愉誘導。三者並不相互獨立，因為三者各自在自己的運作方式當中，追求最善的選項，差別在於理智能理解善的恆定結構，情志對善產生嚮往，而慾念則將「歡愉」的表象當作善來追求。除此之外，三股驅動力最終是透過同一個行動來實現，行動本身的限制（若我們認同行動總是一次只能以一個整體展現，而不能多個同時顯現）就成為三股驅動力的共同框架。在這個意義下，靈魂的三股力因為對象相同、處於共同關係界定、有共同框架，而構成一個整體。

回到柏拉圖對靈魂的界定，不完美的靈魂所提供的能動力內部有不同方向的力在拉扯，因此動態並不完美，既不能心想事成，每個行動更都充滿掙扎與拉鋸。相反的，柏拉圖認為完美的靈魂就是能動力中沒有任何歧異的勢力，其所啟動行動的過程中自然就沒有遲疑、掙扎，而完美的靈魂所對應的就是完美的存在。

3. 靈魂轉世論：靈魂如何認識自我和世界

「靈魂轉世說」這個名稱看起來充滿濃厚的宗教色彩，也是《費德羅篇》中最為玄妙的段落，在此嘗試突顯背後的哲學探討與詮釋問題。

靈魂會「轉世」指的是轉變生活方式，而非一個人格投胎在另一個身體當中開啟新的生命，在此要再次提醒讀者，靈魂沒有人格，只是一團能動力。要討論靈魂轉世之前，必須要先探討靈魂的旅程。靈魂作為能動力的作用就在於啟動物體，不管是行星運行、城邦運行、生命運行、自然運行，所有的動態來源都是靈魂，因此靈魂能夠在所有界域中穿梭。根據柏拉圖的說法，靈魂在冥思了不純潔的對象之後會開始退化，最後墜落凡塵，成為需要一個物質身體來支撐的靈魂。墜落凡塵的靈魂還會依循靈魂每世的「修練」，決定其是否繼續沉淪、向上提升，但不管如何，在《費德羅篇》的神話當中，所有靈魂墜地後，每隔一千年便會轉換生活方式，一萬年之後會回到其最純粹的狀態重新開始。這些描述都是神話的內容，因此當中的哲學思想必須重新透過提問來建構。

靈魂的三個部分展現出三股勢力，三股勢力拉鋸後的結果決定最終實現的行動。每個生命的行動因此跟理智、情志與慾念各自的力量相關，而每一股勢力的強壯程度不僅跟靈魂認識真理的能力相關，更與靈魂認識自己的程度相關。

前文說明過，靈魂作為啟動者不僅啟動其他物，更啟動了自己，而靈魂自我啟動所展現出的行動是廣義的思想活動，在這個意義下，慾望與感受也是被動的思想。這點與笛卡兒（René Descartes, 1596-1650）的「我思」定義十分吻合，不同之處在於，柏拉圖所運用的希臘文在語言結構上，能夠避免將此物稱為思想「物」，避免賦予其

「實體」的錯覺。因此，三股勢力展現為主動理解、半主動嚮往與完全被動渴望三個狀態的思想活動結果，若是愈屬於被動的勢力愈占上風，那麼生命所展現出的行為就愈被動，直到失去所有主體行動為止。因此靈魂內部三股勢力的拉鋸，就相對取決了一個生物的生活方式，儘管在同一類型生活方式當中，也會因為三股勢力強弱、對象、行動方式的排列組合而導出不同的「命運」。此處討論看似神祕，背後卻蘊藏著柏拉圖倫理學上的思考，下文將嘗試把神話背後的哲學思想呈現給讀者。

人類這種生命，是柏拉圖認為整個感性之域當中，靈魂還最接近原始狀態的生命，不僅僅因為人類有理智能夠思考判斷，更是由於人類的自主能力最高。換句話說，人類的靈魂中理性部分的力量比起動植物來說更為強大，因此理智所思慮後的意念能夠強過慾念的拉扯，不至於偏離方向太遠，或甚至失去自主性而全憑慾念操縱，因此有能力在每個行動當中自我實現一個趨近於自己希冀的生命。由此可見，靈魂、思想與生命作為一連串的行動，三者之間緊密相連，「知」和「行」之間對柏拉圖來說是同一件事。換句話說，知而不做，代表所知不實。

儘管人類的理智能力最高，卻不代表人類都能實現最有自主能力的生活，也不代表人類一定不會實現出如動物一般的生命，因為每個生命都是一連串的行動，而每個行動又都是靈魂內部三股勢力的一場搏鬥，一不小心意志力就輸給了慾念。然而，正因為每一個行動都是一場搏鬥，生命最終的品質就不在於單一行動的成功與否，而在於行動的趨勢。

靈魂的三股勢力就像肌肉一樣，愈是練習就愈能夠控制，愈是放縱最後就會退化，也就是說理智的部分愈辯愈明，情志的部分愈練愈堅，而慾念的部分愈放縱愈強大。當理智與情志經常鍛鍊知行合一，那麼理智與情志的力量就會愈來愈壯盛，也愈來愈有能力控制慾念。反之，若理智時常貪圖方便，拿表象當實在；情志軟弱，那麼慾念就得以妄行，時間久了，若是突然要理智和情志堅強抵抗，也都早因退化而無力。由此可見，一個人最終能實現什麼樣的生命，成為什麼樣的人，取決於理智如何領導情志和慾念，而理智是三股勢力當中最為自主的力量，其力道來自於對真理的認識，而其決策則取決於對靈魂自己的認識。換句話說，靈魂轉世的論題背後想探討的，其實是生命類型各自如何在行動中實現的問題，涉及的不僅僅是每個行動的選擇，而是一連串行動所堆積出的生活方式是否美善。

所有生命都渴求「善」，想要得到「幸福」。這兩點幾乎是古希臘倫理學的共識。是否能得到幸福的關鍵，對於柏拉圖來說，在於我們是否知道如何辨識「善」，是否知道幸福是什麼，因此「幸福」成為了思想的課題。

靈魂的活動即思想，因此當靈魂處於最純粹的狀態下，其思想也最為純粹，其思想之所以最為純粹，是因為思想的對象最為恆定。這些對象在柏拉圖的哲學裡是真知的來源，也就是對理型的認識。理型的問題在下文中會另外說明，目前先論及對事物本質的認識，以及將事物本質與相似的表象作區分的能力。理智部分的活動就是不斷思考、判斷、想像等等，然而這並不代表理智所思考出來的結果都是真的或對的，換句話說，理智可能因為能力不足而判斷錯誤，因而擁有不正確的信念、下達不對的指令。在靈魂墜地之後最劇烈的變動，就是靈魂必須在肉體的限制下認識、思考世界，透過肉體所傳達的視覺，在肉體的限制下，視覺可能只能看到表象、片面單一的角度，靈魂要認識真實的難度立刻提高了許多。

簡單來說，理智要有能力判斷什麼對象是「真善」，什麼對象又只是假裝美善，不過是幻影。然而，若理智有潛力判斷真善與偽善，那麼代表理智其實有能力透過某種思辯上的過程取得這樣的認知。這個認知過程被柏拉圖稱為「回憶」，因為靈魂被設定在最純粹的狀態中已經冥思過這些真理，所以才可能在不完美的條件下重新認識真實。舉例來說，在《費德羅篇》中對於「善」的討論，起初的第一個言論將善定義為自我利益，在這樣的前提下，靈魂的理智對「善」的認識，就導致靈魂追求的對象是符合自我利益的對象，而最終成為自私的人。「自私的人」好像反過來變成了此人的「命運」一般，在最初理智錯誤理解善又不反思悔改的狀況下，所有行動的趨勢都朝向自我利益爭奪，最終實現「自私者」的命運。因此，理智的認識，以及對靈魂自我的認識，決定了靈魂生命的形式。靈魂認為自己是理智，那麼行動就著重在思慮真實、區別虛假；靈魂認為自己是追隨者，那麼行動就著重追隨一個他人給的意見；靈魂認為自己是慾念，那就放棄判斷，甚至退化消失，由著慾念擺佈生活。

在這個意義下，靈魂轉世的神話討論的是，生活方式可能因為長時間不斷串習某種傾向，而自主能力退化或增進，如果退化到一定程度，比如說理智的力量所剩無幾，可能靈魂就只有能力賦予生命給自主能力較低的生物，若是理智、情志全都退化殆盡，這樣的靈魂可能就只剩下啟動植物生命的能耐。因此，靈魂轉世說討論的是，理智能力與自主行動與生命類型之間的關係，而每一個善行都是一場得來不易的奮鬥。

知性之域／感性之域

知性之域（ekeithen）與感性之域(entautha)的區別，是整個柏拉圖哲學的基礎，卻也是詮釋爭議最多的其中一個概念。傳統上，不管中文或英、法文都將這兩個詞譯為「知性世界」（intelligible world／monde intelligible）與「感性世界」（sensible world／monde sensible），直到近年，才開始有人重新檢討譯為「世界」在詮釋上的爭議性，以下我將在詮釋中說明，為何本書不採納「世界」的翻譯，而譯為「域」。

柏拉圖對於知性之域與感性之域的描述多數帶著神話的色彩，比如說在《費德羅篇》當中，知性之域與感性之域的區分在靈魂的旅程中被提起，靈魂在最完美純粹的狀態時，能夠跟隨著神靈來到天庭外緣，進入知性之域冥思所有最真實、永恆的理型；反之，當靈魂變質，就會下墜到感性之域，受到有限身體的侷限，在肉體對擷取事物表象的干擾之下，對真實進行認識。

從這樣的描述看來，柏拉圖似乎真的意圖區分兩個世界，而靈魂則像折翼天使一樣，從完美的知性世界貶謫人間，不得已只能居住在感性世界。用如此擬人化的方式理解，神話就沒有辦法轉換成哲學的養分，因此必須透過不斷地發問，來找出柏拉圖潛藏在神話當中的哲學問題為何。首先，靈魂在知性之域與感性之域最大的差異不在於善與惡，而在於真實與冒充真實的似實。然而，知性之與感性之域的差異也不在於真實與虛假，靈魂並非來到了感性之域後，就無法認知真實，只能認知虛假，否則上文所描述的靈魂轉世與追求美善就永無成功之日。兩個界域之間唯一確定的差異似乎在於對「認知的干擾」，簡單來說，既然靈魂唯一的活動是知性活動（不管在知性之域或感性之域），而靈魂在知性之域能夠直接認知最真實、永恆、純粹的理念，而到了感性之域，卻因為肉體的限制只能看到事物的表象、片面，因此時常把表象當成實在。舉例來說，對「幸福」的認知，在知性之域只有一種最為恆定真實的定義，但到了感性之域，有人認為是財富、有人認為是功名，如是等等，宛如巴別塔的神話一樣，人類不只不再使用共同語言，就連共同語言中的同一個詞彙，都在各自的思想中指涉不同的意義。

既然界定兩個界域差異的既不在善惡對立的兩個世界，也不在於真假二分的兩個界域，而在於認知真實的過程是否有干擾，那麼，干擾從何而來？答案是從「物質」。在感性之域當中，多數的認知活動都必須透過物質，透過肉體限制下的視覺、五官，觀察認知對象透過物質所展現出的型態，因為並非純知性，因此物質的內在邏輯就會對想要穿透的知性活動造成排斥與扭曲。然而，知性與感性之域的區分不在於精神與物質兩種不同存在實體的分割，因為感性之域是知性在雜染了物質影響後的界域，而非只有物質而無精神的界域。

由此可見，柏拉圖思想所區分的知性、感性之域的關鍵與認知實在有關，接下來必須考慮的是柏拉圖做此區分的意圖，這個區分又如何回應當時的哲學爭論？以下以學習認識三角形為例來說明。

在孩童時期，我們便開始認識三角形模樣的事物，現在大家覺得對三角形的認識很客觀，然而，在沒有三角形的概念時，每個人對三角形模樣的理解可能是不同的，而肉眼所見三角形模樣的東西，其實多數時候根本不是概念上的三角形。原因在於，所有三角形模樣的東西都有厚度，再怎麼精確畫出來的三角形仍然有各種型態，而且也不見得完美。如此多種多樣的三角形樣，我們無法用肉眼看出「內角合＝半圓」或「兩短邊平方總和＝斜邊平方」這些真正界定三角形概念的知識，我們所觀察到的只是「有三個角，看起來符合描述」的表象。

從這個例子上，可以觀察到對廣義三角形（概念與物體）的認知出現了兩邊的區分：一邊包含了所有對三角形樣**雜多**的個別認知，而這些認知對象會不斷因為角度、光線、時間、地點而**變動**、**磨損**、**消逝**；另一邊對三角形的定義卻維持**單一**、**不變動**、**恆定**，能用來理解所有三角形樣物體。由此可見，在認知當中能夠分成至少兩大類：**恆定不變**的認知對象，以及**變幻無常**的認知對象。

儘管廣義的認知出現了兩個類型，一邊純知性，沒有內部歧異、理解矛盾的任何空間，另一邊混雜了每個人擷取資訊的片面性質，內部多義、衝突，然而，這兩種認知卻並**非**相互排斥、對立，或甚至分為兩個世界。相反的，雜染片面的認知雖然不完全掌握最核心的定義，卻需要部分「參與」這個定義所延伸出的認知，換句話說，跟三角形有關的想法，儘管是錯的，仍然跟三角形有關，這些想法需要背後穩定的基礎來建構出有意義的內容。

知性之域即展現最為純粹知性的實在，而感性之域則是在物質的限制下所認知的實在，兩者雖然能夠相互區分、各有異同，卻並非兩個在空間上各自獨立存在的實在，能截然劃分出兩個世界。反之，知性之域所蘊含的知性實在，以及感性之域的感性實在，只能在思辯過程中區分開來，而且事實上，感性之域是透過創生殞滅的物質，來「反射」出知性實在。換句話說，柏拉圖所強調的**感性實在是知性實在的影像**，就如同**倒影**與**實物**之間的關係，倒影雖然虛幻、短暫、變動、扭曲、片面，卻在某種程度上仍然反映出實物，否則倒影就不是某物的倒影，而是完全獨立的另一個物體。

讀者也許會納悶，知性之域與感性之域的區分到底有何意義，日常生活中那些真的知識被稱作科學，其他就是個人意見，為何還要做如此複雜的區分？

知性之域與感性之域的區分並不等於科學與個人意見之間的關係，現在稱為科學的知識內容，甚至可能不符合柏拉圖對知識的定義。反之，柏拉圖希望透過此概念進一步瞭解的是人類如何理解「變動」與「恆定」、「表象」與「實在」。以下分別從兩組相對立的概念來說明柏拉圖對知性之域與感性之域的區分。

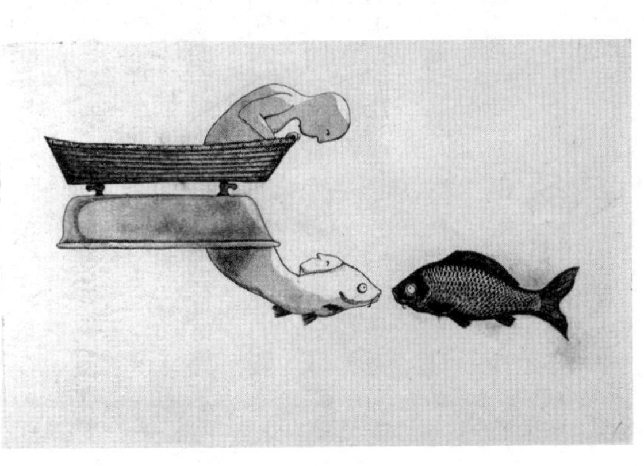

1. 變動與恆定：變動當中亦存在恆定

個人感官意見並非唯一處於變動的認知內容。所有觀察處於變動，因為觀察物本身處於變動；所有情感、所有意見皆處於變動，因為隨時可能修正；就連今日稱作知識與科學的內容，在歷史上均顯示為變動與進步的結果。然而在變動當中，人的知性能力可以掌握到相對穩定的結構：物體下墜的規律、四季運行的規律、氣象變換的規律，都讓我們得以用較為恆定的認知來理解千變萬化的世界。換句話說，在瞬息萬變的現象當中，知性有能力透過特定程序的分析理解，認知到背後相對穩定的實在，而這個實在有能力解釋可能相互衝突的表象，而這些表象同時也參與在穩定的實在其中。

知性之域即「絕對恆定的認知」，就如同物理上的「絕對零度」，是個有意義卻沒有直接認識的境界。儘管柏拉圖在對話錄當中，肯定人類靈魂用有限認知能力觸及知性之域的可能性，就如同我們透過推論取得「絕對零度」的定義，但卻永遠不可能窮盡或全面掌握知性之域，因為人類的生活處境已經限制了知性的限度。柏拉圖提出兩個認知界域的用意正在於：一、使得對臣服於變易的認知並不因此沒有意義，且讓這些浮動的認知關連到相對恆定的認知；二、避免將「相對」恆定的認知，當作「絕對」恆定的真理。

2. 表象與實在：表象反映了部分的實在

前文討論到人類「有限的知性能力」無法掌握完美且無限的知性。大部分的讀者都會同意人類的有限性，但可能沒有思考過人類知性能力為何「有限」。人的知性能力有限，因為人類的知性是透過「分析」來進行理解，而「全整」（totality）、無法分割的認知對象則無法理解。換句話說，針對一個對象，人類一次只能認知一部分，而無法立即認知全面。分析即是將一個認知對象切割成不同問題、不同面向、不同角度，就像拆解機器一樣，把所有環節分開、看清相扣的方式，最終重新組合成一個整體。拆解前的基礎，就如未分析前的認知對象，同樣是一個整體，卻抵制人類的認識去掌握全整的認知；然而，拆解重組後，機器又是一個整體，但卻不再是一個不可分割的全整，而是一個由各部分與各部分之間關係結構起來的整體，認知掌握了對象，但認知卻只能用部分來組織整體。就如同演說或寫作，說明一個主題必須用許多字、句子、段落、章節來呈現，無法透過一個字呈現整體思想。因為知性有限，故很容易將片面的認識當作整體，而將表象當作實在。知性與感性之域的區分，並不在於將表象與假象劃上等號，反之，則是把表象、甚至假象重新與實在透過區分重新連結。因為表象，甚至是假象，皆並非完全與所謂的實在無關，而是反映了部分、片面、扭曲的實在[18]。

所有的思緒與意念都以不同的方式反映著我們認識的實在，不管是想像、感覺、直覺、猜測、慾念，都因為內容有指涉對象，而有不同程度的知性活動。換句話說，知性與感性之域並非二元對立，因為感性之域仍然在知性活動之內，只是其知性內容當中充滿歧異與矛盾，而知性之域則是一個預設知性內容最為純粹、沒有任何歧異與矛盾的基礎，作為整體認知的參照點。

《費德羅篇》儘管對知性之域與感性之域中的認識差異有豐富的描述，但真正理論上的建構與說明卻必須在《斐多篇》（*Phaidon*）、《帕門尼德斯篇》（*Parmenides*）和《理想國篇》當中才有進一步解說。在《理想國篇》當中，柏拉圖進一步用知性之域與感性之域來說明四種類型的存在，分別對應四種認知層級，如康托史伯（M. Canto-Sperber）所整理的

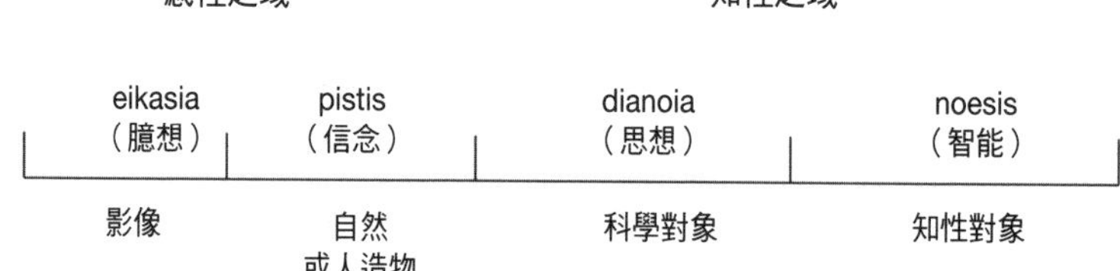

圖表[19]：

如表所示，知性之域與感性之域兩者並非等比存在，反之，知性之域所能夠認識的對象遠遠多過感性之域，人類智能用思想推論出來的存在對象，遠遠多過直接透過感知認識的物體。

以上對四個類型的存在也許十分抽象，以下舉例子來說明：感性之域中所包含的影像與自然或人造物，就好比家裡寵物狗的照片和狗本尊，然而這隻狗卻與作為科學對象、抽象的「狗」是兩種不同的存在。簡單來說，科學對象所認識的「狗」作為能夠拿來理解所有狗的對象並不需要物質存在，可以將此存在稱為狗的概念或定義。儘管作為科學對象的狗並沒有物質存在的基礎，其思想卻指涉著具體、多樣的物體，也就是所有被稱作狗的生物。然而，科學對象還不是知性上最為純粹、單一的對象。科學對象可以不斷抽象、綜合建構出「哺乳類」、「生物」、「原子」，再繼續探索下去，

18 此處「實在」一詞指涉的仍然是最為恆定的知性實在，與主客觀實在的問題不同。按照我對柏拉圖思想的詮釋，我認為「知性實在」是一個參照點，但卻不一定真的能夠得到完整的知識，因此「表象」與「實在」是相對的區分，而且可以不斷更細緻地區分下去，因為有限知性沒有能力判斷什麼程度上我們認知到永恆的真理，只有在此前提下，知識才會永續進展。

19 Monique Canto-Sperber, "Platon," in *Philosophie Grecque*, ed. Monique Canto-Sperber, puf, 1998, 234.

就到了整個認知最為根基的部分，也就是智能內部不需要藉助任何感性之域所認識的對象，而這些對象反過來是進行所有認識所必要的知識，例如：數字、形狀、線條、存有、美、善，如是等等。

3. 此思想的發展背景：調和兩派思想

柏拉圖對知性與感性之域的區分，其實同時回應了他的時代哲學思想發展所遭遇的悖論，分別由當時的兩大學派作為代表。蘇格拉底前的哲學家們專注於探討宇宙的生

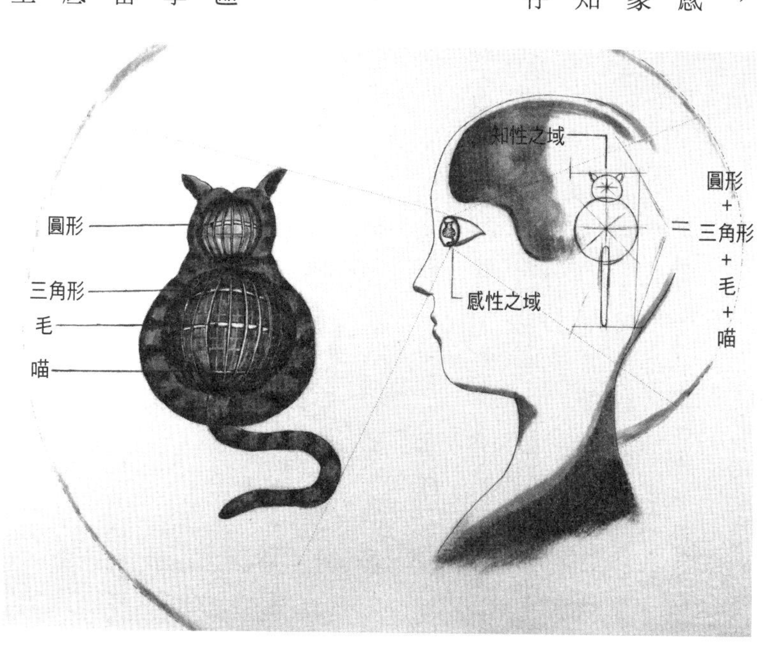

成與運作，希望藉由探討「存有」的問題，找到宇宙真正的存在基礎。根據狄克梭（Monique Dixsaut）[20]的研究，柏拉圖的知性與感性之域區分意在調和「帕門尼德斯學派」與「赫拉克里特斯學派」的思想，此處只能做簡單的介紹。

帕門尼德斯[21]為首的學派主張除了萬物為一永恆不變的存有，其他全部都是幻象，而世間唯一真實的知識即：有、有；無有、無（being, be; not-being, not be）。而赫拉克里特斯[22]的論題則全然相反，認為「唯一不變的就是變化」，因而有名句「無人能踏入同一條河中兩次」。不管是前者或後者，知識都不可能增進理解，因為帕門尼德斯的知識停留在一套套的邏輯當中，呢喃著A＝A，非A≠A；而赫拉克里特斯則將知識打散到無窮無盡、每個瞬間都成為必須獨立認識，且相互沒有關連的個體，不僅知識不可能，就連語言、概念，任何能夠在時間中延續或共通性的基礎全都灰飛煙滅。柏拉圖的思想剛好利用「恆定卻不可及」的知性，與「無常且不可知」的物質兩個極端，譜出了感性之域和知性之域中有限認知能夠穿透的各種層次，使得文學有文

20 Monique Dixsaut, *Platon et la question de la pensée* (Paris: Vrin, 2000).

21 帕門尼德斯（Parmenides），活躍於西元前五世紀左右的古希臘先蘇哲學家。

22 赫拉克里特斯（Heraclitus, 535-475 B.C.），古希臘先蘇哲學家。

學反映真實的層次、謊言有其反映真實的層次、知識有其反映真實的層次。

從以上說明可以觀察到一點：柏拉圖的認識與存在之間有著緊密的關係。所有能夠思想的對象都存在，而認知對象的知性程度則決定了其存在的恆定程度。在此意義下，「知性之域」和「理型」真實存在與否的爭論，就已經不在柏拉圖意義下的「存在」討論這個問題了。原因在於，「知性之域」作為有限知性的存在條件，在其知性程度最為純粹的前提下必然存在，只是因為其存在是以知性最完美狀態作為參照點，人類知性能力難以觸及。反之，「感性之域」當中所有思想能擷取的對象，也都按照其知性程度有著不同意義的存在類型，夢境的存在跟物品的存在類型因為認知穿透程度的差異而有不同。

理型

在柏拉圖整體思想當中，最具標誌性、但同時詮釋起來有最多爭議的概念就是「理型」，「理型」同時作為柏拉圖與亞里斯多德哲學的分水嶺，更由於新柏拉圖學派將「理型」的思想進一步發展成了完整的理論系統，也就是著名的「理型論」，而成為哲學史上影響深遠的問題。而柏拉圖藉著「理型」所欲探問的哲學問題，幾番在哲學史上被著名的哲學家用不同的方式解答，但直到今日，「理型」背後發問的哲學問題，以及問題意識仍然是哲學中的核心研究，儘管問題的形式與解答所使用的概念不再相同。在這個基礎上，「理型」所啟發的爭論、問題意識、學派與反對學派、理論系統、哲學問題，幾乎成了整個西洋哲學史的一大發展命脈。

柏拉圖「理型」所涉及的討論如此博大精深，此處短短的導論自然無法掌握整個「理型」在哲學上的影響與動態，只能試著用幾個主要面向、爭議與詮釋差異，來呈現出「理型」概念所希望觸及的哲學問題，以及在哲學史中的發展。因此以下的討論分成幾個部分：第一部分專注在對話錄中對「理型」的描述與界定，回到柏拉圖的文本當中，來對「理型」的基礎脈絡進行檢視；第二部分將處理「理型」在兩千年詮釋史中所連結的哲學問題與辯論；第三部分探討「理型」思想所引發知識論與形上學之關係的探討；最後回到《費德羅篇》來介紹，為什麼此篇對話錄當中需要討論到理型，而當中所討論的理型又所指為何。

1. 理型基本描述：究竟何為「理型」？

一般對柏拉圖思想的介紹都會提到理型，時常會將「理型」定義為某種完美、抽象、知性、永恆的存在，而對理型的認識就等於對於事物本質定義的掌握。以上的介紹基本上並沒有錯誤，只是因為經由簡化與片面之後，非常容易誤導出各式各樣的詮釋：例如將「理型」，以及所有理型所處的「知性之域」當作一個理想、完美的永恆世界，而將理型當作「理想型態」來解讀。

中文對於「理型」的翻譯對概念本身的掌握十分精確，也忠於這個希臘文當中的字面意義。「理」除了「理想」之外，還點出了「理型」是「理智」（intellect）最純粹的認知對象，而「型」則忠實地保存了 form（eidos）字義上「形狀」、「型態」的意義。

柏拉圖在對話錄當中討論「理型」的概念有時用 eidos，此處譯為「理型」，有時用 idea，譯為「理念」，兩者之間沒有確切的區分方式，儘管有學者專門討論兩個詞之間的差異與關係，但在許多段落當中，兩個詞可以相互替換，因此這裡不深入「理型」與「理念」的討論，簡單以「理型」來介紹。除此之外，柏拉圖在描述理型的時候所用的字其實不少，根據葛拉伯斯基三世（Grabowski III）在二〇〇八年時的研究，柏拉圖在對話錄中討論集體的理型時會用 paradeigmata（典範）、genoi（類）、archai（原理）和 aitia（原因）等詞彙，而討論單個理型的時候則會寫作 eidos 或者 idea[23]。

關於理型的集體指稱，在介紹完哲學問題討論和詮釋之後，會比較能夠理解為什麼會跟典範、類、原理、原因這些詞彙有關連，因此在此先著重「理型」與「理念」兩個詞的運用。Eidos 和 Idea 兩字的字根相同，也就是動詞 ὁράω（horao）：看，而 eidos 和 idein 則是同一動詞的兩種變化型態，其中 idein 是「看」的過去式，因此又有「知道」的意思，相對於英文中 I see 的意思。因此，eidos 和 idea 兩個字彙的原始意義都是「視覺中對象所呈現的模樣」，即「外表」，也因此有「形狀」的意思，因為物質對象的「形狀」，就是讓此對象跟其他物體有所區分的憑藉，所以「形狀」的字義就延伸有了「類」、「種」的意思。由此可見，eidos 和 idea 原本字義上視覺中呈現的「樣貌」，轉換到知性的層次上，智能「看」到的就是認知對象的「形式」。

由於所有對「理型」的解釋都涉及詮釋，因此在解釋「理型」到底為何物之前，

23 Francis A. Grabowski III, *Plato, Metaphysics and the Forms* (Bloomsbury Academic, 2008), 21.

會先說明柏拉圖在討論理型時的界定，讓理型在概念中有所定位。柏拉圖多次論證，理型是知識的對象，因為只有針對理型的知識才是恆定的，亦即不會隨著時間變幻，因為知識若時真時假，如何能肯定我們認識的是知識，而不是只是一種說法？因此，理型除了是知識的對象，也是「回憶」想要憶起的目標。而柏拉圖眼中哲學家最重要的工作——辯證法，就在於將「理型」之間的關係與結構分析且綜合出來。除此之外，理型既然作為真實知識的對象，便必然不受變動影響，理型因此恆常、永恆、單純非複合。

柏拉圖因此在描述「理型」或講到「某理型」的時候，時常用到「自身」，將「理型」與「事物」做區隔。比如說，《費德羅篇》當中所探討的核心為「美自身」（auto to kalon），也就是「美的理型」，用來跟「美的事物」（to kalon）做區別。除此之外，「自在」（kath’ auto）也成為界定「理型」的重要概念，意指理型「自我成就」，完全沒有任何對外在的依賴，不需要透過跟其他事物的關係來進行理解，理型本身就蘊含了所有認識的圓滿狀態。

既然理型不受變異的影響，因此屬於知性之域，只有最為純粹、不受任何物質雜染的知性活動才可能觸及理型。另外，柏拉圖時常將「理型」描述為「真實的存有」

或「真實實在」，同時也是「完美實在」，「真實」因為「理型」不變異，不會磨損衰敗或過時，因此最為真實；「完美」則是因為每一個理型都是對象徹底實現的狀態，不會增加也不會減少，因此完美。理型完美，因為理型所給予在某對象上的認識最為圓滿全面，而感性之域當中透過感知認識的個體，則由於每個個體的偶然性，而只是反映出某些視角與觀點下片面的認知。然而，感性所觸及到的個體，若知性能對其進行剖析，換句話說，若能夠「理解」對象，代表對象本身混雜著知性能處理的對象，柏拉圖稱此為「理型參與論」，因為物質個體參與了理型而投射出理型的影像，使得我們能夠透過思考推論認識個體中所參與的理型；反之，也因為對象參與了理型，因而能夠認識個體對象，儘管對個體物質對象的認識通常混合參與了多個理型，因此展現出來的影像是融合在一起的一個複雜整體，就如同混雜了許多化學元素所作用出的複合體一般。

這樣看起來，「理型」像是知性的認知活動當中最為純粹、基礎的元素，這些元素保障了「真實知識」，相對於臣服於變異的意見或思想，而我們對物質個體所展現出的存在樣態能夠有所認識，因為這些個體呈現出一個各種元素的混雜體，也因為混雜體摻雜著這些元素的影像，因此提供了認識「理型」的可能性。儘管這些描述稍微界定了「理型」所討論的脈絡與相關領域，但對「理型」的意義與運用仍然十分晦暗不明。在下一個段落當中，將透過爬梳出「理型」詮釋當中問題意識的演變，來呈現「理型」出現的哲學脈絡。

2. 理型相關詮釋與哲學問題：知識的對象為何？

「理型」在兩千年來的詮釋歷史下，有一種詮釋直到今日都仍屹立不搖，且將柏拉圖的理型思想稱作「理型論」。這一派的詮釋認為，柏拉圖所面對的哲學問題在於：紅色的衣服和紅色的蘋果，兩個完全不相關的物體都用「紅」來指稱，那麼這些各種不同的紅色物品所共同指涉的「紅」是什麼？根據這一派詮釋的解釋，「理型」指的就是「共相」（universal），使得眾多個體都可以呈現出相同性質的普遍抽象存在，因此有紅色的理型、動物的理型、貓的理型……等等，只要有抽象性質的都有相對應理型存在。除此之外，這些共相獨立存在於另一個世界，看不見摸不著，以此將柏拉圖思想中的「知性之域」詮釋為「知性世界」。這一派的詮釋，以下稱作「傳統詮釋」，因為此詮釋在傳統上蔚為主流，有著十分強烈的**實在論**預設，堅持「共相」

實際存在，而並非思緒創造產物。實在論指的是一種強調某些存有獨立感知、信念或思想存在，而柏拉圖在傳統詮釋的效應下成為最為著名的實在論者，其「理型」的論點被稱為「柏拉圖式實在論」。

這種傳統詮釋對於理型的理解，認定理型所探討的哲學問題在於處理「普遍與個體」的哲學問題。換句話說，具有普遍性的性質和單獨的個體，這兩者是不同的存在，例如眼前的紅色衣服是一個個體，但它的顏色、形狀等，各種性質都因為可以普遍套用在其他個體上，而屬於普遍存在，中文譯為「共相」。

在當代的哲學家當中，羅素（Betrand Russell, 1872-1970）是將理型詮釋為共相的最大支持者。羅素認為柏拉圖是在使用日常語言的當下，察覺了這個語言上的問題，亦即把同一個詞，例如「紅色」，拿來形容不同性質的衣服或水果，但是如果所有人都能知道「紅色」所代表的意義，那麼這個詞彙就指涉了一個獨立的存在。在羅素的詮釋下，「理型」所處理的哲學問題，從認知轉到了語言指涉的問題上，換句話說，理型嘗試回答「如何認識展現於多個物體的普遍性？」，而在羅素的詮釋當中，理型轉而回答「抽象詞彙的意義從何而來？」。

不過，傳統詮釋中對於「理型」也是眾說紛紜，相同之處在於傳統詮釋將「理型」等同於「共相」，此外，所有詮釋者都非常強調「理型」的客觀存在，否定「理型」只是人類思想內的產物。讀者也許會認為，「理型」搭配上「感性之域」與「知性之域」的區分，剛好證明了理型獨立且客觀存在的實在論觀點。接下來，我們會稍加討論當代的其他詮釋者如何批評傳統詮釋。

葛拉伯斯基三世的研究指出，傳統詮釋之所以如此難以撼動，一方面由於柏拉圖的思想並沒有系統地將「理型」用一套理論來說明，因此存在許多詮釋的空間，另一方面是因為此詮釋的來源非常具有說服力——第一個將柏拉圖的理型與共相劃上等號的哲學家正是他的學生亞里斯多德。亞里斯多德在《形上學》第四書當中，批評柏拉圖用理型來解決共相的問題，從此成為主流的理型詮釋。

然而，柏拉圖從未在對話錄當中使用「共相」（katholou）一詞，儘管這個詞彙與概念都早已存在。「共相」的詮釋並非完全無跡可尋，畢竟「共相」的理論條件，比如說內在於個體、獨立存在、具普遍性、穩定不隨個體改變等條件，跟柏拉圖「理型」的條件皆相符合。然而，「共相」這個概念所使用的脈絡十分特定且狹隘，若「共相」能夠與「理型」劃上等號，那麼我們無法解釋為什麼在柏拉圖的對話錄當中，認識「理型」必須透過嚴謹的辯證法，而不是所有簡單的抽象綜合能力就能夠習得？我們也無法說明，「理型」作為知識的對象，認識的是對象的「精髓」（essence／ousia），亦即傳統上譯為「本質」的概念[24]。因為「共相」與「精髓」是兩個連所處理的哲學問題都完全不同的概念。「共相」的問題在於「性質的普遍性如何可能？」，這派說法的解決方式很簡單：性質具有普遍性，因為有個普遍的存在叫做共相。但「精髓」所對應的問題卻是「使得某物作為某物的關鍵條件為何？」，比如說，亞里斯多德曾經將人定義為「理性的動物」，那麼「理性」在此脈絡下就成為人的本質性定義，但「理性」很明顯的並不是人的共相，因為「共相」針對的是表象上的普遍性，換句話說：每個人都擁有大致相同的形體。

「共相」的問題如今已淹沒在哲學發展的潮流下，哲學思想的發展早已不再將「性質」當作實體性存在討論，轉而從「知性範疇」、「語言謂詞系統」（predication）、「意識結構」等方向來討論。因此對於柏拉圖「理型」的詮釋也出現不同的理論，有

24 對於ousia，即英文中essence的翻譯問題十分棘手。「本質」的中文翻譯已採取了特定的詮釋角度，預設了ousia是實體存在於物的性質，然而在柏拉圖的思想當中，Ousia所要回應的問題是知識與認知，而非存在的問題。「精髓」也許並非最為完美的翻譯，但卻避免賦予ousia任何實體、確切存在的預設。將ousia譯為「精髓」並不是否定它的存在，而是將「存在」的定義理解得更為廣義，避免「本質」的翻譯會讓讀者直覺認為ousia是一個存在於物體當中，確切可以找到的「性質」，好像一個化學元素在對象中能夠被找到一樣。

些將「理型」等同於「概念」，當代主流的詮釋則將「理型」用「謂詞」(predicate)的概念來解釋柏拉圖思想。然而，不管將「理型」詮釋為「概念」或者「謂詞」，都會跟「共相」詮釋一樣遇到同樣的難題：在柏拉圖的思想中，知識難道只是找尋定義？難道所有普遍性對象都具有理型？

3.「理型」重思考：如何理解與認識世界？

不管是「共相」、「概念」或「謂詞」的詮釋，這些詮釋的共通點在於嘗試在思想和思想指涉的對象之間建立出一對一的對應關係，因此認為所有思想或敘述的單元都必須是獨立、抽象、具普遍性的知性存在，在這個脈絡下將「理型」詮釋為上述這些概念[25]。然而，「理型」雖然是不可分割、獨立的知性存在，但卻不是所有思想的基本單位，像是概念。此處想透過一些柏拉圖在對話錄當中對「理型」的基本設定，來重新推論「理型」所扮演的角色可以如何理解。

在所有對理型的討論與詮釋當中，有一點柏拉圖對「理型」的界定無法被質疑：理型是真實知識的對象。真實的知識，在柏拉圖的思想當中，並非只是當下為真的命關於ousia的翻譯問題，不只是中文翻譯時的難題，這個詮釋性翻譯從希臘文譯為拉丁文時就已經出現了。由於亞里斯多德哲學系統成為中世紀哲學傳承的主要對象，因此許多重要希臘概念的翻譯，就以亞里斯多德的定義與使用來作為基準，因此這些翻譯都在亞里斯多德哲學的觀點下，詮釋字詞所指涉的概念。Ousia被譯為拉丁文的時候，首先被譯為substantia，字面上的意義為「在下方延展」，另又被譯為essentia，此型態較為接近ousia，為「之所以是」的要素。Substantia成為日後substance的概念，中文通常譯為「實體」，而essentia則發展為英文中essence的概念，中文多數譯為「本質」。

Ousia在古希臘文中為be動詞的現在分詞（present participle）型態，亦即英文中的being，但英文的型態變化太少不足以展現差異，因此看不出ousia跟「存有」（being）之間的差異。「分詞」的目的在於將動詞形容詞化，最終將動詞形容詞轉為名詞，現在分詞的特性在於描述一個動詞正在進行的狀態，而ousia因此指的是使一個存在持續以其存在形式延展的關鍵。柏拉圖與亞里斯多德之間的關鍵差異在於，對柏拉圖來說，一個存在最重要的不在於其實體存在基礎，換句話說，柏拉圖認為存在不需要是一個東西，而是認知對象。Ousia在柏拉圖的思想脈絡當中，因此指的是讓一個對象被當作某對象被認知的充要條件，因此對ousia的認知展現為對此對象的定義，透過此認知一方面確立其本然，另一方面確立此對象與其他事物的區分關鍵。比如說，如果人的定義為「理性」，那麼理性正是界定人之所以為人的條件，同時也是人之所以與其他生物相異的關鍵。

25 范傳（Gail Fine）曾經將這種思考模式稱作「經驗主義模型」，並且認為柏拉圖在《泰鄂提得斯篇》當中特別用了一連串失敗的論證在批評經驗主義模型嘗試對知識作的理解。「經驗主義模型」的理論不一定是經驗主義，舉例來說，主張理型與概念相等的人不一定支持經驗主義的理論，然而卻可能用一種經驗主義的思考模式來討論知識的問題。簡單來說，范傳點出，經驗主義模型的思考模式傾向將思想的對象當作一個整體不可分割的「東西」，因此對此整體的認識必定也是一個不可分割的整體與其相互對應。舉例來說，對紅色物品顏色的認識，必定要對應到一個整體不可分割的「紅」概念，缺乏一個提供分析綜合的中介（intermedia）。進一步的討論可以參考：Gail J Fine, “Knowledge and Logos in the Theaetetus,” *Philosophical Review* 88 (1979): 366; “The Object of Thought Argument: Forms and Thoughts,” *Apeiron* 21, no. 3 (2011): 105–146; “False Belief in the ‘Theaetetus,’” *Phronesis* 24, no. 1 (1979): 70–80.

題，舉「今天下雨」為例來說明，如果剛好今天下雨，那麼這就是一個真命題，但對柏拉圖來說，這個命題不管真偽都不屬於知識，最多只能稱得上是一個真信念（alethes doxa）[26]，是沒有偶然性、必然且恆常為真的對象。既然知識是知性活動的其中一種產物，而知性活動所作用的所有對象，都必須有某種方法觸及知性，否則一個無法想像、無法感知、無法推測，沒有任何知性活動可以觸及的東西，單純因為沒有任何認知而不可能討論其存在。反過來說，在所有知性活動之內最為必然、不可缺乏、最根本的對象，由於它們在整個認知的領域不僅最為恆定，更是使得其他認知可以被理解的基礎，那麼這些對象必定最為真實，且存在的狀態最為恆定[27]。既然最為真實的認知對象對柏拉圖來說非「理型」莫屬，那麼上述這些作為認知最必然、且恆定的知性對象就是理型。

許多學者認為，柏拉圖在後期，尤其在《泰鄂提得斯篇》與《辯士篇》中放棄「理型」的概念，轉而開始發展類似語言邏輯中「類」的概念[28]。然而，《辯士篇》中探討的「五宏類」事實上發展的是知性之域內部如何結構化。換句話說，「五宏類」（有、同、異、動、止）每一個表達的都是一種「關係」，而五類關係的排列組合作用在「理型」上就交織出各種混合的「類」，而所有類所構成的各種「綜合體」就衍生出了所有思想可以指涉的對象。在此詮釋下，「類」與「類的綜合體」就不再是「理型」，而是在某種特定關係結構所排列理型的一個混合體，就像狗的概念當中必定混合了「形狀」、「存有」、「動態」等理型，才可能將「狗」理解為我們所認知的這種形狀、型態的生物。

因此，若「理型」是知性內容當中最堅實、必然，使所有認知與思想能夠實現的要素，那麼「理型」就不再是一個與思想對象一一對應的東西，反而像是某種濾鏡，在特殊的組合之下，讓我們透過它們來認識現象世界。在這個意義下，柏拉圖才會說感性之域是混雜，而知性之域則是單一純粹，因為所有感性之域的認識對象都參雜著多種特定結構比例的一組理型的影像，而「理型」本身卻像化學元素一般，是最單純

26 此處「信念」指的是古希臘文中的doxa，也譯為「意見」（opinion），但doxa在希臘文中特別強調其「公共性」，也就是說，這不是一個「私人」、「主觀」的意見或信念，而是一個有公共認同基礎的信念。

27 凱特瓊（Ketchum）的研究正是用知性上的可靠性，來說明為什麼「理型」對柏拉圖來說是最真實的存在，因為「理型」是所有知性可以擁有的內容當中最為可靠、恆定的對象。詳細討論可參考：Richard J. Ketchum, "Plato on Real Being," *American Philosophical Quarterly* 17, no. 3 (1980): 213–20.

28 當代不少學者支持這種詮釋，認為柏拉圖在後期放棄了理型的概念，不過反對此詮釋的學者也不少，因為在最常拿來當作證明的《辯士篇》之後的對話錄中，又重新找到了「理型」的概念。以下這些文章可以對此派詮釋有進一步瞭解：Paolo Crivelli, *Plato's Account of Falsehood a Study of the Sophist* (Cambridge New York: Cambridge university press, 2012); J L Ackrill, "Plato and the Copula: Sophist 251–259," *The Journal of Hellenic Studies* 77 (1957): 1–6.

不混雜的知性存在。簡單用化學元素來做個對比，化學元素就如同「理型」，是最基礎的組成，不能再繼續分割，而水（H_2O）、氧（O_2）等則是特定關係下由元素組合而成的化合物，就如同柏拉圖所稱的「類」，而一般的食物就是各種「類的綜合體」。此類比儘管對「理型」、「類」、「類的綜合體」有所簡化，卻能簡單展現出三個層次之間從單純到複合的差異。

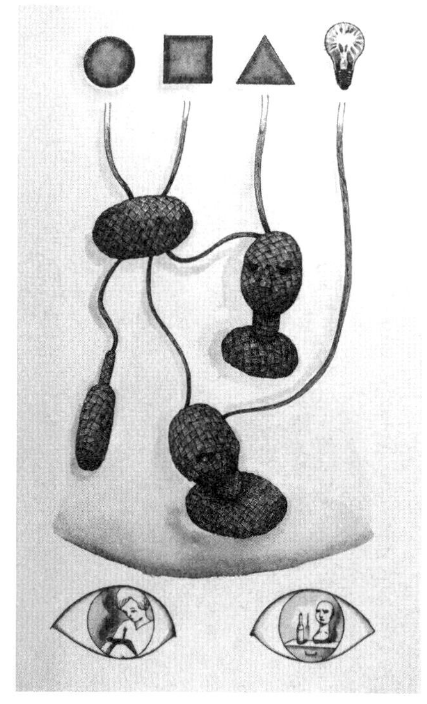

對「理型」的此種詮釋不但更符合柏拉圖對於真知（episteme）的描述，同時也說明了柏拉圖認為「辯證法」的「分析」與「聚合」是認識理型的唯一方法。因為，理型獨立存在，也就是說理型不透過與其他對象的相對關係來界定，因此理型的認識必須透過對經驗性或非經驗性的複合思想進行分析與聚合，用「理性」（logos）的內

部結構，最終將對理型的認知展現為定義對象，以及定義其與他者差異的能力。

以一本對話錄的導論來說，這裡介紹的「理型」更為深入和複雜，我希望讀者在閱讀到「理型」的時候，能夠有別於傳統詮釋外的其他理解可能。

4.《費德羅篇》中的理型討論：美為何物？

《費德羅篇》中討論的唯一一個理型就是「美」。讀者也許感到奇怪，《費德羅篇》既然多數的篇幅談「愛」，為何其中唯一探討的理型卻是「美」？這正是證明「理型」絕非「共相」的一點，因為對柏拉圖來說並不存在「愛」的理型。然而「愛」作為共相，在共相所預設的條件下必然存在。

「愛」之所以不是理型，因為「愛」不僅內涵複雜，而且非理性，因此對「愛」的定義只能界定為「瘋狂追求美的慾望」，裡面交雜了「瘋狂」，因此外於理性、「慾望」與「美」。在這個意義下，愛只能用它所引發的狀態，它所激起的動力來界定，是一個必須依賴與其他概念之間關係來界定的概念，而一個必須依賴與他者關係來界定的觀念必然不是「理型」。然而，「愛」卻是認識「理型」的必要條件，因為「愛」

提供動力，而理智則提供追求的方向、目標、方法和動機，由於追求「理型」的認識是層次最高的追求，所需要的動力也就最多，因此只有當愛累積了足夠能量，才可能追求對理型的認知。

為什麼追求知識也需要愛？對於柏拉圖來說，所有不管主動或被動的行為背後都有原因，所有主動選擇的行動背後也都有動機，但是突破極限的堅持需要的不只動機，更需要強過本來限制內的動力。如果所有行為都只是由需求被動地推著走，行為也只稱得上是「反應」，若行動有了選擇，也有了判斷之後確立的動機，那麼行動也只是在慾望的推動下，在自己理性判斷限度內所展現出的追求，那麼確實有愛無愛並沒有差別。「愛」之所以成為討論的主題，甚至成為哲學問題，正是因為「愛」不但展現出的動力較為強烈，更展現為一種達到瘋狂狀態的慾望，讓理智瘋狂而追求超越既存限制，而追求超越往恆定的對象追尋就成了追求卓越，若是往隨時都在變幻的物質追求，就成了柏拉圖所說的縱慾。「愛」因此成為「超越」的必要條件。

而追求真知，也就是說，追求認識理型之所以需要愛，是因為真實的知識對人類來說就是一種超越。柏拉圖認為，若是將人的生命限制在舒適、不特別付出努力的狀態下，人就會生活在表象當中，因為透過肉體，在沒有任何分析下所認識到的就只有片面事物的表象，甚至是扭曲的幻象。儘管在表象當中，基本的理性能力會讓人對事物產生特定的意見，在這些意見上建立起生活的習慣，而習慣就成為自己生活所依賴，換句話說，習慣成為了自己的限制。活在表象當中的人，所有對象和選擇因為沒有進行細緻的區分與界定，因此所有選擇都「差不多」。因此，對所謂實在與表象的區分，甚至將認識對象與其他對象做細緻的區分，都是知性上必須付出非生存必要的努力，才能夠對慣習狀態下的認知方式起到突破與超越。所以，當一個人所追求的對象愈超出自身的能力，就需愈是嚴謹要求自己追求對象與其他事物的細緻差異，那麼追求本身必須付出的心力與意志力就會更多，既然「理型」是最為完美、真實且純粹的知性對象，那麼認識理型這個活動，就離人類習慣狀態中的知性活動最為遙遠，因此要完成自我超越所需要的動力就最大，換句話說，只有最為強烈的愛才有辦法讓人堅持自己的追求，不半途而廢。

柏拉圖在《費德羅篇》中十分精彩的討論，不在於解釋「愛」如何給予動力讓人追求愉悅，而在展示人為什麼會追求超越。「美」被柏拉圖定義為「愛」所追求的對象，換句話說，「愛」所引發的追求是因為受到此對象的吸引，而產生這種吸引力的「主因」就定義為「美」。在柏拉圖的這種定義之下，「美」最根本的討論沒有主客觀判斷的問題，只有啟發的吸引力強或弱的問題，在這個意義下，所有吸引我們的對象，不管在其他人看來美或醜，因為我們受到其吸引，就使我們用「美」來形容此對象。許多學者探討過柏拉圖選擇「美」作為「愛」的對象的原因，因為「愛」本身非理性，因此引發愛的原因必然不是理性的判斷，美作為最為崇高的「感應」，因此成為愛的對象。也因為「美」所引發的是驚艷與讚嘆的感應，而驚艷與讚嘆意味著此對象不在慣習的生活模式內，「美」所引發的就是一種對「超越」的被動認識。換句話說，當我們驚訝或讚嘆，因為對象不是我們習慣的事物，換句話說，此對象讓我們見識到超越習慣的可能性。因此，「愛」是超越的必然條件，作為「愛」的主因，「美」就是使行動者認知到超越且慾求超越的關鍵。

不同於愛，「美」具有美的理型，正因為美所激起的是吸引，因此在愛被激起之後，理智就必須判斷要追求的對象到底是真實的美，還是虛有表象，或甚至只是扭曲的幻象。在《費德羅篇》當中，對於「美」理型的認識十分重要，因為理智對「美」的認識決定了生命追求的對象，以及追求此對象所需要的行動。簡單來說，理智對「美」的界定基本上決定了一個人的生命，因為它決定了生命追尋的方向。因此，「愛」也許非理性，也沒有真假對錯好壞，但這股動力要如何引導、導向何方、追求何物，都取決於理智對「美」的判斷是真是假、是好是壞。

回憶說：何謂真實的知識？

「回憶說」是柏拉圖的學習理論，探討的是學習過程中，所謂的進步意味著背後有什麼樣的機制。在導論最開頭曾經解釋過，柏拉圖繼承蘇格拉底的思想，否定知識能夠透過「訓導式教學」習得，而只能在引導的「辯證式教學」當中達到真正意義下的學習，此主張的理由主要有二：第一、知識不只是正確的訊息；第二、沒有理解的正確思想內容不能稱作知識。在此前提下，柏拉圖與蘇格拉底認為學習只能透過對話，知識只能引導不能傳授。除了以上對知識與教學的態度，柏拉圖更進一步發展此思想，跟他的知識論（探討何謂知識）與形上學（探討存有基礎）結合，嘗試讓其思想內部的各種論題相互論證。因此，在其知識論與形上學的基礎上，柏拉圖將學習中的進步稱作「回憶」。

當代語意中的「回憶」概念有著很強烈的經驗成分，因此「回憶說」一詞對多數讀者立即引起的疑惑也許會是：學習若是回憶，代表以前已經學習過了，若已經學習過了，那不就不能稱作學習，而就只是單純回想？若對應前文中對「靈魂」的誤解，那麼可能會認為柏拉圖的「回憶說」指的是靈魂前世曾經的經驗可以透過回憶取得。然而此般理解完全是對柏拉圖哲學的誤解。

「回憶說」確切要回應的是學習過程當中「抽象」、攫取「概念」的過程。舉例來說，當我們學習新的語言的時候，都會碰上無法簡單對應到母語的詞彙或句子，學習這個詞彙或句子的過程當中，多數人會先查字典或探詢定義，然而字典所給的答案只是一個訊息，學習者並不一定能加以融會貫通，因此接下來會去留意使用這個詞彙或句子的場合與實例，從中去界定使用場合與實例當中的共通點，以及與相似詞句的差異，最終界定出此詞句所要表達的概念。儘管此概念本身早已在一開始就蘊含在字典的定義當中，卻要等到最後一步自己攫取了這個概念，並且知道可以在什麼場合

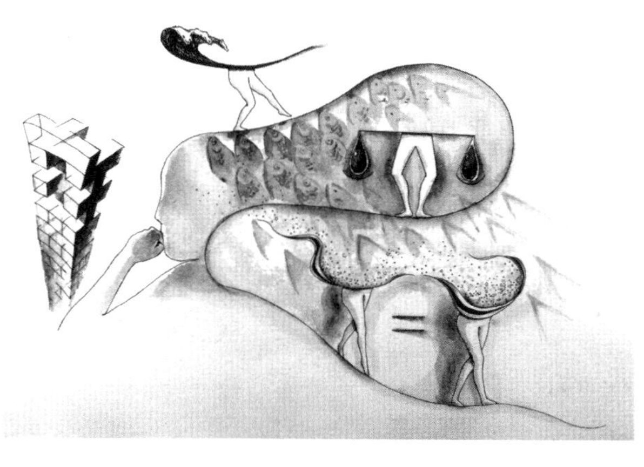

使用，如何與其他詞彙作區分的時候，學習才真正達到目標。就如同柏拉圖在《斐多篇》舉的例子：在眾多相等與不相等的物品當中，推理出「相等」這個概念。換句話說，「回憶」的過程，指的是當學習者在「個體事物」的感知中，看出所有個體共同反映出的「知性對象」，這個推理性思考的過程在柏拉圖的思想當中就被稱作「回憶」。

柏拉圖之所以將學習的過程稱作「回憶」，是因為「靈魂」作為所有智能的來源，在墜落到人的肉體成為人之前，早已「習得」知識。然而，「靈魂」所回憶的並非另一世當中透過經驗所學習過的知識，因為若「回憶」指的是「這個確切的靈魂」在前一世的肉體當中透過感知所記取的內容，那麼每個靈魂能「回憶」的知識，按理來說就會有所不同，因為每個肉體所記取的內容不會完全相等。由此可知，「回憶」最終要憶起的對象指的是靈魂在附著在任何肉體之前，在「知性之域」中冥思「理型」所習得的真實知識。

由此可明顯看出柏拉圖思想當中濃厚的理性主義取向。所謂「理性主義」主張「理性」的作用才是知識的基礎，而非經驗內容，此主張並非否定經驗作為知識的內容，而是主張若是缺少理性分析、抽象、理解的經驗，就只是混雜的訊息，無法作為知識的基礎。理性主義對知識基礎的看法上，最具代表性的特徵就在於對「先驗知識」的肯定，認為理性內部必定先在有「內在知識」，比如說先驗、不需要任何學習，人必然擁有「比較」這個概念本身的知識，因此能夠透過比較經驗內容來分析出更多知識。柏拉圖在《辯士篇》當中討論過這個問題，認為有「五宏類」是所有認知必須依靠的基礎，分別是：有、同、異、動、止（being, sameness, difference, motion, pose），由此五宏類的交錯關連來建構出整體知識。

然而，柏拉圖的思想比一般的理性主義理論更為複雜，因為這些所謂「先驗知識」，不但是知識的基礎，同時也是知識的唯一對象，換句話說，「回憶」的過程最終以習得關於理型的知識為最終目標。原因在於，所有感性之域中混雜了感知與物質干擾的認知，正如同前文於知性之域與感性之域的說明一般，這些不純粹知性的感知都只是映著知性之域的影像，如同鏡片一般映射出千變萬化的感知對象。《費德羅篇》中所描述的，正是靈魂如何在千變萬化美麗的事物中「回憶」起「美自身」為何。

「回憶說」儘管到了當代仍然有諸多不同的詮釋，有學者（D. Scott, 1995[29]）強調，由於「回憶說」的對象是理型，因此「回憶」只限於說明哲學反思的活動上，而一般學習、理解或思考並非回憶說所意圖解釋的活動。也有學者（T. Williams, 2002[30]）

反對此詮釋，認為「回憶說」所涉及的學習包括哲學反思和日常學習，只是回憶的層次有所不同，日常學習主要在將個案、個體的認識對象連結到抽象的概念；而哲學反思探討的，則是這個從個體到抽象概念的操作本身在何種機制和基礎上實現。除此之外，也有學者（I. Terence, 1974[31]）認為，柏拉圖的「回憶說」不只是學習理論，更不只與知識有關，更與道德行動的動機有關。而《費德羅篇》中對「回憶說」的討論與運用剛好印證了「回憶說」與「動機」之間的關連。

《費德羅篇》中並沒有解釋「回憶說」的理論基礎，只是用大量的描述來呈現靈魂如何在美的經驗當中，領悟何為美最為核心且不可動搖的意見。柏拉圖在對話中讓蘇格拉底主張影像跟其所反映的實在之間存在著「家族氣息」的關係，換句話說，美景、美酒、美食跟「美」的理念之間，必定存在著某種相似關係，一來讓我們將這些對象都稱作「美」，儘管每個對象之間仍然如此不同，二來讓我們在正確的自我對話的條件下，從美的事物中探問出美為何物。讀者也許會覺得疑惑，「美」如果只是個

29 Dominic Scott, *Recollection and Experience : Plato's Theory of Learning and its Successors*. Cambridge : Cambridge University Press, 1995.

30 Williams, T. (2002). *Two Aspects of Platonic Recollection*. Apeiron, 35(2), 131–152.

31 Terence, I. (1974). Recollection and Plato's Moral Theory. *The Review of Metaphysics*, 27(4), 752–772.

主觀感受，那麼想當然耳每個人運用的對象不同，之間完全沒有任何相似性也不奇怪。然而，今日所稱之「感受」，對於柏拉圖來說，等於是一個被動引發的感應，而「美」也許指稱的是一種可以與其他感應相互區別的狀態。換句話說，被每個人認為美的對象之間也許毫無共同性，甚至相互矛盾，然而這些對象在每個感知者身上所引發的狀態，會有相同基礎。

《費德羅篇》之所以要探討「美」，以及如何「回憶」美的真實理念，目的在提供廣義的慾望一個理論基礎，而用此慾望理論來說明人的行動都在於追求所欲。然而，所有靈魂天生慾求「美」，因此被我們用「美」描繪的事物總是那些「吸引」靈魂的對象，因為吸引所以追求，因此每一個行動都展現出行動者追求什麼、被什麼吸引。換句話說，若每一個行動都有動機，除了目的性、有意識的「意圖」之外，有知性判斷與選擇的行動都由於被「美」（kalos）吸引，而追求「善」（agathon），最終希望生命得到「幸福」（eudaimonia）。引發「美」這種讚嘆的對象也許雜多，美麗的臉龐、軀體、個性、思想，如是等等，然而，卻是理智必須判斷這些對象當中，什麼才是真正的美，而哪些又只是美的表象或甚至假象；而在美的吸引下，什麼才是「善」所對應的追求對象，是利益、錢財、名聲，還是德性？

由此可見，「回憶說」在《費德羅篇》當中的重要之處在於，因為回憶起真實的美，擁有真實美的認知，才有能力判斷必須如何行動，何種對象或價值才是追求的目標，在一連串追求的行動中展現出什麼模樣的生命，是體現正義的生命？體現對智慧無限追求的生命？將歡愉視為善而追求享樂的人生？還是……？換句話說，每一個選擇，是有意識的選擇也好，習慣驅使也罷，都反映著行動者對於「真」、「善」、「美」的理解，「真」意味著對何謂「善」與何謂「美」的判斷如何自我證成；「善」意味著其人生追逐的目標被理解為何種對象；而「美」則展現行動者受到什麼樣的對象吸引。在此脈絡下，柏拉圖的「回憶說」在《費德羅篇》中確立了其「知行合一」的論點，將其「知識論」與「倫理學」的思想搭起了橋樑。

修辭學與詭辯

修辭學是一門非常古老的學問，指的是「演說技藝之學」。由於這門技藝在古希臘社會中十分重要，因此許多思想家都對此有所討論，而柏拉圖的弟子亞里斯多德，更為修辭學撰寫了結構非常完整且嚴謹的修辭學分析。反之，柏拉圖並沒有針對修辭學建立理論性思想，儘管他在對話錄中運用了大量的修辭技巧，而《費德羅篇》則是少數作品，柏拉圖解釋真正的修辭學在什麼樣的分析基礎上才稱得上一門學問。柏拉圖沒有對修辭學特別立論，而且批判多過理論的原因正是在於柏拉圖對自己時代修辭學的厭惡。對柏拉圖來說，修辭學之所以沒有絲毫重要性，在於這並非一門探討真偽的學問，反之，這是一門旨在說服他人的工具。而柏拉圖對修辭學的排斥有一部分更是因為修辭學和詭辯之間的親近性，使得若是不能謹慎使用和發展修辭學，那麼修辭學就與詭辯同流，而詭辯（sophistry）正是柏拉圖畢生抵制的對象。

柏拉圖在《費德羅篇》中對修辭學所下的定義為「用文字驅使靈魂的技藝」（261a），可見柏拉圖認為修辭學的關鍵在於「說服」，因為驅使靈魂總是朝著特定的意見或信念前往。正因為修辭學的目的在於「說服」，用特定演說技巧說服聽眾十分特定的內容，但這個原則發展到極致，就不再只是說服聽眾特定的演說內容，而是讓聽眾信以為真所有演說者的話語，也就是所謂的「詭辯」。柏拉圖的哲學立場反對「說服」或「教授」的概念，正如前文所述，柏拉圖否定知識可以被傳授，而只能引導學習者自我探討，那麼「說服」更是從意圖上就與獨立思考探索真理背道而馳。柏拉圖之所以排斥修辭學，更因為修辭學所鑽研的對象是語言影響靈魂的能力，而柏拉圖認為語言之所以能夠操弄靈魂，在於語言的存在就是「影像」，運用語言就在於創造影像，而影像則能夠引發情感與感受。因此，如果「說服」存在，代表的是語言所創造出的影像可以混淆實在，讓聽眾將講者語言中所創造出的影像當成實在，若講者有良知，所言並不扭曲實在，那麼聽眾最多相信了一個忠實反映實在的「信念」；然而，若講者無良，天花亂墜地扭曲實在，那麼就等於創造了一個扭曲的虛幻世界，迫使聽眾信以為真。

柏拉圖在《費德羅篇》中詳細說明了修辭學如何展現影響力，甚至如何「誤導」聽眾，關鍵都在創造表象上的「相似性」。也就是說，當我們對特定對象沒有精確的認知與理解時，對象所呈現的形象其實十分模糊，且與許多其他東西相似。此相似性並不在於物體本身相互接近，而在於我們缺乏認知的印象所擷取到的，只是聚集在一個稱呼下的一些零碎的特徵。在《費德羅篇》當中舉了一個「指驢為馬」的例子，當我們對驢和馬都沒有真正的認識，也就是不知道如何定義並區分驢和馬的時候，別人選擇性地描述馬為「能負重、溫和、有鬃毛」，所浮現的形象就會跟我們對驢子的模糊認知下的形象相符合，在這個前提下，話語所創造出的影像就可能誤導聽眾。若具體的物體都能夠產生誤導，那麼抽象的概念或價值，就更容易在話語編織下將片面的定義當作知識，整部《費德羅篇》其實都在討論片面對一個對象的描述，為什麼能夠說服聽眾相信。

然而，如果語言本身就如同影像一樣，是中介的存在，更是讓人信假為真的關鍵，那難道應該停止使用語言？柏拉圖在《費德羅篇》中特別說明，話語或寫作本身，無所謂好或不好，但運用話語與寫作的方式，就有忠實與扭曲實在的區別。在此意義下，創造影像即便是虛構的文學創作，如果影像本身並沒有扭曲實在，那麼此作品就如同一個陶瓷工藝作品一樣，單純呈現了實在的部分結構。由此看來，柏拉圖眼中的「實在」除了絕非經驗性的事實或事件，更不在於「內容」而在於結構。前文已經說明，柏拉圖定義下的真實實在是理型所處的知性之域，換句話說，知性活動最穩定且所倚賴的基礎，因此，儘管理型存在於所有思想對象當中，思想對象卻因為是混合的結果，數量遠遠多過理型本身。在此意義上，柏拉圖區分了「真」與「實」，假設只有理型是既「真」又「實」的存在，其他思想內容卻能「真」而「不實」。因此，真正的「實在」也許不是人類的知性可以窮盡與掌握的，但知性實在的結構卻可以忠實地被人的理性呈現出來，因此也能夠在思想、語言、文字當中忠實呈現。就如同一個房子的模型可以忠實呈現房子本身的結構，特定比例與組合，而模型本身卻無法呈現房子的內容。這個問題在《辯士篇》當中有非常詳細的討論。

由此可見，柏拉圖對修辭學既有的敵意在於，修辭學對於影像的著重大於實在、著重感性的效果遠於理智的能力，而修辭學跟詭辯之間的連續性，更徹底讓修辭學站到了哲學的對立面。《費德羅篇》中，柏拉圖讓蘇格拉底討論當時修辭學所缺乏的哲學分析基礎，看起來像是對修辭學所進行的改革與規定，因此讓許多學者認為柏拉圖意圖提出自己的一套修辭學理論，但並非所有學者都認同柏拉圖修辭學的存在[32]。

柏拉圖在《費德羅篇》當中批評傳統的修辭學主要鑽研哪種風格、哪種論調能夠引發哪種情懷、情感，因此針對容易被憤怒觸動的聽眾，就要用引發仇恨的言論；針對容易泛起同情、憐憫的聽眾，就要用激發同情的言論與風格。柏拉圖認為，這種修辭學不但背後缺乏真實的知識基礎，更是引導聽眾著重情緒反映而非認知理解，這樣的技藝根本不能被稱作學問，充其量只是伎倆。然而，柏拉圖似乎認同所有人的靈魂有著不同的傾向，按照靈魂對感知的依賴、知性的敏銳和訓練程度等等不同要素的排列組合可以對靈魂進行分類，同樣的言論也能夠按照說理方式的不同分出不同種類，

32 麥克阿鄧（McAdon）在其研究中論證柏拉圖不曾意圖建立自己的修辭學，因為這樣一來會使得哲學家與修辭學家之間的界線更加模糊。Brad McAdon, “Plato’s Denunciation of Rhetoric in the ‘Phaedrus,’” *Rhetoric Review* 23, no. 1 (2004): 21–39.

以此找出最適合某個種類靈魂的言論類型。《費德羅篇》中的確講述了這個用不同言論類型，來面對不同類型的靈魂的修辭法分析，然而，問題的關鍵在於柏拉圖是否將這個分析稱作修辭學？

《費德羅篇》中的言論／靈魂類型分析的分類關鍵在於靈魂的思考理解方式，以及言論的陳述及論證方式，和兩者之間的互動關係。如果柏拉圖想要強調的是，每一個人理解的方式不一樣，因此引導理解的方式應該要按照每個人的理解方式有所不同。然而，若言論的目的在於「認識」和「理解」，就不再是一門「說服的技藝」，因此嚴格來說與修辭學的定義不完全相同，儘管兩者都涉及「表達的方式」。這一套靈魂類型與言論類型的分析，看起來更符合柏拉圖在《泰鄂提得斯篇》一開始所提到的「知識的助產術」。在《泰鄂提得斯篇》中，柏拉圖讓蘇格拉底描述一般產婆會根據產婦的狀態，選擇用歌聲或特定的姿勢來幫助產婦減輕生產的疼痛，這樣的描述似乎更加符合《費德羅篇》此處對靈魂與言論類型分析的意圖與目的。在此意義下，柏拉圖對於修辭學的態度似乎在所有對話錄當中都十分一致，將哲學與修辭學確立為兩相對立的活動。

辯證法

如果柏拉圖想透過哲學家與修辭學家（或者辯士）之間的對立，來定義哲學與修辭學之間的差異，那麼，修辭學作為一套方法的對立面，就是柏拉圖確立的「辯證法」。柏拉圖認為辯證法是唯一習得知識的方法，與其將辯證法等同於科學方法，不如說其根本上是釐清、組織思想的方法。柏拉圖是第一個嘗試將辯證法確立為一套方法的哲學家，在往後的哲學史上，「辯證」的概念被許多哲學家，例如康德（Immanuel Kant, 1724-1804）、黑格爾（Georg Wilhelm Friedrich Hegel, 1770-1831）、馬克思（Karl Marx, 1818-1883）等人運用，儘管每個哲學家的辯證概念看似差異極大，此處藉著回到辯證法的起點來理解，來說明「辯證」的概念基礎為何。以下將分為三個部分來說明柏拉圖的辯證法：首先，說明辯證法的起源與發展；其次討論辯證法的定義與運用，以及在《費德羅篇》當中的案例；最後討論辯證法與邏輯之間的異同。

1. 辯證法起源與發展：思想是靈魂與自我的對話

辯證法（dialectic）的字源是「對話」，基於許多學者的研究，辯證法是柏拉圖將蘇格拉底的對話方法加以發展和結構化而建立出來的思辯方法[33]。學者們之所以認為辯證法是柏拉圖經過長時間修改所提出的思辯方法，在於「辯證」一詞隨著對話錄的撰寫與發展，經過了一次主要變化。在較為早期的對話錄當中，「辯證」一詞只有鬆散的描述，且將辯證法呈現為一套自我「提問」與「回答」的過程，至於提問及回答的方法與形式，都沒有進一步的界定或討論。在許多對話錄當中，可以看到「辯證法」一詞的意義和相關描述出現轉變，開始比較明確地跟分析「一」與「多」、「同」與「異」的差異放在一起討論。《費德羅篇》是第一個精確將辯證法定義為「分割與聚合」（division and collection）的對話錄。

若仔細省視，會發覺柏拉圖的辯證概念其實一直都沒有脫離它的「對話」起源。因為柏拉圖認為話語或理性（logos）的核心就是「辯證」。Logos 在希臘文中最常用的意義是話語，但它同時是理性的意思，指的是延展出來將元素綜合成完整意義的能力，因此話語跟理性在古希臘哲學當中有著強烈的連結。柏拉圖在《泰鄂提得斯篇》

和《辯士篇》當中都聲明過「思想是靈魂與自我的對話」。這句話展現的，不只是「思想由語言結構呈現」，更重要的在於點出「思想的活動是在一個近似對話的動態」，思想前進的關鍵在於找出判斷、自問判斷是否有效、檢驗判斷、重新判斷這一連串的活動當中展開。在這個意義下，不管思想理路是否主要形成於對話的形式當中，兩人的對話本身更是雙重對話的結果。

既然理性是人類掌握知識的結構，而理性的結構又從對話而來，那麼要認識理性的結構且進一步運用的話，就要找出「對話」中最為核心、促使認知進步的動態結構。在此問題脈絡之下，柏拉圖所發展的辯證法就旨在概念化促進思想的對話動態結構，而此動態結構是透過一組操作展開——分割與聚合。

2. 辯證法的定義與運用：辯證法在柏拉圖思想中的角色

「辯證」這個字儘管幾乎充斥於所有柏拉圖的對話錄當中，卻並非一個發展成

33 柏拉圖辯證法與蘇格拉底對話的關係可參見以下研究：Monique Dixsaut, *Métamorphoses de la dialectique dans les dialogues de Platon* (Paris: Librairie Philosophique Vrin, 2002); Michel Meyer, "Dialectic and Questioning: Socrates and Plato," *American Philosophical Quarterly* 17, no. 4 (1980): 281–89.

熟、定義與方法都有嚴格界定的概念，相反的，若我們仔細檢查每篇對話錄當中使用「辯證」一字的段落，就會發現每篇對話錄對辯證法的操作和結果都不太一致，因此後世僅能確定一些十分抽象籠統的界定，比如說前面所述的分割與聚合。

我在此嘗試從幾個面向來切入，希望能讓讀者對柏拉圖辯證法有較為全面的理解，遂將辯證法的定義用幾個問題來引導討論：一、辯證法的目的為何？二、辯證方法為何？三、辯證法操作的對象為何？四、辯證法如何操作？儘管每個問題在哲學史上都尚有爭議，但概觀這些爭論與提問，卻能幫助我們掌握柏拉圖賦予辯證法的角色。

辯證法的目的

在《高爾吉亞篇》（*Gorgias*）中，柏拉圖首次清楚地將辯證法的目的界定為：研究定義，釐清研究對象所謂為何？此對象的本然如何界定？如前文中提過的，整個蘇格拉底哲學到柏拉圖的核心就在於研究：何謂某某（ti esti）。柏拉圖所謂的「定義」並非字面上的定義，因此不像隨便一本字典翻開來，每個字似乎都有多種定義，並會將所有文獻中對這個字的使用整理成幾種不同字義。辯證法所搜尋的，是對事物實在的定義，換句話說，「何謂正義」問的並非「正義」一詞的語意為何，而是該如何掌握「正義」這個對象的本質。因此，「定義」不同於今日較為狹義的界定，而是柏拉圖眼中所有科學研究的對象，因為只要掌握事物本然的定義，就掌握了對實在的理解。

然而，儘管柏拉圖清楚明瞭地說辯證法的目的在於定義事物，後世學者卻無法確定這個最終定義所尋找的到底是什麼。換句話說，事物的定義所掌握的是本質？本性？理型？所有性質的集合？還是概念？直到今日，各派學者對此的爭議與詮釋都尚未能有定論。

傳統以來的詮釋，強調柏拉圖辯證法目的在於認識「理型」。先不論「理型」的討論本身就已經十分分歧，將「理型」設定為定義所掌握的對象引申出許多無法說明的問題。如果掌握事物實在的重點在於用定義來掌握其理型，那麼代表所有能夠定義的對象，都有它自己獨立的理型存在；若理型能夠被定義掌握住，即理型能被定義限定在一個範圍之內，那麼理型就並非超越的知性存有，這樣得出的結論遂跟此詮釋傳統的前提相互矛盾。然而，如果掌握事物實在的核心等於掌握其概念，而定義展現的就是概念的定義，那麼概念在歷史上的浮動與改變，是否反過來突顯了在此脈絡下的辯證法，絲毫沒有能力掌握到相對穩定的實在，概念意義的轉換就必然推論出後者全然取代前者，使得概念系譜學的研究失去意義。如果事物實在的定義就只是所有對此對象描述的總集合，那麼這樣的定義既無法符合任何一個對象，內部更充斥著相互無法融合的元素。由此探討看來，辯證法所要找的定義既要能掌握一個穩定的實在，卻又不能指涉一個獨立存在又外在於知性運作的實體，而以上這些提議都無法同時滿足這兩個條件。

辯證方法

前文中提到了柏拉圖將辯證方法界定為「分割與聚合」，「分割與聚合」看似如此簡單，令人很難想像這可以作為一種思辯的方法論。柏拉圖並沒有意圖要找出一套只要套用必得知識的機械性操作守則來作為方法，而是要找出我們日常思想、理解、學習過程中一直不自覺使用、思想最核心的動態結構，讓我們有意識地將此動態結構視為方法操作，促進思想活躍。

柏拉圖在《辯士篇》中進一步定義了「分割與聚合」就是將相異的分開、相同的聚合，看似十分直覺，卻是知性運作最根本的結構。換句話說，辯證法等同於思想的運動形式。「分割與聚合」其實蘊含了否定與肯定兩種能力：否定兩者之間相等、肯定兩者之間的關連。當我們仔細拿日常的思考過程當作案例，就會發現「分析」的工作就在於「區別差異」，例如在同一個現象之上「性別」造成的差異，或是「階級造成的差異」；若只是一味地「分割」，那麼認識的所有元素都被切割成相互沒有關連的獨立個體，因此還需要「聚合」，將互有差異的元素重新連結起來。舉例來說，「性別」的概念，儘管首先是從分割開始，不管是從生理差異或社會角色差異上進行分割，但若被區分的個體之間沒有任何關連，那麼「男、女」就跟「男、樹」一樣，而不存在「性別」的概念。因此，在分割之後，要想理解分開的元素，就必須檢視在哪些面向之下，這些元素會「相同」，因此可以「聚合」成一個整體。

柏拉圖對辯證方法的描述在方方面面皆摒除了「理型」作為定義對象的可能，原因十分簡單，如果「理型」如柏拉圖所言屬於超越人類知性的知性之域，那麼超越人類知性的存有，又如何能夠被人類知性拿來分割又聚合？而既然「理型」是純粹而非複合的知性單元，如何又能是「聚合」的結果？「分割與聚合」作為辯證方法暗示了定義所掌握的不是一個東西，而是一組關係。也就是說，「分割與聚合」的方法在於釐清認知實在所處的「關結」（articulation）。

辯證法的操作對象

辯證方法在早期的對話錄當中多半只著重「分割」的部分，直到中後期才逐漸確立出「分割與聚合」兩個部分。然而，不管前者或後者，關鍵的問題在於，知性在操作此方法的時候分割的是什麼？聚合的又是什麼？這個問題也許是整個柏拉圖辯證法中最多詮釋者探討且爭論不休的難題，而同時操作對象的問題又跟第一部分當中提到定義的對象不謀而合，使得討論更加複雜。

不少詮釋者仍然堅持操作對象為「理型」的可能性，然而，就如前文所述，理型若能被分割重組，邏輯推論上就不可能是獨立自存的知性存有。然而，如此說來，是否代表真實實在的超越理型根本不可能被認知？柏拉圖在《辯士篇》當中討論這個看似進退兩難的問題。這個問題的困境在於，如果我們認為認識理型代表理型必須作為認知客體，那麼理型就必然在這個意義下「被限定」，既然理型能夠被限定在一個有限思想單位中，理型就會如同概念一般，並非超越存有，如此一來，整個認知的體系就沒有一個穩固的「實在」作為依靠。肯定有超越且恆定的實在，那麼便會推導出有限智能無法掌握超越實在；否定超越實在，一切認知就只是相對於其他認知的相對知識。

《泰鄂提得斯篇》的知識第二定義當中，柏拉圖精湛地展現了上述這個兩難：如果我們認為認知的對象是個獨立個體，唯有這個獨立個體提供所有認知內容，那麼只有兩種可能：一、我們擁有整體知識，而且這個知識不可分割且無法分析，不容出錯；二、我們沒有任何知識，甚至連穩定的思緒都沒有，一切都只是相對且瞬息萬變的念頭，連意義都無法附著在這些念頭上。在這個脈絡下，柏拉圖強調：所有認知活動都在思想（dianoia）的層次中出現，因此所有認知的對象都是在思想中「再現」（represent）的影像，而影像呈現實在的忠實與否，取決於各個元素之間的特定關係。例如「善」與「惡」在理念上的對立關係，「善」與「正義」之間的從屬關係，如此等等。由此說來，知識的來源仍然是理型，但認知操作的對象卻是思想中再現出的理型，就如同操作模型一般，在模型上的切割重組並不影響本體。而對模型的切割與聚合，不同的排列組合就編織出不同的思想單元，以柏拉圖的詞彙來說就是分析或綜合出不同的「類」。思想掌握的就不是理型本身，而是理型之間的結構，也就是說「理型的關結」（articulation of forms）。在此意義下，辯證法最終定義的是一個網絡的結點，這個結點不但必須釐清它自身的獨特核心界定，更需要釐清使它成為結點的關係網。舉例來說，在《費德羅篇》當中，「愛」的定義同時界定了其核心：追求美的非理性衝動，這個定義更釐清了愛、美、不理性、衝動這幾個元素之間的特定關係，只要當中一個關係改變，整個定義的對象就會跟著改變。

辯證法操作

高達美（Hans-Georg Gadamer, 1900-2002）在《對話與辯證[34]》一書中詮釋了柏拉圖的部分對話錄，且探討「辯證」的界定與操作，他認為柏拉圖的辯證法涉及了兩種操作：概念分析及對反思想。前者明顯指的是上述所言「分割與聚合」，而後者則呼應了多數人聽到辯證法的第一個聯想：正題、反題。兩種操作方式明顯遍佈柏拉圖每篇對話錄，在《費德羅篇》中更是缺一不可。在《費德羅篇》中，蘇格拉底之所以提出了兩篇言論，正是因為後者駁斥了前者，如果我們能夠稱前者為正題，將愛視為一種負面瘋狂，那麼後者就是反題，強調愛作為一種「神聖瘋狂」。除此之外，對話錄中的蘇格拉底明確地對愛的種類進行概念分析，對瘋狂的種類進行分析，對寫作的種類進行分析等等，因此不管哪一種操作方式都能在《費德羅篇》當中找到。

問題在於，高達美所注意到的這兩種操作方式，到底是兩種獨立、相互無法化約的操作，或者兩者實為一體兩面？

辯證法的使用基本上就是在檢視受討論的對象，若對象在思想中所呈現的狀態有內部不均質、有所歧異的狀況，那麼就可能找到內部差異，而此內部差異就成為「分割」可能有所作用的關鍵。因此，「內部矛盾」正是推動思想進一步去分析的其中一股動力，在有內部差異的前提下，就有可能從整體「分割」出不同元素。正由於「分割」的前提在於「內在矛盾」，因此最容易進行的分割往往出現在最極端的差異之間。舉例來說，《費德羅篇》當中，被我們稱之為愛的狀態，同樣衝動且不理性，卻有些展現出盲目縱慾，有些展現為勇敢自我突破。「愛」的主題上所展現出的內在矛盾，就在愛所展現出正反相對的效應當中，因為差異最大，所以分割最容易產生。由此可以推知，對反思想其實正是概念分析進行的初步探問，換句話說，正因為受討論的對象紛紜多義，分析的切割點最容易發生於對反論題上。也是在這個意義上，辯證法與「邏輯」有非常根本上的差異，因為「邏輯」只負責推論之間的有效性，但辯證法卻在於嘗試無限推進人類理解實在核心的邊界，不管是向上統合出更抽象的概念，

34 Gadamer, H.-G. (1980). *Dialogue and Dialectic : Eight hermeneutical Studies on Plato*. Yale University Press.

又或者向下分析出更細微的區別。舉例來說，《費德羅篇》中蘇格拉底第一個愛的定義本身在邏輯推論上完全有效，因為前提、推論與結論之間的涵蓋關係有效，自我融貫，然而第一個愛的定義卻仍然偏頗不全。原因並不在於這個定義的內部和支持定義的推論有誤，而是結論本身劃地自限，忽視某些元素跟既存定義所蘊含元素之間緊密的關係，因此邏輯推論無法成為思想發展的動力，只能是思想演繹的規則。

辯證法除了分割出從屬類型，辯證思維也透過檢視不同元素之間所享有的「共同」關係，而認清相異的元素在什麼基礎上「聚合」為一個整體。就如同將紅色分割為一系列不同的紅色，但同時認清這些紅色在什麼基礎上共同屬於紅色。

這套方法也許簡單，卻從最為具體到最為抽象的兩極都可以發現它的蹤影，因為柏拉圖認為此定義下的辯證法就是智能運作的機制，而智能所蘊生出的所有複雜思維，都只是極度複雜排列組合的結果，而我們創造出愈多的概念，排列組合就愈為複雜。在所有思想發展當中，對於「顏色」的概念發展最為明顯，並且簡明地展現了辯證法作為思想的動態結構，以及拓展思想的複雜程度。

《費德羅篇》中運用非常大量的辯證法，例如靈魂三分的討論在動力內部的方向歧異上，將靈魂內部分出了兩股勢力，另外又從啟動與被動的維度上將理智與情志分開，然而，如同在解說靈魂的段落中所述，三股勢力在作用對象、互動關係相同的層次上，同屬「靈魂」。因此，辯證法並非只是「分類」的方法，更重要的是每個元素之間、元素與類之間、類與類之間的關係界定。因為正是所有認知對象之間的層次分析與關連，讓我們認識到性質之間的關係規律，比如說，重量與體積透過密度相連。

因此，辯證法不但強調知識是動態的結果，在知性的不斷分割與聚合下發展，更預設了認知對象內部矛盾所構成的對反關係。由此可以理解，「辯證法」在哲學史上有如此眾多不同的理論與運用，其核心的定義全都在於：由內在矛盾作為動力的動態關係。不管此矛盾座落在「主客關係」（黑格爾）上，或者「生產模式與生產關係」（馬克思），辯證法強調的都是內在異質造成翻轉的動態。回到柏拉圖的辯證法，因為內部有矛盾、不均質，所以能進一步區分、進一步聚合，因此，認知的階段性極限便展現為兩種情況：眼下無法看出內在矛盾，或者是異質沒有能力統合。前者是一個時代所認定為真的知識，而後者則顯現為時代所無法消解之悖論，前後兩者共同劃出一個時代的認知極限。

認識自己與命運

「認識你自己」，這一句給蘇格拉底的神諭看似簡單，在《費德羅篇》中也只是輕描淡寫，卻是決定一個人的生活方式，甚至命運的關鍵。在248d-e段落間，蘇格拉底講述了一段極為隱晦難解的靈魂九世輪迴，分別為哲學家、良君、政治家、運動員、預言家、詩人、詭辯家及暴君。極少有學者能解釋這個充滿神祕主義色彩的段落，因為對話錄本身絲毫沒有解釋此九種輪迴，只暗示了此九種人當中，以哲學家最為接近靈魂本來的模樣，而暴君則最為遙遠。此處我希望提供給讀者一種理解靈魂九世輪迴的方式，將靈魂所愛所求與此種追求所導出的生活方式，跟靈魂的自我認識相互連結，以此說明，柏拉圖此處的輪迴神話代表著不同自我認識所引導出不同的生活方式，最終不同的生活方式自我成就出了九大類命運。

1. 自我認識、自我追求、自我成就

「認識你自己！」這句話對蘇格拉底思想的代表性與著名程度，大概就如同康德

的那一句「勇於運用理性！」一般響亮。然而，到底蘇格拉底為什麼要強調「認識自己」，這麼簡單的一句話又為什麼成為濃縮了整個蘇格拉底及柏拉圖哲學思想的金玉良言？而「認識自己」又與《費德羅篇》中的主題「愛」，有何關連？

「愛」在哲學史上之所以一直有著出乎意料的重要地位，在於「愛」在主動與被動之間、在理性與非理性之間，就如同車軸般是引領方向的關鍵。愛之所以被動，因為我們別無選擇，一股熱情襲來，毫無理性可言，然而，愛所引發的熱情第一時間也許被動、不理性，這股感受卻是在知性運作之後，才將引發這股熱情的那一端理解為某一個對象。就如同一股熱情傾注一人，也許稍後才知道，愛的對象其實是此人的外表或性格。愛的感受來去無理，愛的對象為何，卻是理性可以理解，愛所引發行動追求的對象如何。我們如何釐清、判別愛的對象，就決定了我們每一個行動所投射的目標，追求外貌姣好勝過其他，那麼自然理智就將行動導向外貌追求，實際轉化成為我們看自己、看別人的眼光，以及每個消費行為、品味和志趣所在。

2.《費德羅篇》中的九種生活方式：所追求之物決定了自己的人生

《費德羅篇》中最富神祕主義的段落，就是描寫靈魂旅程和輪迴的段落，以下可以看到這個讓各個世代研究者最為頭痛的段落：

依照規則，靈魂在第一次輪迴的時候〔248d〕，不能隨便附著到野獸身上，而那些本來知曉最多真理的靈魂，〔墜落時〕化為孕育人的種子，培育出那些受智慧吸引、受美吸引、受繆思女神或慾愛之神啟發的人（哲學家）；而到了第二輪，靈魂所播種的對象，將孕育出受秩序吸引的國王、戰士和領導者；在第三輪，則會孕育出政治家、管理者或喜好錢財的人；第四輪，喜好體能活動、重視訓練或保養身體的人；〔248e〕第五輪，那些以預言維生，或從事預言的人；第六輪，詩人，以及所有玩弄擬象的人；第七輪，所有從事工藝、農業者；第八輪，辯士與煽動者；第九輪，暴君。

讀者在閱讀《費德羅篇》時必須時時提醒自己，所有靈魂的討論都用神話的體裁進行，因此字面上的意義就不是解讀的唯一方式，在此我會提出一個用對話錄元素來理解靈魂九世輪迴的方法。

從探討靈魂一開始，蘇格拉底將靈魂用馬車的形象，來說明靈魂內部的三股勢力：理智、情志（意志力所在）與慾望，理智判斷追求的對象為何、情志下定決心，而慾望則傾向追逐歡愉享樂。同樣受美吸引，某些選擇追求表象、某些認為秩序是美、某些認為財富是美、某些選擇享受髮膚之美，生命中追求的對象不同，生活的開展也各有方式。若我們仔細分析，可以發覺這九種人分別代表著九種生命追求所開展出的生活方式，每一種代表了靈魂主導的部分不同、追求的對象不同、對象所體現的樣貌不同。

首先，當靈魂的理智為生活主導，其所追求也以探索知識為引導生活的方向，且由於熱愛智慧而因此每個行動都以追求智慧為偏好，這樣的生活方式就劃分出了哲學家（愛智者）的類型。再者，若情志主導靈魂，與其探索何謂真善美，其偏好將既存真善美的定義執行實現出來，其執行便是遵守了某種原則。可將此原則解釋為抽象的天道，執行天道、領導人群者為國王；執行天道、運籌帷幄物質分配者為政治家；執行天道於自我形體者為運動員。此三者分別代表了三種以「規範」作為追求對象，分別落實在人、物、自己的身體上，劃分出三種生活方式，以治理領導為優先者活出了國王的形象，以分配財物為偏好者活出了政治家的形象，而以規範自我身體能力為生活首要者則活出運動員的生活。同樣追求「法則」，不同於前者貫徹法令在某對象身上，還有其他生活方式以實踐來作為追求法則的方式。也就是說，他的活動不在於鞏固法則，而是每一個活動的產生都針對特定程序。因此，遵照規則而以此產生話語者生產預言，因其描述未發生之事，遵照規則生產影像者為詩人（柏拉圖眼中廣義的藝術家），遵照規則生產物品者為工藝家，最終，假裝遵照規則而生產幻象以此惑人者，則

歸屬於詭辯家的生活方式。這些人物代表的都是某種類型，而非特定的職業，就如同在今日社會中生產幻象者，可能是舌粲蓮花的無良銷售員或名嘴，占卜師對應到的也許是今日的科學家，「詭辯家」、「占卜師」和其他人物都不過是這個生活方式類型的名稱罷了。最後，靈魂被享樂的慾望完全掌控，任性無理，以享樂與消費最直接的感官刺激為所有行動的主導，這樣的生活方式就以暴君作為類型代表。分析看來複雜，以下整理成圖表也許就簡單清楚許多：

儘管這裡將九世輪迴用九大類生活方式來理解，但讀者仍然需要注意，這個分類對柏拉圖來說並不絕對，也不窮盡所有生活方式，這也是為什麼柏拉圖在這個部分完全沒有提供論述，也不嘗試確立這九種類型的人作為絕對的九種生活方式。柏拉圖在此處想要呈現的，只是從最基本人行動的三股驅動力（判斷、意志、享樂），搭配上追求對象類型的不同所排列組合出的可能性加以分類，藉此呈現人活出什麼樣的生活樣態，跟驅動他的主要動力為何息息相關，也跟他判斷自己生命的追求體現在什麼對象上有關，追求規律者投射自己未來行動的方式，就會與傾向耽溺於享樂者的軌跡截然不同。

因此，與其說柏拉圖嘗試把人劃分出種類與高下，認為一個人出生以來有什麼傾向，就一定會成為某類人，不如說柏拉圖透過靈魂旅程想表達的其實是，一個人所實現的行動、透過行動所堆積出的生命，其實跟他將吸引自己前進的對象理解為何有關。愛與渴望作為驅動行動的動力，如果完全摒除了理智在其中的判斷角色，那麼人就會見異思遷，隨慾望而走。同樣愛與渴望，社會與集體所構成的價值體系與規範同樣也是行動的驅動力，追逐的對象就從最直接的享樂與消費，轉成某種需要致力完成的成品，不管此成品是社會和諧、分配正義，抑或是個簡單的工藝品。這九世輪迴所象徵的九類生活方式，不過是將驅動力與追求對象排列組合後，呈現出各種追求所開展出的生活方向。

3. 命運與修行：開展自我的幸福人生

柏拉圖明確地用了「命運」一詞來指稱這九種生活方式，乍看之下讓人覺得整個靈魂討論都充滿了宗教色彩。然而，如果將「命運」一詞擺回到追求、行動、自我實現的脈絡當中，可以發現此處的命運並非預先由外在所決定、強加於行動者的意義，而是行動者由於自我設限於特定驅動方向，而使得最後不知不覺地變成自我無力改變的習氣，最終活成自己的命運。

前文中提過多次，靈魂將什麼對象當作自我追求的目標取決於靈魂的自我認識，認定自我在於探索知性則追求智慧，認定自我在於貫徹在某對象上，則傾向選擇此類行動，如是等等。正因為每一個行動都有其選擇意義與傾向，意義與傾向因此建構了我們的所有行動，使得行動之間展現出融貫與規律，也因此從一個人的舉手投足之間，我們能夠凝聚出這個人的人格。所謂命運，是行動者的行動傾向在時間積累中形成的慣性結構，這種慣性結構不像是習慣在行為中所展現出的重複性質，慣性結構所養成的，是生活中的習氣，讓人以為自己有絕對選擇，這些選擇卻已經被習氣所篩選過，讓選擇甚至理解都有特定的傾向。然而，柏拉圖繼承蘇格拉底哲學，強調靈魂有能力反思、「回憶」起自己初衷之貌，艱難卻不失可能地扭轉自己的慣性結構，投射出新的生命方向，正是因此，每一次行動都是一場靈魂內部的角力，每一個義行都代表著對自我實現的見證。

蘇格拉底與柏拉圖的道德與行動哲學因此在當代時常被詮釋為生活修行哲學[35]，因為他們的思想不僅著重判斷與思想，更要判斷與思想落實在每一個行動當中，開展

35 可參考Pierre Hadot的*Philosophy as a Way of Life* (Hadot & Davidson, 2003)一書。

出自我認定的幸福人生。

柏拉圖《費德羅篇》譯註

譯文說明

譯文選擇的希臘文版本為 J. Burnet 所修訂的 *Platonis Opera II*, Oxford Classical Texts, 2e edition (1922)。〔 〕中為對希臘原文的補述，增加中文流暢度，( ) 中為原文補述，{ } 為譯者詞彙說明。註解中時常補充概念相對的英文，幫助讀者掌握哲學討論。

翻譯所使用的工具書

Bailly, A. (Anatole), Egger, E., Séchan, L. (Louis), & Chantraine, P. (2000). *Dictionnaire grec français*. Hachette.

Bizos, M., (1981). *Syntaxe grecque*. Vuibert.

Denniston, J. D, Kenneth J. (1996). *The Greek particles*. Gerald Duckworth.

Ryan, P. (2012). *Plato's Phaedrus: A Commentary for Greek Readers*.

蘇：〔227a〕嘿朋友[1]，費德羅，你從哪裡來，又要往哪去？

費：蘇格拉底，我剛從克法羅斯之子，呂西亞斯[2]的家過來，我在呂西亞斯家坐了整個上午，現在要去城牆外散步。按照鄂庫曼農[3]，這位我們的朋友的建議，散步就應該去大道上，比起在跑道上走更能提振精神〔227b〕[4]。

1「朋友」一詞在古希臘文中為「愛」（philo，有時譯為「友愛」，本書選擇翻譯為「慕愛」）的名詞，在所有柏拉圖對話錄當中，費德羅是唯一一篇對話錄以「philo」一詞開頭，暗示本對話錄前半段以兩種不同愛（eros「慾愛」與philos「慕愛」）之間的關係作為主軸，組織對話錄第一部分的結構。

2 呂西亞斯（Lysias, c.445B.C.-c.380B.C.）是西元前四世紀古希臘的知名演說作家（logographer），其父克法羅斯（Cephalus）是西元前五世紀居住於雅典的武器商人，兄長浦連馬克斯（Polemarchus）是西元前五世紀哲學家。呂西亞斯家族是雅典的異邦人，由於經營煉銅武器與盾牌製造而非常富裕，因此當雅典陷入三十暴君的血腥統治時，其家族被主政者覬覦，而找理由逮捕他們且充公其財產。其兄因此下獄且遭判死刑，而呂西亞斯逃出侍衛的看守才保住性命。呂西亞斯與其兄長的遭遇被詳細記載在他的演說稿《反埃拉托斯特尼》（*Against Erathostenes*）中，這是唯一呂西亞斯親口發表的演說稿。呂西亞斯是演說作家，而非演說家，演說作家是個古希臘獨特的職業與身分，由於古希臘社會，特別是在雅典城邦，公共參與法庭都需要公眾演說來說服大眾，演說的內容能否打動聽眾就成為關鍵，因此發展出了幫人撰寫演說稿，且教授演說方法的職業。呂西亞斯這個演說作家的身分在整篇對話錄當中扮演十分重要的角色，不僅成為第一部分與愛相關的討論，以及第二部分關於修辭學的連結，更讓第一篇談愛言論有更多分析的層次。呂西亞斯一家三人都出現在柏拉圖的對話錄當中，父親克法羅斯與兄長浦連馬克斯是《理想國篇》的對話人物。

3 鄂庫曼農（Akoumenon）是西元前五世紀的醫生，歷史上對他的記載並不多，無法得知他與蘇格拉底實際上的關係為何。

4《費德羅篇》當中多次提到一些養身與保持身體健康的想法，在此費德羅引醫生之言，強調在自然林間道路散步，要比在運動場田徑賽所用的跑道散步來得好。

蘇：他所言即是，夥伴。不過照你這樣說，呂西亞斯目前在雅典城裡囉？

費：沒錯，他在愛彼埒特[5]家，靠近宙斯神廟的那間莫里丘屋。

蘇：那我們還在白消磨什麼時間？呂西亞斯一定有給你他的演說篇章吧？

費：你如果有閑情逸致[6]，一邊跟我走、一邊聽我轉述，你也可以有同樣收穫。

蘇：你覺得我是品達[7]口中那種不把學習看得比其他瑣事重要的人嗎？我當然要聽聽你跟呂西亞斯說了些什麼？

費：〔227c〕那還等什麼？

蘇：等你開口啊！

費：你將聽到的言論跟你關係密切，蘇格拉底。因為，如你所見，我們探討的問題跟慾愛[8]有關，儘管目前為止我還看不出關連在哪。呂西亞斯這篇作品專注於討論追求美好一事，但他說的追求與引誘卻又非出自熱戀之人。其天資在此言論中展露無遺；他認為，與為愛傾倒的人相比，施惠於[9]無愛之人更有利[10]。

蘇：喔，我的璞玉[11]，即便他寫的是貧且勝富、老當勝幼，只要是討論與你、我、其他人相關之事，那麼其所言即是為民為公的言論。〔227d〕至於我，聆聽言論的渴望[12]促使我追隨你，就算要一路跟你走到墨伽拉[13]，那城牆的另一方，我也

5 愛彼埒特（Epicrate）沒有留下太多歷史資料，只能透過一些古希臘文獻找到關於他的描寫。古希臘著名演說家狄摩西尼（Demosthene, 384-322B.C.）有一篇作品讚頌愛彼埒特，形容他為重建雅典民主的政治人物。呂西亞斯到愛彼埒特家正是為了教他演說。

6 希臘文中「學習」與「休閑」同為σχολ（schole），在許多歐洲語言中都仍然是「學校」的字根，例如英文school，德文Schule，義大利文中的scuola。學習之所與跟休閑同字，是因為在古希臘社會中能夠不用工作而花時間去學習，就是一種休閑，反過來說，對古希臘人來說，學習就是一種非目的性的活動，不是換取特定成果的手段。因此在這裡翻譯為「閑情逸致」。

7 品達（Pandare），古希臘西元前五世紀著名詩人，被後世譽為九大抒情詩人之一。

8 在英文和法文翻譯中，都不對「愛」這個概念上的不同希臘文用字做區分，兩個不同希臘字所代表不同意義的「愛」，由於行文至此尚未做概念上的區分，所以英法文翻譯把兩個希臘字（eros, philos）都翻譯為愛，有些段落將philos翻譯為「憧憬」來強調區分。我希望在中文語境內用兩個不同，卻都以「愛」為基礎的詞來區分希臘文中的用字，強調文中兩種類型的愛之間的差異與互動。我將eros為字根的詞彙都用「慾愛」或「愛戀」做基礎來指涉，而philos則譯為「慕愛」，前者指涉以慾望為基礎的吸引，而後者指必須涉及知性活動的吸引力。隨著對話錄的發展，兩種類型的愛在概念上的確立會愈加清晰。

9 「施惠」一詞在此所指涉的概念十分難翻譯，因為字面上意義為「同意將恩惠託付給某人」，因此延伸意即「接受某人求愛」。在此，這一詞必須同時包含其原始與「利益」有關的意義，和延伸意「接受求愛、進入愛戀關係」，因為在呂西亞斯的言論中，正是這一詞的雙重涵義使得這種誘惑關係值得討論。

10 「與為愛傾倒的人相比，施惠於無愛之人更有利」此一論題貫穿呂西亞斯與蘇格拉底的第一個言論，此論題簡單來說主張「應該要跟不愛自己的人交往，而非跟愛戀自己的人交往，這樣的交往關係對自己較好」。這個論題預設了一種不對等的社會關係，在這種愛戀關係之中，只有一方被愛戀的慾望驅動，而另一方則出自仰慕而接受追求，因此將這個論題解讀為「愛無愛之人勝過愛有愛之人」不但使得論證陷入自我矛盾，更使得呂西亞斯及蘇格拉底第一言論變得無法理解。

11 所有對話錄當中的場景與人物設定都是柏拉圖引導思想的環節，在《費德羅篇》當中，蘇格拉底在其對話中不斷展現出他對費德羅的愛戀與渴望，讓對話錄不但只有論述的部分闡述思想，更透過實際上人物之間的互動，來展現兩種愛在人身上的效應為何。

12 《費德羅篇》當中，不論是蘇格拉底還是費德羅，都展現出一種對言論渴望且受此渴望驅動的態度，這種「言論之愛」也在對話錄的一開始就暗示了愛有多種類型，而不只是對愉悅的慾望。

不會離棄你。

費：你究竟想說什麼？我傑出的蘇格拉底。你是想說，〔228a〕一篇連呂西亞斯這種優秀作家都得切磋多時才創作出來的作品，就憑我這樣的人，真的有能力用配得上他的方式來朗誦嗎？但說實話，我渴求得到這篇演說，勝過得到任何金銀。

蘇：喔，費德羅，我如果不瞭解你，那我大概也不記得自己是誰了。既然兩者皆非事實，那我當然知道：凡是呂西亞斯的演說篇章，費德羅是不可能滿足於只聽一次，而總是重複再三，且會一再請求〔呂西亞斯〕反覆朗誦〔228b〕；而〔呂西亞斯〕也總是殷殷切切地同意為他再三複誦。然而，費德羅並不因此滿足，總是要索取到演說的抄寫卷軸才肯罷休，拿到後更反覆研讀那些他覺得最誘人的段落，待他從清晨起，坐著研讀了整個上午後，他就會起身去散步。想當然耳，除非演講稿篇幅實在太長，他一定會把整篇演講銘記於心〔228c〕，啟程往城牆外去進行自我鍛鍊。今天正巧撞見一個對聆聽演講的熱衷宛如疾病纏身的人[14]，樂於找到一個能分享其不羈之癖的人，欣喜之下就邀請此人同行去散步。但是，當這個愛戀言論的人乞求他贈言時，他卻擺出姿態，一副他當真不想高談闊論的模樣，而最後若是對方不聽，他又要強行讓自己的言論被聽見。所以啊，你就請費德羅本尊現在就開金口吧，反正他絕不會錯失任何機緣，早晚總是要開口的。

費：說實在的，大概沒有比把我能說的說出來更好的選擇了。反正我也不信，在我沒發表言論之前，你會讓我白白離開。

蘇：你完全看透我的心思了。

費：〔228d〕，那我接下來就照我剛說的進行。關於這次演講，蘇格拉底，我沒有逐字逐句地將言論牢記在心，但我會盡量在整體概觀上貼近其思想，且按照順序將每個重要論點接續道來，以便說明呂西亞斯的言論中，他如何探討有愛者與無愛者[15]。以下就從第一個重點說起。

蘇：好。不過，你先讓我看看你左邊袖子裡藏著什麼東西好嗎？我親愛的朋友。我猜那就是那份演講稿對吧？如果是的話，我心想，也許沒必要再添加其他對你的測

13 墨伽拉（Megare）是希臘一座古老的城市，離雅典城四十二公里遠。

14 蘇格拉底在對話中不斷用「疾病」或「狂熱」，甚至「瘋狂」來形容他對言論的熱愛，這些描述跟之後對「瘋狂」與「愛」之間關係的探討相互呼應。而這些所要表達的都是某種無法抗拒、令人失去理智的吸引力，讓人不顧一切為了追求而行動。吸引力就如同慾望，在此都是驅使人們行動的動力。

15 呂西亞斯的言論當中，豎立一個對比，將受愛戀慾望驅使的那些人對立於不被慾望或情緒指使的那些人，用字上使用「有愛戀之情的人」與「無愛戀之情的人」，在此考慮中文語境將這一對詞翻譯為「有愛者」與「無愛者」。

試，因為，一方面〔228e〕我已經全然沉浸在對你的愛慕之情中[16]，另一方面，呂西亞斯的演講稿在此，如同他親臨在場似的。所以，來吧，拿來讓我看看。

費：別這樣說，你這樣讓我信心全失了，蘇格拉底。我可是靠著這一點信心才有能力面對你給的測驗！所以，你希望我們去哪找個地方坐，好讓我為你朗誦這篇演說稿？

蘇：〔229a〕那我們前面這裡轉出大路，沿著伊利索斯河走，然後看哪裡你覺得安靜，我們就坐下來休息吧。

費：那還好我打赤腳來，而你是根本從不穿鞋，這樣就能輕而易舉地赤腳渡河了。尤其一年的這個時節，以及一天中的這個時段，都最適合這樣走走了[17]。

蘇：那我們往前走吧！找個地方坐。

費：你看，那邊有棵大松樹，我們坐那裡如何？

蘇：有何不可？

費：〔229b〕那裡看起來有樹蔭又有微風，我們可以或坐或躺在地上。

蘇：那你得往前走才到得了啊。

費：對了，蘇格拉底，人們傳說中波瑞阿斯擄走歐里蒂雅公主[18]的故事是發生在這裡嗎？

蘇：是這麼說的，沒錯。

費：就在這個地點嗎？不過不管是不是這裡，這裡的溪水真是清澈透明。

蘇：〔229c〕不是這裡，是那邊低處目測約兩到三尺之處，就是我們去阿格拉神壇必經的道路上，那裡有個波瑞阿斯的祭壇。

費：我以前從沒留意過。但你相信這則神話說的是真的嗎[19]？

蘇：如果我只是跟其他那些有學問的人一樣，只會說我不相信這些傳說，那我就沒什

---

16 在此，柏拉圖在希臘文中所用來表達「愛」的字為philo，中文將此概念的名詞譯為「慕愛」，此處為動詞因此譯為「愛慕」。柏拉圖讓蘇格拉底在此處對費德羅表達愛慕之情，而且特別使用了「慕愛」這個概念，一來暗示「慕愛」並非一種與慾望絕緣的愛，二來暗示蘇格拉底和費德羅在對話錄中所展現的關係，就是對話錄之後想要說明的「慕愛」。

17 費德羅再度提到一些關於時節的養生想法。

18 希臘神話。北風神波瑞阿斯（Boreas）看上了雅典國王的公主歐里蒂雅（Orithyia），求親不成就趁歐里蒂雅跟兩個姊妹在伊利索斯河（Ilisus）邊玩耍跳舞時，颳起一陣風將歐里蒂雅捲走，並跟她生了四個小孩。

19 神話，或者傳說，在今天的語言當中已經確立它們虛構、非真實的地位，然而在古代社會當中，由於資訊的流傳和傳承主要依靠口頭傳遞，因此對於自然現象、歷史、人事物的記載時常使用故事，將事件加以包裝，並以此形式流傳。這類型的話語在希臘文中稱為mythos，神話一詞就以此為字根。在古希臘思想傳統中，「神話」（mythos）與「話語」（logos）相互對立，神話被視為來源不明無法證實的敘述，而話語則預設了它跟「實在」與「真理」之間的關係。然而在柏拉圖的書寫中，時常可以看見前面被稱為神話的段落在後面被指涉為話語，反之亦然，由此可見這兩個字在柏拉圖哲學中的關係並不只是單純對反矛盾，反之，一個神話同時也可能是話語。儘管神話與話語之間的關係十分微妙，兩者卻不能劃上等號。

麼稀罕的了，所以我要用一種很學究的方式來說明！這波瑞阿斯的氣息一吹，讓正在與珐瑪奇雅玩耍的歐里蒂雅跌落在附近的山岩上，而她的死，反過來解釋了波瑞阿斯綁架她〔229d〕的故事[20]。所以我才說，這一類的傳奇神話，看起來很迷人，但不能為其所惑。這只是我的意見，費德羅，但我也認為，就算對神話背後影射的事實，解釋得再怎麼精彩，真的要說明其中緣故，卻需要有點鬼才且肯下苦工的人才有可能，更不用說研究成果未必每個人都能看出趣味來[21]。原因是，若要解釋神話，那必然要找出神話中的半人馬在史實中的原型，除此之外，還要找出三不像[22]、蛇髮女戈耳工[23]和飛馬等等〔229e〕眾多奇形怪狀的傳奇生物在現實中的靈感來源。如果我們對這些神話生物的來源有所質疑，又想要在現實中一一用相似性來找出對應它們的事物，且用不知打哪來的粗糙科學來進行此配對，這個工程必然耗費大量的閑暇時間[24]。然而，我本人完全不想把我的閑暇時間耗費在這種練習上面，我的理由很簡單，我的朋友，按照德爾菲神廟給的指示「認識你自己」[25]，光是這項工作我都還沒能力做到。所以，要我，這個連「認識自己」這個習題都還做得滿是瑕疵的人，〔230a〕投身去做一個我完全陌生的思想練習，這實在太荒謬了。這就是為什麼我必須告別這項練習，且把主題回到認柏拉圖在對話錄中大量使用神話，不管是古希臘傳統神話或他自己虛構的神話，都在對話錄當中被視為提供哲學話語發展的素材，但同時，若柏拉圖特意稱之為神話，也暗示了對其內容的真實性不能太嚴肅以待。然而，正因為神話、寓言、詩歌的大量使用，讓對話錄的閱讀層次變得極為多樣。神話、寓言、詩歌這些書寫形式，由於字面意義與引伸意之間的區分，使得解讀上出現多層次的理解，而甚至每個層次之間互補，使得思想呈現的方式更加多元、立體。在這個段落中柏拉圖就藉由蘇格拉底的口來討論神話的角色。

20 蘇格拉底指出，歐里蒂雅與波瑞阿斯的神話其實是將一位少女的死用故事來陳述，讓人們不會感到太多惋惜。公主歐里蒂雅在河邊跟她的姊妹玩耍，在岩壁上翩翩起舞，一陣強風將她吹落岩壁而死。神話因此描寫公主被愛戀她的北風之神波瑞阿斯擄走，就此美化這個悲劇。蘇格拉底藉此想要說明的是，所有神話並非只有真假的問題，而是每個神話都用某種形式包裝了真實，因此雖然虛假卻也影射部分真實。然而，這個神話在對話錄裡面的角色並不僅止於說明神話與真實之間錯綜複雜的影射關係。波瑞阿斯神話是一個古希臘傳統中的神話，不像《理想國篇》中著名的〈穴喻〉完全是柏拉圖構想出來的神話，這個北風之神的神話裡，帶有著濃厚對於愛慾衝動導致波瑞阿斯擄走歐里蒂雅的描述，而波瑞阿斯這個神話人物，也以其生殖能力旺盛、衝動著稱。波瑞阿斯神話作為《費德羅篇》中開場第一個出現的神話，為此對話錄關於慾望與愛情的討論做了引子。

21 這裡對於神話的討論是展現對話錄多層次的關鍵。一方面對話錄中讓蘇格拉底指出，神話儘管有其影射實在的真實面向，然而解釋每個神話如何包裝實在不但工程浩大，更由於有太多詮釋可能而不一定能有令人滿意的結果；另一方面，作為《對話錄》的作者，柏拉圖大量在其中運用神話來作為哲學討論的素材。如果直接將蘇格拉底所言當作柏拉圖的想法，那麼柏拉圖一邊批評神話、一邊運用神話看似自我矛盾。對話錄精彩之處就在於，其中沒有任何一個人物的言論直接等同於柏拉圖的思想，而柏拉圖在此一邊運用神話來讓蘇格拉底批評神話，正好點出，神話只是承載討論素材的載具，而不是研究的對象。神話不因為它虛構或不真實而沒有意義，而人們編造神話來仿傚真實，也並非以忠實呈現真理作為目的，因此，在對話錄中使用神話使得話語有更大彈性，不需要在預設與實在有嚴格對應關係的前提下表達思想，然而，耗費時間去提煉神話當中蘊含的真實成分既不是重點所在，更多半徒勞無功。

22 三不像（chimera）是三種動物混合出來的想像動物，有著獅頭、羊身、蛇尾。Chimera此一字因此在現代延伸為「幻想」、「虛構」的意思。

識自己上。我強調：我想要精雕細琢的問題，並不是這些神話裡的生物從哪裡來，而是認識我自己。我可能是一頭比提風[26]還傲氣騰騰的獸？還是一隻較為溫和、單純，且天生享有某種神聖命運的生物？對了，插個話，朋友，這不正是你想帶我前往的那棵樹嗎？

費：〔230b〕沒錯，就是這棵樹。

蘇：讚美希拉[27]！讓我們停留在如此美的地方。確實如你所說，這棵松樹如此開枝散葉，高大參天。而一旁的牡荊樹，也如此高大，提供這麼好的樹蔭。況且，眼下正值牡荊花盛開，在這些花的點綴下，沒有什麼地方比這裡更美了。除此之外，松樹旁還潺潺流著令人無法抗拒的溪水，我剛剛用腳試了水溫，想不到溪水如此沁涼。若從它的形態與地勢來判斷，這條溪流根本是獻給水仙子[28]與阿奇羅[29]的供品。看！請看看，〔230c〕這裡的空氣如此舒爽。這就是夏天的樂曲啊！溪水與蟬的心聲相互呼應。不過細數其中種種，這片草地實屬當中極品：坡上草地天然的柔軟讓我們得以伸展全身，讓頭處於最舒適的狀態。外地人無法擁有像你這麼好的嚮導了，我親愛的朋友。

費：你啊，令人仰慕的男人，你真是這世上最令人費解的人。你還真如你說，像個需

23 蛇髮女戈耳工(Gorgon)和較為知名的神話人物梅度莎(Medusa)為同種型態，每根頭髮都是蛇，與她視線接觸就會化為石頭。

24 瓦訥(Daniel S. Werner)指出，蘇格拉底在這裡對考證神話研究的批評有三個面向：神話考證的實在基礎、神話考證的方法，以及神話考證的價值。在實在基礎的問題上，神話內的元素有太多詮釋的可能，要建立一個神話內容的實在基礎，難以有很高的可信度。再者，研究方法上，蘇格拉底用「粗糙科學」來點出這些研究要不是連結過度鬆散獨斷，就是使用方法會導致推論無限倒退而沒有答案。最後，神話考證的價值，在此對蘇格拉底來說即事倍功半，其知識性價值比起過程中所需的人力與時間來說非常微薄。

25 「認識自己」是蘇格拉底最具代表性的一句話，儘管在柏拉圖的對話錄中，這句話是蘇格拉底在德爾菲神廟裡聽見的神諭。根據瓦訥的研究，這個段落突顯了兩類不同知性活動之間的反差：「一邊是寓言家，花畢生的時間去研究每一個神話背後隱藏的實在基礎，因而成為在這面向上有所專精的『專家』，而這樣的活動最多構成一個人的生計；然而，相反的，蘇格拉底感興趣的卻是整體的生活方式。」我們可以發現，柏拉圖並沒有否定神話或任何虛構言論的價值，反之，他強調神話與虛構故事的價值不在於它自身的真偽，而在於簡化進而促進對自身的認識。由此可見，對柏拉圖來說，思想活動的最終目的就是認識自己，而在認識自己的過程當中同時認識孕育自身的世界。可參考Dr Daniel S. Werner, *Myth and Philosophy in Plato's Phaedrus*, Reprint edition (Cambridge University Press, 2014), 36.

26 提風(Typhon)是希臘神話中的怪獸，對於提風的外型有許多不同的描述，但共通點都在於其所到之處萬物皆被摧毀，根據後世的詮釋，提風的神話是用來展現大自然摧毀的力量不受任何控制。因為此希臘字根與風有關，因此提風一直與風相關的災害相連，這個字在好幾個文化指涉當地大自然中帶來的風害，而我們最熟悉的便是「颱風」一詞。

27 希拉(Hera)是古希臘神話中的天后，是希臘諸神當中權力最高的女神。

28 水仙(Nymphes)在希臘神話中是代表著水、植物與自然的生命力的仙子。

29 阿奇羅(Archeloos)是希臘神話中的星河之神。

要嚮導的外地人，一點都不像當地人：話說回來，你的確很少出城〔230d〕，也從來不去邊界的另一邊，我相信，你甚至根本不會走出城牆。

蘇：原諒我，親愛的，我就是喜歡學習。然而，鄉村與樹林沒什麼能教導我的，但城市裡的人們剛好相反，我隨時隨地都透過他們在學習[30]。至於你，你似乎找到引誘[31]我出城的靈丹妙藥。實際上，我就跟一頭飢餓的獸一般，只要有人拿著一串樹葉或水果在前面引誘，我就會跟著走。而你正是這麼做的：在我面前，用那篇書寫在紙卷軸上的演說在前方驅引我，看起來，你可以用這種方式誘我跟你走遍全雅典〔230e〕，甚至任何你高興想讓我去的地方。眼下，反正我都走到這裡了，我打算全身伸展開來，躺在這片草地上。而你呢，你就選個你覺得朗讀最舒適的姿勢，等你安頓好，就唸吧。

費：好，你聽好囉。

「關於我的所思所為，我的意圖你全然知曉。我思如我所言，列舉出這個問題的利弊對你我都有利。你不會拒絕我〔231a〕，正因為我並不愛你[32]。

對於那些有愛戀之情者，一旦慾望止息，他們便後悔沒做些本來能做且對自己有利的事情。相對來說，那些無愛無慾的人，就不存在這種時間前後的差別，來作

30 在《費德羅篇》當中，柏拉圖在許多細節中透露出他對於知識、智慧、哲學（愛智慧）的看法。他讓蘇格拉底在此表示「鄉村與樹林沒什麼能教導我的，但城市裡的人們剛好相反，我隨時隨地都透過他們在學習」，以此顯示柏拉圖認為真知不在於對自然界事物的認識，因為對柏拉圖來說，對於個別事物的專研，就如同對神話的實在基礎專研一樣，只能讓人變成框限在特定領域的「專家」，而真正的智慧則是對整體生命領悟的追求。

31 《費德羅篇》第一部分跟愛情相關的討論當中，「吸引力」是整個討論的關鍵。這篇對話錄之所以另外有副標題為《論美，道德類型》，因為柏拉圖主張每個行動的選擇跟主體受什麼對象吸引有關，由於受到不同對象吸引，生命作為一連串的行動所追求的目標就有所不同。「吸引力」在整個古希臘哲學裡面占有十分重要的位置，讓哲學家得以區分由外被驅動的運動與由內引發的運動，由內引發的運動以引力作為動力來源，以被吸引的對象為目的指導行動的方向。每個生命受不同對象吸引，因此奔向不同的目標，為了達到這些吸引自己的目標，每個行動者在生命中選擇一連串的行動作為達成目標的方法。蘇格拉底在此就體現了某種獨特的生命模式，受言論探討引誘，因為渴望知識而不斷以行動追求所有對真理的探討。《對話錄》這種文體之所以靈活且適合教學，正是因為柏拉圖在安排內容時，都會先用簡單兩人之間的實況對話來點出生活中具體的情境，為之後抽象的思想作鋪陳，同時也將每個抽象討論連結回最原始對生命的反思。

32 呂西亞斯的演說是針對非常具體的目的而寫，因此雖然是演說稿，卻不像一般我們熟知的西塞羅（Cicero, 106-43 B.C.）演說是為了向大眾宣讀，這種類型的演說稿是寫來讓特定人士針對特定對象，且為了達到特定目的來進行說服。這篇演說即是寫來讓想要吸引年輕男子的人，說服他想要引誘的對象臣服於他。這篇演說稿並非史實上呂西亞斯真正的作品，而是柏拉圖按照當時修辭風格虛構出來的演說，透過一定程度的誇大，來突顯當時這些以修辭為重的演說稿如何操弄文字說服聽者。在這篇演說的一開頭，柏拉圖就已經暗示了這類修辭的演說為了達成說服的目的，其重點不在探討真理或知識，而只是要讓對方相信言論的有效性。因此這句「你不會拒絕我，正因為我並不愛你」，說明了整篇言論的正當性基礎只憑藉於演說者宣稱他自己並非言論所指涉的對象，因此言論有效。簡單來說，這一篇呂西亞斯的演講稿強調「不要跟有愛戀之情者來往，因為這些人的判斷被慾望扭曲」，而演說者藉著宣稱自己不是有愛戀之情者，來強調「不要跟有愛戀之情者來往」這個言論有效。柏拉圖在此言論一開始就先留下線索，暗示呂西亞斯的言論缺乏立論基礎。

為省悟的緣由。由於無愛者的行為並非為必然所迫[33]，而是出於自發選擇，為了自己的利益，盡其所能對自己為善[34]。

再者[35]，當愛戀者去對帳、清算那些對自己有損卻對愛人有益的行為，他將發現，自己不斷給自己增添苦差事〔231b〕，而本來為了報答愛人一顰一笑的人情債[36]，也老早就因為他的差遣而兩清了[37]。反之，對那些無愛戀之情者，他們既不會因此輕忽自己的利益，亦不必去細數自己為了紓解愛戀之情，到底承受了多少苦楚，更不會到處指責與自己親近之人的不是[38]。正是由於這個原因，一旦將身邊四伏的有害無利之事加以清除後，剩下的，除了做他們認為善的和自己喜好的事，再無其他。

再者，〔231c〕我們必須承認，愛戀之人往往喜歡小題大作，因為他們總是錯信自己獻給愛戀之人的愛深刻且獨一無二，且他們已經準備好，要用自己所言與所行討好愛戀之人，被眾人討厭也在所不惜。要知道他們所言到底是否屬實，還是虛偽的討好之言非常簡單，對這些人當下所追求愛戀的男孩們，就會比之前追求過的更珍貴，而想當然耳，他們就會為了討好新歡，而對舊愛出言不遜[39]〔231d〕。這種情感粗俗到無人能經營，而被這種情感所惑的人，即便他還能辨明事理，並嘗試公私分明，跟他交往真的是理智的決定嗎？而且，這些人實際上完全安於

33 在此「為必然所迫」中「必然」指的是「被生理必需所驅動的被動行為」，這些行動因為被生理需求牽制，而被歸類為非自願選擇行動。

34 「善」的概念在整個哲學史中有非常大量的討論，如何定義「善」就成為哲學史上重要的辯論。「善」並非只能用「有德行」來定義，在此，呂西亞斯的言論中就暗示了對他來說，「善」即是「對個人利益有正面影響」，在此想法裡可以找到功利主義的雛形。

35 呂西亞斯的這篇演說展現出來的是典型修辭性文章，不重結構，不以推論來理性說服聽眾，而是呈現一系列相互獨立、不需要有關連的重點，用每段裡面能引發情緒上的共鳴來達到說服的效果。因此這篇呂西亞斯的演說稿就以九個重點，來說服聽眾不要與有愛戀之情者交往。

36 「人情債」是呂西亞斯這篇演說稿中一個很獨特的概念。由於這篇呂西亞斯的演說將「善」定義為「有利於個人利益者為善」，每一個出自於理性選擇的行動都是計算利弊得失的結果，因此當人跟人之間互動，在理性的狀態下，兩人的行動都出自於計算自己的行動是否為自己的「人情債」有所助益。「人情債」的關鍵在於其時間性，人情債之所以為債而非交易，正是因為交換不在同一時間進行，而行動者可以在未來向對方索取。此概念趨近於現代社會中「送禮」與「還禮」的理念，也因為人情債上的時間差，在計算利弊得失的時候就多了時間維度，涵蓋了幫未來保險的考慮。呂西亞斯認為整個社會成員之間的連結，就是以人情債來鞏固，因為成員之間的互動總是人情的相互積欠與回報，這些積欠與回報就將每個成員的過去、現在、未來連結在一起，成為社會的基礎。

37 在呂西亞斯言論內，「愛戀」等同於所有情感，都是理性計算的干擾，因此一旦愛戀不再，進行理性清算的時候，就會發現所愛之人給自己的恩惠，早已因為自己甘願的奉承而兩清。

38 由於呂西亞斯的言論並非以說理說服聽眾，而是動員情緒來引發共鳴，因此以推論角度來看，文章內有多處矛盾、前後不一致之處。愛戀者因此同時被述說為行動非理性、甘願無條件為所愛之人做牛做馬，但同時又描述愛戀者因為被慾望沖昏了理性，而不分青紅皂白將自己從前所受的苦悶都算在與自己親近之人的頭上。

39 在這點上，呂西亞斯想要藉著愛戀者對於是非判斷隨著所愛之人而異，來說明愛戀之人毫無理性。由於愛戀之人對於自己的愛人所做的判斷完全失去理性基礎，在這段文字中說明，證明愛戀之人毫無理性的最好方式，就是比對此人和新歡與舊愛的言論，就能看出其中矛盾。

自己這種心靈的病態成分多過聖潔的狀態，也就是說，他們自己知道心靈不潔，但又無力自我控制。而在此狀態過後，待他們的明智回神以後，他們怎麼可能認為自己當時所希冀追求的事物仍然美好[40]？

還有，若你能夠在眾多愛戀你的人之中，選擇那個最愛你的人作為青睞的對象，那麼你的選擇將被侷限在很小的範圍中。但如果你選擇的，不是最愛你的人，而是在其他人之中，尋找對你最有用的人，這樣你的選項才多。在這些更富多樣性的選項中，你也才〔231e〕更有希望找到值得你青睞的人。

如果你害怕規範對人的評判，那麼這將會讓你的舉止遭眾人譴責、為你招致汙名，因為那些陷入愛戀中的人，會將自己幻想成所有人眼裡爭相仿傚的對象〔232a〕，如同他在自己眼中一樣，他們因此敢於發言，好向眾人展示他們這般勞心費力所求無他。相反的，那些無愛之人，只聽自己的號令[41]，因此能夠為自己下最好的決定，而不受他人意見影響。

另外，多數人都知道或見證過愛戀者如何對自己所愛之人寸步不離，黏著自己的愛人成了他們每天必須進行的工作。當我們看到兩人相處〔232b〕，就會理所當然認為兩人若非已經滿足彼此慾望，不然就是正準備要開始尋求慾望滿足。然而，若我們看到的是無愛之人相處，就不會硬是把他們的來往歸因於慾望的滿足，因為所有人都知道，不管是出於愛慾，還是出於娛樂，人與人之間總是會交往。當然，也許你會覺得，愛情很難維持，好像只要有所異議，兩人共同建立起的一點積累就會破裂。所以，你若付出的多〔232c〕，那麼將來對你造成的損害就大。這就是為什麼，你更需要懼怕的，正是那些愛戀你的人。對於愛戀者來說，有太多事情能帶來憂慮，甚至認為所有事物都終將傷害他們[42]。因此，他們說服自己所愛之人婉拒所有跟其他人的來往，正因為他們擔心，那些有財富者會用財富

40 這篇呂西亞斯的演說以一種兩面對立的方式來進行說服，簡單來說，言論本身的主要軸線就在於將愛戀者的行為與無愛者的行為相互對立，強調所有社會關係非此即彼，無其他可能。因此一方面說愛戀者慾望蒙蔽理性、判斷失誤、行為不以自己利弊為判准；另一方面強調無愛者理性、做對自己有益的行為，因此為自己行為的主人。這種二分法在古希臘的文獻中十分常見，但此文中的二分法只限於一個層次上的二分，而不像多數古希臘文獻中以一系列的二分法將一個現象分析為樹狀圖。

41 在愛戀者與無愛者的對立論述中，呂西亞斯的言論特別強調愛戀者行為的他律性質，以此來說明愛戀狀態中人的行為並非完全出於選擇和意願，而是被他人的眼光和自身的慾望牽制；而無愛者作為對立狀態，其行為則完全自律，出自理性選擇。

42 以呂西亞斯此文的邏輯，愛戀者一旦進入愛戀的狀態，不但會失去理性判斷能力，更恆常處於受苦的狀態，而且其苦楚分別延展於現在、過去、未來三個時間維度中。愛戀者「當下苦」，因為理智被蒙蔽，而無法判斷何者對自己為善；愛戀者為「過去苦」糾纏，由於過去追求所愛之人所承受的苦加諸當下；愛戀者「未來苦」，由於擔心懼怕所愛之人有朝一日找到比自己具有優勢的對象而拋棄自己，這種對未來的風險成了在當下起作用的苦惱。

將其愛人誘走；那些學養超越自己的人，會使愛人不再與才智較低下的自己來往：他對所有比自己更具優勢的人都處處提防[43]〔232d〕。後果是：他讓你被所有人厭惡，朋友從此寥落無幾。倘若你要爭取自己的利益，那麼就等於必須向愛戀者展示你高他一等的才智，那麼他就一定會跟你斷絕來往。相反的，若是跟你來往的人對你毫無愛戀之情，而他們所求與所為全憑德行；他們因此不會嫉妒你跟其他人來往，反而會對不跟你來往的那些人生恨，覺得這些人是因為鄙視自己而不跟你來往；至於那些跟你來往的人，他總能在你的人際中找到有所助益的事物。這就是為什麼，跟不愛自己的人交往，才有更多希望能在實作中孕育友誼[44]，〔232e〕而非由愛生恨。

另外，那些懷抱愛戀之情的人，都先對肉體產生慾望，再談認識所愛之人的其他特質，因此，如果慾望被滿足，那麼他們就不再確定自己是否還想要繼續維持朋友的關係〔233a〕。反之，對於那些無愛之人來說，彼此之間得先是朋友才輪到慾望，因此不用擔心兩人之間的友情會被熱情耗損，反而會在未來生生不息。

另外，你想要自己變得更好，那麼與其聽從這些有愛戀之情的人，那還不如聽從我。這些人只會對你美言，即便不合實情，也會說你的一言一行都是最美好的事物。因為，他們要不是擔心說實話招惹你討厭，不然就是〔233b〕被慾望蒙蔽，判斷失當。這就是愛情展現出來的威力：讓愛戀之人悲慘，因為愛使人對一些在他人眼裡完全不需憂慮的事情苦惱不已；讓愛戀之人空自歡喜，因為愛情逼著人們去讚揚一些根本不值得我們從中取得歡愉的事物。因此，對那些充滿愛戀之情的人，我們應該同情而非羨慕。

---

43 呂西亞斯此篇文內所討論的愛慕關係並非現代的對等愛情關係，因此著重關係內主動展現愛戀之情的一方，以及被動接受愛慕的一方，主動方由於熱情使然，不對雙方關係持任何利益計算，然而對被動方而言，由於並沒有被熱情蒙蔽理智，其接受對方的動力就在於從中能汲取的益處。在這樣的前提下，被愛的一方自然而然會因為看到更有利的選項而見異思遷，而愛戀者也正因為知曉關係中真正吸引被愛者的是其優勢，因此希望隔絕被愛者認識任何比自己更具優勢的人，在這樣的邏輯下，最後必然的結果便是：愛戀者恆常處於不安與嫉妒的狀態下，而被愛者則孤立無友。

44 在此「友情」一詞在古希臘文中為**philia**，即哲學（**philosophy**）一字「愛智」中的「愛」。**Philia**在古希臘社會的脈絡中所指涉的即是「友誼」的概念，從動詞**philo**（愛）而來，而其名詞**philos**，在一般用法中指涉「朋友」。**Philia**在古代哲學中的討論，尤其在柏拉圖與亞里斯多德的思想中，是整體道德、社會和諧的基礎，發展一個獨特的概念指涉一種有明確且嚴格定義、以情感為基礎的關係。因此，同一個字**philia**在日常語言中的使用與發展出成為「哲學」一字來源的概念，分別指涉兩個不同的概念。中文翻譯在此嘗試用不同翻譯來突顯概念上的差異。我在此譯文中將**philo**及其變化型的用法區分脈絡分別譯為兩個詞彙：友情與慕愛。在此處呂西亞斯的演說當中，**Philo**或**philia**一字並沒有特別發展成哲學概念，而只是日常語言中習慣下的用法，因此在此脈絡下，**philo**譯為「友愛」、**philos**譯為「朋友」、**philia**譯為「友情」。反之，當這些字彙所指涉的是特定的哲學概念時，我統一將**philo**譯為「傾慕」、**philos**譯為「慕友」、**philia**譯為「慕愛」。

如果你臣服[45]於我的言論，首先，這並非由於你一心只想著追求交往能為你帶來的歡愉，而是因為你深思熟慮，考慮到這段關係對你未來是否有所助益。總之，與其〔233c〕讓自己被愛降伏，更要做自己的主人，不要專注於細微末節和深仇大恨上。原因在於，重大的事業只有慢慢經營且避免衝動才可成行，我如果對自己的所聽所聞不加以注意，還可能無心犯下過錯，但那些在意志監督下所犯的過錯，我必定極力避免。以上即是讓友情長久的方法。不過，如果你認同我的看法，你就不可能跟一個對自己毫無愛戀之情的人在交往中萌生什麼強烈的情愫[46]。因為，那種跟自己孩子〔233d〕、父母親或信賴友人之間的情愫，完全與由跟慾望無關的基礎所產生，〔與這裡說的愛無關[47]〕。

另外，如果一定要把自己的恩惠[48]施予什麼人，那麼要考量的就完全是另一種狀況了。要施恩惠，就應該要施予那些求助無門的人，而不是那些最體面的人，因為無助的人對你的感念與回報，也許會超過其帶來的損害。此外，私人宴會裡，值得你邀請的也不是你的朋友〔233e〕，而是那些行乞或需要果腹的人，因為這些人才是在將來會珍惜你、護送你的人，且對你展現最大喜悅，對你抱有最多感激之情，而且希望你一切安好的人。不過，我們給予恩惠的對象，也並非最需要

援助的人，而是最能夠還得起人情債的人，這些人才是我們交往的對象[49]。換句

45 在這篇呂西亞斯的言論中，對話的設計充滿了魅惑與傾倒的字眼，因此特地在譯文中突顯柏拉圖鋪陳場景的用心。呂西亞斯的這篇言論當中充滿這些引誘的字眼，原因在於這篇演說稿看似論理，但背後的真正用途就是為了勾引其說服對象臣服於發表此篇演說者的魅力，進而滿足成為演說者的愛人。因此在看似中立無私的言論中，柏拉圖巧妙地在對話中運用誘惑與臣服的字眼，來暗示讀者此篇言論的偽中立立場，間接暗示這篇言論與真理探討毫不相干。

46 總結呂西亞斯的言論，將發現呂西亞斯將人簡單區分為兩種狀態：被熱情所控，以及理智狀態。一旦被熱情攫獲，就因為失去判斷能力而交往不可能長久；反之，若求交往關係穩定，那麼這種關係當中就必定不能包含任何熱情的成分，即使是慾望滿足也必須在理性計算的判斷下進行。

47 此處，呂西亞斯自曝其短，在柏拉圖的安排下，特別列舉了呂西亞斯這篇言論所無法解釋的社會關係，也就是這句裡面所提到的：家人、信賴友人。因為這兩種社會關係不但穩定，而且有強烈的感情，完全是呂西亞斯上述言論的反例。由於呂西亞斯上述的言論，無法說明這兩種既穩定又帶感情的社會關係奠基於什麼樣的基礎上，因此在文中只能表示與他所討論的愛無關，而呂西亞斯意義下的愛因慾望而起、因慾望而滅，因此家庭、信賴友人這種不因慾望而起、又帶感情、且穩定長久的關係，只能被當作例外處理。柏拉圖也是藉此安排來透露呂西亞斯言論的極限與不足。

48 呂西亞斯此篇言論中所描述的交往關係有一點對於現代社會對關係的想像十分難以理解，那就是在交往關係中有一方是充滿熱情、不顧一切失去理性的狀態，但被愛的一方卻被描述為理性且將自己與對方的交往視為滿足對方慾求，因此是被愛者對愛他的人施予的恩惠。這種不對等的關係背後儘管有其古希臘社會真實存在的歷史脈絡，但更在於強調呂西亞斯言論中將理性交往視為相互積欠、索取人情債的計算。因此，在此言論的上半部強調跟愛戀者交往的負面下場，而言論的第二部分則反過來討論要選擇什麼樣條件的人當作交往對象。

49 依照呂西亞斯言論中的思路，值得交往的人必然是為自己帶來最大利益的人，而且不僅僅是當下帶來的利益最大，還要綿綿不絕地在未來不斷為自己帶來利益。要使得交往為自己帶來最大利益，交往對象必須符合以下兩個條件：一、施恩惠於他時，他懷抱的恩情比別人多，因此他自我感覺積欠的人情債就更大。二、交往對象不僅要感恩，還要有能力報答，否則光有感恩沒能力轉換為實質的回饋，終究對自我利益沒有用處。

話說，我們的交往對象不能是那一些一心只想著愛情的人，〔234a〕而是值得在事務上來往的人；不是正值花樣年少的人，而是那些在你老的時候還會跟你分享好處的人；不是那些到處跟旁人炫耀事業、汲取榮耀的人，而是那些潔身自愛、堅守內斂的人；不是那些專注力無法長久之人，而是那些可以友誼長存、此生不變的人；不是那種當慾望一旦平息，就尋求任何機會展現敵意的人，而是那些就算你已經不再〔234b〕花樣年華，也會依然向你展現德行的人[50]。所以，你別忘了我剛剛所說的，把這些好好記在心裡：那些被愛的人，總是批評愛他們的人，因為他們認為這些愛自己的人不夠檢點，但對那些不愛他們的人，不管這些人做什麼，他們都不會用這種惡意來指責這些人。

最後，你一定會問我，是否建議你去和隨便一個不愛你的人交往。對我來說，我想沒有一個愛你的人，會允許你對隨便一個對你有愛戀之情的人投懷送抱〔234c〕。因為，一來他對你的感激絕對不比其他人多，所以，二來，他沒有能力跟其他人一較高下，帶給你你所希冀的事物。我們必須避免任何會帶來弊端的交往對象，反之，所有人都要各自汲取有用之人事物。我覺得我說得差不多了。如果你還有什麼不滿足的地方，或你認為我忘了說什麼，那你就儘管問吧。」

費：蘇格拉底，你覺得這篇演說如何？你不覺得異常華美，尤其是辭藻嗎？

蘇：〔234d〕這言詞不只華美，根本近乎神聖。我的朋友，我完全為它所懾服。我能有此體會，多虧於你，費德羅，我剛剛注視著你，當你朗讀時，你整個人好像被這篇演說給點亮了。既然這類的事你比我在行，我就跟隨你，跟著跟著，我居然有幸分享你進入葩襲[51]狀態，整個臉龐煥發神聖的一刻。

費：別開玩笑了！

蘇：我看起來像在開玩笑，一點都不正經嗎？

費：〔234e〕完全不是這樣的，蘇格拉底。但實話告訴我：以宙斯之名，你相信還有另一個希臘人，有能力針對同樣主題給出比這篇演說還更宏偉、更圓滿的言論

---

50 文末到此，呂西亞斯利用一連串的正反對比，來突顯跟愛戀者交往的壞處與跟無愛者交往的好處，這一連串的對比看起來十分有道理，要人們跟有德行之人交往當然是好事，然而這就是說服修辭的技巧，用一般大眾所接受的意見，來模糊這些意見跟最初的問題根源之間的關係。就如同此處，這一連串對比看似都有道理，但事實上的問題在於這些對比是否因為無愛就有德，有愛就失德？柏拉圖在此明確展現了修辭法模糊問題焦點的能力，用想當然耳且大眾都接受的真理，來掩飾這些真理與其試圖說服的結論之間其實並無必然關係。這種修辭方式在現代社會中的廣告、政治言論中還時常可以看見。

51 「葩襲」一詞為音譯，Bacchic這一個字原始是希臘文中對於神的形容詞，在此形容人非常投入、宛如「神靈附體」的狀態，此一詞在傳入拉丁語世界時跟酒神戴奧尼斯（Dyonisos）劃上等號，因此在拉丁神話中的酒神就被稱為Bacchicus。柏拉圖在此用這個字來傳達當人專注投入於一種活動，這種狂熱會引領我們進入一個完全超越日常狀態的境界，在此先為之後對神聖「瘋狂」的討論埋下伏筆。

嗎？

蘇： 啊？作者自己都說這篇演說把該講的都講了，你和我，我們還得再讚揚這演說？剛剛說它風格清晰、精確，句句表達鋪陳完善，這些評語還不夠嗎？但如果你覺得繼續讚揚它是我們職責所在，那為了取悅你，我會贊同你的看法，但對我來說，大概我不夠傑出〔235a〕，實在不覺得有何值得加以讚美[52]之處。因為，我注重的不只是這篇演說修辭的部分，撇開修辭，我覺得連呂西亞斯自己都不會為此感到滿意[53]。老實說，費德羅，除非你要反對，我感覺這篇演說重複講了兩、三次同樣的事情，好像他不太敢在一個主題上多講一些？或許就連這樣的主題他都不感興趣？因此他給我一種騷人正在炫耀才華的感覺，講點這個、講點那個，每個發言都看似完美無瑕。

費： 〔235b〕蘇格拉底，你講的完全沒道理啊！這才是這篇演說真正的核心素質：因為，所有這個主題值得一提的元素[54]，他一個也沒漏掉！因此，我總結：跟他的言論相比，沒有任何其他言論可以比他更完滿、更有價值。

蘇： 這就是我實在沒把握能向你讓步的地方。因為，在過去，那些智者，不管男人或女人，在愛情這個題目上，留下多少寫作篇章與口頭言論。我如果為了討好你而改變主意，那這些人正是見證了我的過錯。

費：〔235c〕這些智者是誰？你從哪裡聽來比這更高尚的言論？

蘇：一下子我也沒辦法說清楚到底從哪裡聽來的。但顯然我在我仰慕的沙芙[55]、智者阿那克里翁[56]，或甚至在幾個冒充智者的假貨那裡都有聽過類似的言論。是什麼讓我發此一言呢？我聖潔的費德羅，我的心中感到如此盈滿，當我聽這些其他人

---

52 如前面的註解已經點出這篇對話錄裡，將蘇格拉底與費德羅之間的關係，特意設定為跟他們所探討的內容相互呼應，因此當呂西亞斯這篇言論當中，提到愛戀者會為了取悅其所愛之人，而做違反自己判斷的事情，在此處柏拉圖就透過這點，來暗示蘇格拉底對費德羅的傾慕，但同時也透過蘇格拉底的反應，展現出愛戀者的傾慕並不必然讓他說出違心之論，愛戀者的盲目另有其他因素使然。蘇格拉底在此說明，為了取悅費德羅，他可以繼續讚美呂西亞斯的演說，然而，實際上他認為這篇演說有其缺陷。

53 蘇格拉底在這裡點出一篇演說不只有修辭這個評判的面向，在修辭上，呂西亞斯的演說也許非常完美，然而撇開修辭，這篇演說並不理想。要到對話錄的第二部分，當蘇格拉底專注討論修辭學的問題時，這個「修辭之外」的面向才會被點明，對照於後文，在此蘇格拉底所指的是演說內辯證的面向。

54 透過費德羅的反應，柏拉圖呈現出一般人直接以詞藻華美當作好文章的唯一判准，而依照費德羅所言，這篇呂西亞斯的演說已經觸及所有重點元素，因此無人可以超越。柏拉圖透過蘇格拉底要說明的即是：即便是蒐集了所有必要元素和重點，沒有組織和論證，再怎麼完善的蒐集各自獨立的要素，都無法完整地呈現某個主題上的探討，因此最終這些要素並不構成知識。

55 沙芙（Sappho）是古希臘的一位女詩人，出生於西元前七世紀，留下許多詩篇。沙芙是一名女同性戀，今日許多西方語言中對女同性戀的稱呼，如英文中的lesbian一字的來源即她當時所居住的雷斯伯司島（Lesbos）。

56 阿那克里翁（Anacreon, 550-464 B.C.）也是古希臘的著名詩人。

的言論時所體驗到的，是一種自己有好多好多〔意見〕想發表的狀態，而且跟你剛剛朗誦的篇章相比，這些〔想法〕都沒有比較低下。不過我很清楚知道，這些理念[57]沒一個源自於我，因為我洞悉自己的無知[58]〔狀態〕。這樣說來，我推測唯一剩下的解釋就是：我的耳朵，曾經在什麼地方〔235d〕被一個我所陌生的來源醍醐灌頂。但我精神懶散，老是讓我無法回想起我到底從哪裡聽來這些言論。

費：我高貴又完美的朋友！你這些想法從哪裡或從誰那裡學來的，我一點都不在乎，要我求你也好，拜託你把剛剛起了頭的發言繼續講下去吧！你一定要發表你的論述，你都說你的言論不同於我剛剛所言，又說這個論述不但沒有比呂西亞斯的差，可能還比他在這篇卷軸上的說法還要周全，而且還不借用他的想法。我跟你保證，就跟九執政官向德爾菲神廟[59]獻上雄偉的黃金雕像一般，我不只〔235e〕獻上我的，更獻上你的貢品。

蘇：費德羅，你真的是太討人喜歡了，喔不只討人喜歡，你根本像尊金童一般。如果你覺得我是要說呂西亞斯所言完全無知，因此他所提到的每一點上我都可以講出另一套說法來，那麼我想這種事情連最低等的作家都不會遇到，〔何況是呂西亞斯〕。比方說，在呂西亞斯的言論中，有個論點主張：應該要跟無愛者交往，好過有愛戀之情的人。你覺得還有人能拒絕讚揚這個說法的明智〔236a〕，或拒絕批評相反言論之不智，另外再提出些其他論點來談的嗎？不，我認為，如果有人在同一個論題的發展中運用相同的素材，應該要原諒他。因為在已經有所發展的論題上，我們應該讚賞的不是發掘新題材，而是〔對舊有的題材進行〕組織。反之，〔在一個尚未發展的論題上〕，當找尋題材還十分必要且艱難的時候，該鼓勵的就是發掘新題材，而不是組織[60]。

57 理念（idea）是柏拉圖思想中非常重要的一個概念。理念是思想最純粹的對象，理念的存在確保透過思想人的知性能夠掌握實在，因此理念不依賴任何主體，也不含主觀成分，反而是任何主體的思想活動都參與理念。理念就如同原子組成所有物體一般，所有思想對象都是基礎理念非常複雜排列組合的結果。所以這裡蘇格拉底強調這些理念並不源於他，因為並非思考者創造出理念，思考的工作在於釐清交織在一起的思緒中最核心的部分為何。

58 蘇格拉底的名言：「我只知道一件事，就是我什麼都不知道」。柏拉圖在這裡安排用蘇格拉底的這句話來影射蘇格拉底的這句名言，原因是，對於蘇格拉底和柏拉圖來說，知識或真理的追求是一永恆的動態，而由於人的有限存在，使得我們只能用有限的方式，取得有限甚至不全整的知識，因此知識的追求不在於累積確切的真理，而在於不斷地探問。在這個基礎上，柏拉圖承襲蘇格拉底的思想，強調對無知狀態與處境的認知，讓人能夠在追求知識的過程中更為開放和鬆綁。

59 德爾菲神廟就是柏拉圖對話錄中，描述蘇格拉底聽到女神對他說知識的本質在於「認識你自己」的地點。

60 這一個段落中，蘇格拉底將探討一個論題的步驟作了簡單的說明。要探討一個問題的時候，蒐集題材和相關素材是擴充討論豐富程度的必要步驟，但光是有了題材卻不足以好好探討一個問題，在有了素材之後，要發展一個論題上的探討就要進一步開始組織、結構化這些素材。蘇格拉底在這裡再次強調呂西亞斯的演說缺乏結構，只有鬆散的題材。

費：你的言論讓我為之傾倒：你剛剛這些提問我覺得很合理。所以我打算這樣做：「愛戀者比無愛者病得更重」〔236b〕我把這個論點給你當起始點，接下來，你若有另外不同的看法或更臻至完善的言論，那我們根本應該要幫你在奧林匹亞，庫普賽魯斯[61]祭品旁邊，幫你立一尊金雕像。

蘇：你太緊張了，費德羅，我是想逗逗你才出言攻擊你的愛人們，結果你還以為我真的想要挑戰這個人的智慧，嘗試找些新穎奇異的東西來？

費：就這點來說，親愛的朋友，你〔恰好幫自己爭取到了第二回合[62]〕〔236c〕。你就把你所有本事都說出來，看看是否真的能全身而退。為了避免淪為一搭一唱的敷衍方式，我們得相互要求對方的回饋，我不想聽到以下這種回答不斷重複：「喔，蘇格拉底，如果就連我，都不認識蘇格拉底，那麼我一定忘了自己是誰。」或者，「他渴望發言，但卻故作姿態。」你仔細考慮吧，在你講出滿腔想傳達的言論之前，你別想離開。我們單獨在此清淨地，我又是我倆中最強壯年輕的那個，〔236d〕我給你一點建言：「比起讓我逼你就範，你應該比較希望自己心甘情願地娓娓道來[63]。」

蘇：費德羅，我幸福的泉源，但我只是一介凡人，我若癡心妄想要跟如此優秀的作者在同一個主題上一較高下，只會突顯我的荒謬而已。

費：你知道嗎？不要再跟我假裝客氣了，只要能逼你發表言論，我可是什麼都說得出來！

蘇：還是別說出口吧。

費：不，我現在馬上就要說，這等於是我的誓言。我跟你發誓，但對什麼發誓？向哪個神發誓？該怎麼選擇？就這樣吧，如果你願意〔236e〕，我就對這棵松樹發誓。沒錯，我對松樹立誓，你再不把你的言論在這棵樹前發表出來，我就再也不為你朗誦，也不跟你分享任何我不管向誰學來的言論了！

蘇：哎呀，我的心肝，你可真是找到方法讓一個慕愛言論[64]的人向你臣服的方法了。

---

61 庫普賽魯斯（Kypselos, 670-627 B.C.）是古希臘城市柯林斯（Korinthos）的第一位僭主，因為他推翻了本來統治柯林斯的政權，因此受人民供奉。

62 在此柏拉圖用的這個字通常只在搏鬥的場合中使用，因此中譯文特別保留這個搏鬥的比喻。

63 前文當中清楚可以看到蘇格拉底對費德羅所感到的渴望，但費德羅對蘇格拉底是否有相同渴望卻看不出來，但到這個段落裡我們可以看到，費德羅也同樣展現出某種為愛而狂，不惜一切都要爭取的狀態。柏拉圖透過劇情安排與人物互動，試圖透露愛戀關係並不如呂西亞斯的演說所言，只能是一種不對等的關係，若愛戀關係不對等，那麼代表著雙方在關係內所追求的目標有所不同，而蘇格拉底與費德羅所展現出的愛戀關係，卻以他們兩人共同對言論的熱愛來確立，在此柏拉圖已經為「愛戀」與「慕愛」之間的轉換做了預告。

費：那你還在推托什麼？

蘇：沒什麼要推托的，你都發下重誓了，我怎麼能不感到受寵若驚？

費：〔237a〕那開口吧！

蘇：你知道我接下來要做什麼嗎？

費：什麼？

蘇：我要把臉蒙起來，這樣才能把我的言論快速從頭講到尾，以免我盯著你感到羞赧自卑。

費：你發表言論就是了，其他你想怎樣就怎樣吧。

蘇：來到我身邊吧，繆思女神們，祢們這稱號若不是來自祢們清亮的歌聲，那就是源自利古里亞[65]這個音樂民族。請幫助我，讓我朗誦出這神話，我眼前這位善友要我務必宣讀，好讓他才藝更加精進，儘管〔237b〕就我看來他已是技藝[66]出眾。

曾經有個男孩，或說是個貌美的青少年才對，這個青少年是許多人共同愛戀的對象。在這些愛戀他的人之中，有一個人很機靈，儘管他對少年的愛不會比其他人少，卻誘導少年相信自己一點也不愛他。他慫恿少年相信：交往對象，應該要選擇對自己無愛戀之情的人，而非對自己充滿愛戀之情者[67]。他是這麼說的：「孩子，要知道，在所有事情上，只要目標是要議論出個結果〔237c〕，那麼就一定有個起點[68]：必須要知道你是為了什麼議論，不然必定全盤皆錯。然而，多

64「慕愛言論」在古希臘文中寫成一個組合字：philologos，其中包含philo（慕愛），與logos（言論），從字面上可以看出這種對言論的愛並非eros（慾愛）意義下的慾望愛，而是「慕愛」。以此可見愛戀與慕愛兩種愛的對象不同，兩種愛所展現出的關係也有所不同。

65 利古里亞人（Ligurian），分佈於義大利西北沿海，是支十分古遠的民族。此處對於利古里亞人喜愛音樂的描述，其實很難佐證指的就是義大利西北沿海的這個民族，只能藉由其他文獻當中的一些側寫來推論。

66 技藝在此所對應的希臘字為sophos，字面上的意思作「有智慧」、「智者」，但柏拉圖在使用這個字的時候，常常意指的並不是今日所理解的智慧這個字。在這裡sophos指的是對某種才能（技）非常專精，比較接近「專家」的意思，因此在此譯為「技藝」。

67 我們可以發現蘇格拉底在此採納了呂西亞斯言論中的主要論點：跟無愛者交往比跟有愛者好。然而柏拉圖在安排情境的時候，特意為這個論點安排了一個特別的脈絡，來顯示呂西亞斯的言論毫無可信之處。在蘇格拉底的言論中，講出「跟無愛者交往較好」這句話的人，本身是假裝為無愛者的愛戀之人，他假裝自己不愛他嘗試說服的青少年，就是為了利用這言論來說服青少年與他交往。然而這個機靈愛人的言論要奏效，必須符合兩個條件：第一、他自己必須符合無愛者的條件，因此他必須給愛戀狀態一個明確的定義，而他自己必須不符合這個定義所描述的狀態；第二、他跟其他愛戀者之間可以明確區分開來，因此顯示同樣在愛戀的狀態中，有另外的因素來將愛戀者至少區分為兩類。

68「議論的起點」在文獻詮釋中引起很多討論，許多人認為，在這個段落裡面，柏拉圖要強調定義的重要性，所以在議論某主題之前要先定義所議論的對象為何。然而，若此處的起點所指的是定義，那麼我們可以質疑，如果定義本身就蘊含了瞭解此對象的本質，那定義之後為什麼還需要討論？起點在此有另一種解釋，亦即界定詞彙，給討論主題所涉及的概念一個暫時的定義，來當作後面討論的論證前提。以蘇格拉底接下來的言論看來，此處的起點指的是最終得出「慾愛」定義之前的整個段落，而這個定義實際上在後面提出論證中所扮演的角色即為論證前提。

數人都無視自己其實對各個事物都很無知，因此就以為自己很懂，所以在一開始相互切磋的時候，都不同意別人說的，但隨著討論進行，他們就開始游移自己的〔立場〕，最終既不同意自己，相互之間也不認同[69]。

而我和你，不會像那些我們批評的人一樣重蹈覆轍，反之，當這句話降臨在我們面前，問你我：如果一定要選擇，是要選那個毫無愛戀之情的人，還是選愛戀自己的人？我們要先思考什麼是愛，而愛的效應又為何[70]〔237d〕，在這上面界定出共識。然後，將眼光鎖定在共識上，一邊向共識推進，同時檢視愛到底是利是弊[71]。

愛是一種慾望[72]，這點所有人都十分明瞭。不過，無愛之人，同樣慾求美[73]，這點你我都知道。倘若如此，愛與不愛要怎麼區分呢？有一點需要注意，在我們每一個人身上，都有著兩種驅動力在引領我們，而此二者驅動我們往哪，我們就會往什麼方向發展。這兩種驅動力，一邊是我們先天[74]俱來，那種對追求歡愉[75]的慾望；一邊是後天習得，仰慕崇高[76]。

這兩種驅動形式有時心有靈犀，〔237e〕有時分道揚鑣，其力量相互拉鋸，此起彼落。如果理性的意見[77]較為強大，我們就會在它的統治與引領下，追尋卓越，我們稱此狀態為『節制』[78]。〔238a〕但若是非理性的慾望力量較強大，牽制、支

69 蘇格拉底強調，若討論沒有先界定主題對象，最後討論者不僅不同意其他人，也不同意自己。不同意他人這一點很容易理解，但既不同意他人、也不同意自己才是柏拉圖想要強調的關鍵。若討論的開頭對主題所涉及的主要概念絲毫沒有界定，那麼所有討論者儘管運用同一個詞彙，所指涉的卻完全可能是不同概念，甚至同一個人對同一個詞彙運用所指涉的概念都不斷在浮動，因此導致了不僅相互不同意，自己前後的意見也會因為不同時間對相同詞彙的指涉不同而前後相左。

70 蘇格拉底在此指出，對一事物的定義涉及兩個層面：一是此事物的本質，二是此事物所展現出的效應。

71 蘇格拉底在此的態度吻合我稍早對於「議論起點」的詮釋，起點在於尋求一個對探討物的界定當作前提，在所有人接受此前提的條件下來開始進行議論。

72 在呂西亞斯的言論中，愛與慾望關係密切，但兩者之間的確切關係為何卻未曾清楚界定。但在蘇格拉底第一言論當中，蘇格拉底首先就先將愛與慾望之間的關係界定清楚，愛是一種慾望，但不等同於慾望，換句話說，慾望有許多類型，其中一種是愛，因此不管愛或不愛，兩種都有慾望。

蘇格拉底的第一言論模仿了呂西亞斯言論的風格，也陳列出幾點來說明愛，然而，兩者的差別在於，呂西亞斯所陳列的重點之間沒有關連，各自獨立，因此就算打亂排列組合也不影響理解，但蘇格拉底第一言論不然，其所陳列的點之間有特定的推論關係，因此只能用他所安排的順序來理解。透過形式上的相似與相異，柏拉圖想要彰顯同樣素材有組織和沒有組織之間就有很大的差異。蘇格拉底第一言論採納了跟呂西亞斯言論相同的論點（跟無愛者交往為好），在表面上也有所相似，唯一差別在於組織元素的結構，賦予了這個言論新的形式。因此，蘇格拉底第一言論旨在批評呂西亞斯言論的形式，而蘇格拉底第二言論則批評呂西亞斯言論的內容。

73 慾望的對象在此被界定為「美」，希臘文為kalos。許多文獻都討論過為什麼柏拉圖將慾望的對象設定為美，柏拉圖也不曾在任何對話錄當中清楚解釋這一點。然而，若參照柏拉圖的理念論來理解，慾望的基礎是被動且非理性的，因此慾望追求的對象必定與真或善無關，因為真和善都必須用到理性判斷，但美作為理念本身，是所有讓人有美的感觸的基礎，也就是說美的本質也許涉及知性判斷，但美的效應卻有其被動且非理性的成分。以此說來，任何引發這種想要、追求的心靈狀態的對象都參與了美的理念，換句話說：某事物吸引我們，因為這個事物觸動某種心理狀態讓我們感受到美，因此受到吸引進而成為追求的動機。在這樣的定義下，所有慾望的對象都參與了美的理念，都某種程度上在特定人心中激發起對美的感受，因此這些慾望的對象都是「美象」（美的表象）。

配著我們一味朝愉悅追尋，我們稱這種支配為『縱慾』[79]。

然而，縱慾有著許多名字，由於其多分支、多成分[80]。我們用它在人們身上彰顯出來不同的型態，來給有此特質的人不同的稱號，而這些稱號通常都不怎麼好聽或體面。〔比如說〕，如果對美食的慾望大過其他慾望，而且使得理性將美食當作追求卓越的對象〔238b〕，這就被稱作饕餮，而受此慾望牽制的人，就被稱為饕客。若換成酒癮，那些為酒癮控制的人，我們很清楚要如何稱呼他們。其他慾望亦如是等等，〔追隨什麼享樂對象〕的慾望配有什麼樣的稱號，兩者如姊妹般如影隨形。我們清楚看到，每一次慾望展現不同面貌的專橫，就得用不同名字稱呼它[81]。

我以上所說的一切，是為了解釋哪一種慾望呢？剛剛的探討已經很明顯了，不過說出來總比沒說出來清楚：當排斥理性的慾望〔238c〕較壯盛，驅使人扭曲判斷捏造意見，執意追求美好所引發的歡愉。在慾望的驅使下，我們將肉體上的美好當作追求的對象，且不斷鞏固讓慾望的驅動力變得無可抵擋。從這種慾望彰顯出的縱慾型態，我們得以將它命名為『慾愛』[82]。」

蘇：告訴我，親愛的朋友，費德羅，你不同意我所說的嗎？你看我都進入神人合一[83]

的狀態了。

74 先天（innate）和後天的概念在哲學上時常探討，旨在區分人類不需要透過任何學習，與生俱來的能力或傾向，在這裡就將追求享樂逃避受苦當作人類與生俱來的行動傾向。

75 歡愉，古希臘文寫作hēdonē，在中文語境中很難找到一個詞來明確掌握這個簡單的概念，因此以中文對hedonism的翻譯「享樂主義」，作為基礎參考。這個概念對應的是英文中的pleasure，簡單來說，這個概念所指的單純只是當一個活動結束時，其所帶來正面的感受稱為歡愉，負面稱為受苦。舉例來說，肚子餓的狀態為受苦，但一旦吃到食物這個行動所帶來的正面感受即為歡愉。

76 「仰慕崇高」在古希臘文中的表達方式十分簡單，指的是追求更好。因此同樣是慾求，仰慕崇高所追尋的是需要經過理性判斷過較為美善的對象。

77 「意見」此處所對應古希臘文中的字為doxa。Doxa最常被譯為「意見」（opinion），在特定脈絡也被譯為「信念」（belief），但doxa本身的意義同時涵蓋兩者。Doxa的動詞doxazein指的是「看來如何如何」，因此時常譯為「誰認為如何如何」，在這個脈絡下，名詞doxa有當代「意見」之意，然而這個詞同時也蘊含了「公共信念」的意思，也就是說，某事物普遍被整體社會成員認為為真或為假。舉例來說，現代社會中，認為地球是圓的是當代社會中所有成員普遍共享的doxa，但在柏拉圖的時代，社會中的doxa可能傾向認為地球是平的。

78 「節制」在此處很明顯與「禁慾」不同，「節制」強調的是行為「得度」而不「過度」，因此享樂本身在這個段落被視為人所有行動的驅動力之一，享樂本身非善非惡，而是追求享樂「得當」還是「過度」決定行為善惡。既然節制與否取決於行為是否有「度」或過「度」，「度」在此作為衡量標準，就預設了理性判斷，因此當「仰慕崇高」的驅動力凌駕「追求享樂」時，我們的行動就會「合度」不放縱。

79 相反於「節制」，當「追求享樂」的驅動力凌駕於「仰慕崇高」時，行為就超過「適度」，理性意念沒有足夠力量引導行為在標準內，因此稱為「縱慾」。因此在「縱慾」的概念裡有「過度」、不理性，因為理性的功能在於劃清限度，而縱慾則讓追求享樂的慾望，超越了理性給自己劃下的限度。

80 「多分支、多成分」一詞所對應的希臘文polymeles kai polymeres，十分精確地界定了各種放縱之間的關係。Poly在希臘文中意指「多」，現代歐洲語言中還有許多字使用這個字根。Poly-meles，melos（meles的單數原型）字面上指肢體，因此polymeles即一脈多支；而polymeres，meros意指「部分」、「成分」，因此polymeres即一體多分。整體來說，即說明「縱慾」，也就是追求享樂的驅動力主導下，展現出的縱慾狀態有許多分支與種類，同樣被享樂主導，卻因為追求對象有所不同，而因此對縱慾加以用不同的命名方式界定。

費：我完全同意你剛剛所言，蘇格拉底。你的言詞突如其來地流暢，真不像你。

蘇：那你安靜聽我說。在這點上，我感覺一定有什麼神聖的東西〔238d〕，因為在我接下來的言論裡，如果我好像被水精靈附身加持，別太意外。我正在宣講的內容，與你剛剛過譽的言論能並駕齊驅了。

費：你說的很對。

蘇：這全都歸功於你。不過趕快接著聽我說，因為靈感隨時都可能棄我而去，全憑聖靈[84]決定。所以我們回來繼續說這個機靈的愛戀者對男孩講的言論。

「我勇敢的孩子，在剛剛這一番探究與界定，我們商議探討的對象這不就清楚了？接著還剩下一個問題要討論〔238e〕，選擇愛戀者和選擇無愛者交往，按理來說各自會有什麼利弊[85]。

那些被慾望支配，為歡愉奴役的人，面對自己魂牽夢縈的對象必然只求一事：歡愉最大化[86]。而對這些病態的人來說，所有不違逆他的都討他歡心，然而所有與他平起平坐、甚至超越他的，他都備感敵意[87]。

〔239a〕愛戀者既然無法承受他愛的人比他優異或跟他一樣好，那麼，對他所

愛的男孩，他就會盡其所能打壓男孩，讓所愛之人永遠維持比他低下的狀態。

---

81 柏拉圖在此處解釋，日常生活中我們有許多名稱來指涉某種縱慾的行為，只要我們仔細檢視每種命名，就會發現每個縱慾是以其慾望過度追尋的對象來定義，因此，當慾望過度追求飲酒，就被稱為酒癮，追求美食就稱為饕餮。縱慾，作為一種類型的行為相對於另一種被稱為「節制」的類型，內部按照不同對象分裂成不同種類的縱慾，每種類型又可能各自依照對象細微的不同，而分支出不同子類型的縱慾。此處呼應前文說縱慾「多分支、多成分」，透過命名的方式，我們能夠來清楚界定每種分支與成分。

82 蘇格拉底此處的言論在第一部分展現了討論進行時必要的第一部，界定核心概念，因此這個部分的主旨就在於最終界定「慾愛」的概念。若縱慾藉由享樂對象的不同，而能夠分裂出不同種類的縱慾，「慾愛」在此對應的是：過度追求物質美所帶來的享樂的這種縱慾，換句話說，當非理性慾求物質美（肉體、型態、表象、外型）凌駕理性判斷時，這種縱慾展現為追求美好的肉體，而被命名為「慾愛」。

83 「神人合一」在此指的是進入一種超越自己本來限制與條件的狀態。

84 在這篇對話錄當中，隨處可見各種神靈的稱號，聖靈一詞也時常出現，在當代的語境中可能讓讀者感到有些狐疑，在此稍微說明一下古希臘社會的信仰與這些詞彙在這篇對話錄裡面的作用。古希臘社會的信仰屬於多神信仰，跟臺灣傳統的民間信仰一樣，不同神祇各自掌管不同領域，在柏拉圖此篇著作內出現大量對聖靈的讚頌與呼喚，並且大量運用神話，這是一般被歸類為哲學的著作不常出現的書寫形式，而柏拉圖用對話錄且大量使用神話的形式來呈現他的思想，這個形式是一個有理論基礎的選擇，而非純粹修辭上的風格選擇。「聖靈」一詞的原文就是古希臘文的「神」，但為了避免造成讀者錯誤聯想到一神教信仰體系的神，此處翻譯為「聖靈」來強調兩點：一、「聖」強調其超越人類知性的狀態，在此對話錄當中這點特別被突顯出來。柏拉圖認為每一個靈魂之所以有潛力追求更崇高的存在，是因為受到更崇高存在的吸引，在這種吸引力之下轉化為動力來實現所追求的理想。二、「靈」是為了強調這些神祇都是「靈魂」，靈魂是所有讓整個存在界保持動態的基礎，包括思想和行動，在柏拉圖的思想中都是由靈魂來賦予生命。靈魂的問題在後文中有更清楚詳細的討論。

85 由此可以發現，蘇格拉底給的第一篇言論與呂西亞斯的言論之間只有形式上的差異，在內容上完全承接了呂西亞斯言論當中的元素，甚至連提問方式也是，因此在界定「慾愛」之後，接著要檢驗的就是：跟愛戀者來往到底利大於弊還是弊大於利。

然而，無知較智慧低，懦弱較勇敢卑，漫談較修辭下，反應遲鈍不比學思敏捷，按此邏輯，倘若在愛戀者心性[88]上都已經看出以上這些惡，甚至其他更多惡，不管是先天如此還是後天習得而來，那麼他所愛之人身上必然是惡已昭昭，而其他惡也指日可待而已。若不想如此，那麼所愛之人就得放棄眼下立即的歡愉[89]。

由於愛戀者必然妒忌〔239b〕，因此會阻止自己心愛的人跟其他人有過多來往，即便是那些有利於所愛之人成長為更好的人的交際都要防止。由此可見，愛戀者反倒成了對其所愛之人造成損害的核心原因，而其中最嚴重的傷害，即導致所愛之人被排除在最高尚的智慧之外。愛戀者百般阻撓心上人接近的，正是一種神聖對智慧的慕愛[90]，因為他懼怕有朝一日被所愛之人看不起。所以，愛戀者所有伎倆都是為了讓他心愛的少男停留在全然無知的狀態，而且要少男的視線絕不移開自己身上。他以為這樣一來〔239c〕，他的愛人就會享有最多歡愉，但反而卻是對這個孩子最大的傷害。

對於肉體的占有和呵護這種驅動力若成了發號司令的主人，將變成一種制約，讓人以為汲取歡愉等同於追求善。以上這點正是我們應該要知道的。

我們看看，如果愛慕者追求的是個全身鬆軟、毫無肌肉的男孩，不曬太陽、總是躲在層層的陰影下，而且從沒做過什麼粗重陽剛、汗流浹背的工作，生活舒適，肌膚潔淨、蒼白無色，〔239d〕而且把維持這種生活型態當作一生志向，這畫面太鮮明，還是不要繼續描述。然而，這裡有一點很重要，要先提一下，接著處

---

86 繼定義「縱慾」為追求歡愉的慾望主導行為之後，此處將定義的對象轉為「縱慾者」，用縱慾者的行為模式來界定這類型的人，透過其行為模式可見，當追求歡愉成為主導我們所有行動的驅動力時，所有行動的唯一目標就是最大化歡愉，從歡愉種類所對應的對象身上汲取最多的享受。因此饕客在美食中追求最大化歡愉，而愛戀者，在此論述脈絡下，在美麗的肉體上追求最大歡愉。

87 在界定「縱慾者」的行為為歡愉最大化之後，蘇格拉底接著補充歡愉如何能最大化。歡愉產生的條件在於縱慾者本身愉悅，且不會感受到任何負面情緒，而追求對象本身的優越或平起平坐，在追求歡愉的脈絡下，都只會引起縱慾者的惱羞成怒，因此歡愉最大化的結果就是所追求的對象都比自己低下。與此對比的就是「仰慕崇高」的驅動力，當一個人想求進步，受到比自己優越的人吸引，雖然過程中的挫折不會帶來立即的歡愉，卻是生命最終因實現自我而得到幸福的基礎。

88 「心性」在此為古希臘文dianoia的翻譯，這個字最直接且常見的中譯為「思想」，但dianoia的字意涵蓋的範圍更廣，所有非物質活動的產物都能夠用dianoia指稱，而「思想」二字在中文語境之內的意義相對狹隘，容易誤導讀者將此處解讀為有意識思考活動的成果。在此段落，蘇格拉底主要指的是從愛戀者所表現出來的意圖和傾向當中，已經展現了某些惡，因為愛戀本身已經在先前被定義成縱慾的一種，那麼他慾求的對象，既然一定會比他低下，一定彰顯出更多惡。因此在此將dianoia譯為「心性」。

89 跟愛戀者交往的後果，在此已經點明，就必然永遠卑劣，且為了立即享樂得來的歡愉而甘之如飴。在此處，蘇格拉底已經表明被愛者的下場，若不想永遠卑劣，就必須放棄眼下的歡愉，並離開愛戀者。

90 「對智慧的愛慕」一詞古希臘文中對應的就是philosophia，也就是如今稱作「哲學」的古希臘字。在此對話錄當中，philosophia多數不被譯為「哲學」，因為一直到對話錄的尾端，才會對「哲學」這個概念進行定義，在此之前都只是指稱一種「對智慧與知識的慕愛」，進而促使人追求智慧。

理其他重點：這樣的肉體，在戰場上會讓敵人充滿信心勇氣，卻居然會讓身邊朋友與愛人〔為他的美〕感到顫慄[91]。

這個重點已經講得非常清楚了，按照順序接下來要探討是：對於接受愛的一方來說，〔239e〕從愛戀者身上得到的陪伴與導護[92]，到底帶來什麼樣的利、什麼樣的弊。剛才所提到的論點對所有人來說都已經清楚明瞭，尤其愛戀者一定了然於胸：他自己用盡心思，就是要讓所愛之人畢生所求全都落空，讓朋友、親人，甚至所有高尚之人都與他隔離。

他要所愛之人最好失去父親、母親、家人和朋友，因為他認為這些人的干擾與管束，〔240a〕讓他和少男交往無法達到歡愉最大化。這尚不是全貌。若少男多金，或者有其他財產，就會被他認為，少男的心不但不易征服，而且就算征服也難以掌控。由此，愛戀者必然對少男所擁有的多有妒忌，少男的財富如果被摧毀，那他更高興。除此之外，愛戀者更希望少男最好維持無妻、無兒、無家，愈久愈好，讓他能有更長時間來品嘗慾望所結之果的甜美[93]。

當然，還有很多惡罄竹難書，但在這些短暫即刻的歡愉當中，〔240b〕仍然參雜了一絲神聖。諂媚者就如同一頭恐怖的野獸，無庸置疑是個災難，儘管如此，這種人卻天生被賦予某種能力，能帶來與繆思女神能帶來的並不相差甚遠的歡愉[94]。人們責怪那些親近奉承阿諛者的人，因為跟這些人交往只會帶來惡果。然而，同樣類型

91 蘇格拉底利用這句話來突顯愛戀者的荒謬。愛戀者被定義為其中一種縱慾，也就是過度追求肉體美好所帶來的歡愉，因此他所愛的對象必然是他認為美的肉體，然而，這個慾求對象之所以能夠跟愛戀者維持交往關係，代表愛戀者能夠不斷從對方身上汲取最大化的歡愉，而歡愉最大化的條件就是所愛之人永遠不能超越愛戀者。在此邏輯下，所愛之人的肉體本身也不能超越愛戀者，而在古希臘社會的審美觀中，蒼白軟弱的身體比不上黝黑鍛鍊的身體美，因此若愛戀者的肉體必然超越所愛之人，那麼所愛之人必然是蒼白癱軟，而諷刺的是，這樣蒼白癱軟的肉體正是在戰場上鼓舞敵方的肉體，卻在愛戀他的人眼中成為美到令人顫抖的肉體。

92 「導護」對應的古希臘文為**epitropeia**，字面上意義為監護的意思，在此可能影射古希臘社會中的一種習俗，即透過成年男子和少男之間的特殊關係來培訓少男。在對話錄一開頭有稍微介紹過古希臘社會的這個習俗，成年男子與少男之間既有輔導關係，又不排除慾望，是古希臘社會中鞏固社會團結的特殊習俗。《費德羅篇》整個討論的起始點，就是以此習俗下的愛情概念來作為討論脈絡，柏拉圖沒有在對話錄一開始就批評這樣的風俗，而是透過一層層的討論，來界定這種當時社會關係所預設的愛情觀及其後果，由此來檢討這種「少男之愛」的風俗。

93 文行至此，蘇格拉底看似誇大了愛戀者帶給自己所愛之人的下場，但在此必須提醒讀者，此處的愛戀是從「慾愛」定義作為前提所推導出的結果。在言論開頭，蘇格拉底先將慾愛定義為一種縱慾，既然是縱慾，那麼推導出來的行為自然往過度的極端靠攏。愛戀者跟所愛之人之間的關係並非對等的愛慕，且相互只是達成特定目的的手段，對愛戀者來說，所愛之人只是滿足慾望、汲取最大化歡愉的工具，所愛之人不被視為一個人，而是一個有特定功能的對象。在此脈絡下，愛戀者希望所愛之人最好妻離子散，只能依附自己，並會讓所愛之人丟失所有朋友，在沒人願意與他來往的前提下只能崇拜愛戀者，由此來延長自己能夠從他身上汲取歡愉的時間。

94 蘇格拉底在此處指的是美麗的言語所帶來的歡愉，由於繆思女神們就是所有藝術創作者的靈感來源，因此華美之詞所帶來的歡愉也屬於繆思女神們所帶來的歡愉。愛戀者，為了勾引所愛之人，同樣需要有華美之詞來諂媚對方，因此蘇格拉底才用一種諷刺的方式，來說這些諂媚的愛戀者也有過人之處，其辭藻華美不輸有繆絲女神的加持。

的創作與作為，也帶給大量群眾不少類似的歡愉[95]，〔差別在於〕這種歡愉只消一日，而愛戀者對心愛少男的日日糾纏，不但構成禍害，更對少男有著毀滅性的影響〔240c〕。

就如古話所言，『跟我們年紀相仿的人來往，才能帶來歡樂[96]』。我想，這大概是要說相同年紀的人，其所認為帶來歡愉的對象也相似，在這種相似中孕育出慕愛[97]。然而，就算是同年紀的人交往，都還是可能有以下情況。人們說，在所有事情上，只要是必須為之，對所有人來說都變成一個重擔。年紀上的差距當然是其中一環，尤其在愛戀者與他所愛的少男之間之關係中更是如此。如果愛戀者與年紀較輕者交往，年長的愛戀者當然日夜不想離開少男。由於需求〔240d〕與刺激，所愛之人終其一生都為了提供愛戀者更多歡愉而活，愛戀者所見、所聞、所觸、所識，所有感受都以集中於所愛之人身上，好讓自己毫無間斷地服侍他。然而，從此以後，在愛人相伴的所有日子裡，要如何要求所愛之人、給他什麼樣的歡愉，才能避免在過了花兒盛開的年紀、體魄鬆弛衰老時，少男不會只對他唾棄作嘔？而接下來的一切，〔240e〕這些不忍卒讀的描述，如何能永遠對少男維持約束？〔在如此考量下〕，少男因此承受監視，不管和世上哪個人來往，不管什麼情境，都將飽受惡意與猜忌。他也許會時常聽到愛人對他的不合度的謬讚，但也會同樣受到過分的批評。如果愛人成日酩酊大醉，講話粗魯毫無操守節制，這些批評，對年輕人來說不但將變得難以忍受，而且極為汙辱。

只要愛戀者還愛少男，那這關係對少男就只有損害與不悅；然而他一旦失去熱情，在未來的日子裡，只剩下對少男的不信任。那些對兩人共同將來許下的眾多諾言、那些以少男為對象的誓言與願望，許諾者要費盡苦心才可能信守諾言〔241a〕，因此兩人當下的關係都是充滿痛苦，只透過對希冀將來會降臨的善來維持關係。然

---

95 柏拉圖在此已經稍微透露了他對當時流行的修辭學的批評，諂媚與修辭其實有許多相似之處，人們知道批評諂媚，且清楚靠近諂媚者的後果，卻不察修辭對群眾有著相同的效果，只是因為持續的時間不長而讓人難以察覺。

96 此處引言是用來檢視蘇格拉底所揭露愛戀者的問題到底是基於慾愛，還是可能有其他原因，而此處可能的其他原因就是年齡差距，如同前文的說明，古希臘這種獨特的社會關係發生在成年男子與少男之間，因此年齡差距必然蘊含在這類型的愛戀關係當中。

97 慕愛在此即philia，是一種比「友誼」還要抽象的傾慕關係，在此不翻作友誼避免理解上簡化，將友誼與愛慕切割。慕愛這種關係因為超越性別、年齡和單純的慾望滿足，因此時常被譯為「友誼」，然而在此譯為「慕愛」來強調這種情誼跟「愛」、「渴望」、「追求」之間的關係。

98 從此段落可見，對於柏拉圖來說，人必然在生命的某個階段不再一味被慾望牽引，因為隨著衰老，到一定的年紀之後，慾望的威力便隨之消滅，因此愛戀者必然在有朝一日不再被慾望支配，而在這個時刻，他對少男的熱情也就此消逝。柏拉圖透過蘇格拉底在此誇大地將這種驅使力量的轉換比做人格翻轉，在支配行動的力量從追隨歡愉轉為理性地仰慕崇高時，行動主體好像變成了另一個人，而既然變成了另一個人，就不可能還守著過去自己許下的承諾。

而，欠債到了該還的時候，支配、統治愛戀者〔行為〕的驅動力已經易主，節制取代了瘋狂的愛，在少男尚未察覺的時候，〔愛他的人〕已經變成了另一個男人[98]。愛人要求少年要對過去他的付出回報，開始提醒他過去為他做了什麼、說了什麼，好像少年還在跟同樣的人相處一般，又不敢承認自己已經變成了另一個人，之前曾許下的誓言〔241b〕早已不知如何維繫，更不用說那些承諾，都是在他被不理性攫獲時所下的，〔怎可能繼續守諾。〕如今，他已經恢復理智，心理也回復了健康狀態，他就不會再想要跟從前一樣行事，不想變回以前的自己。因此他就會逃避自己的過去，這是他必然會犯下的錯，過去的他有愛戀之情，然而今日已經事過境遷，他如今的角色變了，所以逃避。而另一半見他如此，必定會追著要去挽回他，要以上蒼為證〔要求他兌現諾言。〕

打從一開始，他就應該知道，根本不應該與一個陷在愛戀中，因此必定不理智的男人交往，〔241c〕反而應該跟一個對他毫無愛戀之情，卻十分理智的人在一起。所以說起來這是誰的錯？少男將自己死心塌地交給一個不會守承諾的人、一個脾氣無常的人、一個妒忌、令人不悅的人，更有甚者，交給一個將毀掉自己財富的人。此人對指引靈魂，只有毀滅性的影響，沒有任何建設性，而靈魂不管是上帝或人類的靈魂，都是世間最脆弱之物。所以，我的孩子，以上我講的這些要好好記在腦袋裡：要知道愛人給你帶來愛情，從來都不懷好意，他的愛只是像飢餓，急著要找人解饞，〔241d〕正如『狼對羊總是癡迷』，此話非常能夠描述那些愛戀男孩的愛人們。」

以上如此，費德羅。你不會再聽到我從嘴巴裡再說一個字來，既然我的言論發表完了，那換你說了。

費：我倒覺得你的言論才講到一半而已，你應該還要說對那些不愛之人，他們的情形又如何，解釋為什麼偏好把自己交付給這些無愛戀之情的人，彰顯在這樣的關係裡面能帶來什麼樣的好處。所以，蘇格拉底，你為什麼在這就打住了？

蘇：〔241e〕我的幸福泉源，你難道沒有聽到，我已經開始用一種史詩的語調，而非酒神讚那種抒情的方式在講述了。而這該怪罪於我嗎？如果我還要繼續讚頌另一方，那你覺得我將會做出什麼事情來？你難道不曉得你剛剛對我下的水仙迷咒，必然會在我身上啟發一些神聖的東西[99]？所以我就用一句話來宣示：剛剛在一方被貶低到什麼程度的，在另外一方都會以相同程度被讚譽。所以為什麼還要花這麼多時間來繼續發展這個言論？反正不管哪一方，我們說的都已經夠多了。不管這個傳說最終的結局是什麼，〔242a〕我都認同。所以我要走了，我打算在你對我施加更多制約之前，穿過這條河流。

費：還不行！蘇格拉底，在炎熱散去之前你不能走，你沒看到不久就是正午了。跟我待在這裡，繼續說我們剛剛說的，等到涼爽襲來的時候，我們再一起離開。

蘇：不管如何，費德羅，你對言論的品味極為高尚且令人崇拜。這就是我的意見：你一生中所產的言論，〔242b〕大多數都屬於你的，不管是你朗誦的這些言論，或者你，不管威逼還是利誘，制約其他人說出他的言論。我對西米雅司[100]已經破了例，但其他，你已經超過太多了，所以，我想，我又有言論要發表了，拜你所賜。

費：又不是要向你宣戰！那你又要發表什麼樣的言論？

蘇：我的好男孩，我剛剛本來想穿過河流，因為聖靈給了我捎來了信息〔242c〕，一個我習慣接到的信號剛剛在我眼前顯現了[101]。然而，每次我已經箭在弦上要做一件事情，祂就要我忍耐。我好像冥冥之中聽到一個從祂而來的聲音，禁止我在為剛剛犯下的錯誤贖罪之前繼續講下去，因為剛剛這個錯誤關乎聖靈。我有通靈[102]的能力，儘管我沒有完全致力於此，但跟那些幾乎不會閱讀或書寫的通靈人比

起來，我的通靈能力用來回應我所求恰到好處。所以，沒錯，眼下我完全清楚

99 在先前的註解當中已經點出柏拉圖透過人物互動，來暗示一些他之後才會解說清楚的思想部分，因此在這篇對話錄當中，讀者會不斷注意到蘇格拉底對費德羅用了許多曖昧的用詞，且將自己的言論描述為因費德羅而引發某種神靈上身的經驗。這個情節不斷重複出現，重點在於讓讀者注意到對某人的愛慕與誘惑不是只有負面的影響，人若能夠追求卓越，首先必須仰慕卓越，而對卓越的仰慕能夠透過某個人身上展現出的特質來啟發。這也是為什麼慕愛與愛慾之間並非井水不犯河水，反之，非理性的熱情是推動行動的原始動力。

100 西米雅司（Simmias）是西元前五到六世紀的古希臘時代的哲學家，蘇格拉底的學生，在柏拉圖的對話錄中，西米雅司在四篇對話錄中被提到，而他在對話錄中真正參與對話的是《斐多篇》。

101 在許多柏拉圖對話錄當中都有這麼一個橋段，蘇格拉底突然說自己聽到了某種神靈給他了一個訊息，這種言論轉折手法如此獨特，使得「蘇格拉底的守護靈」，也被譯為「蘇格拉底的精靈」成為《對話錄》研究的一個主題。在本篇對話錄當中，蘇格拉底並沒有直接點出他在其他對話錄當中稱為「靈魔」（**daimon**）的某種有神性的靈，而用了「聖靈」（theon）這個字。**Daimon**在古希臘文中指的是作為人與神中介的靈性存在，在使用的脈絡當中通常有「守護靈」的意義。「蘇格拉底的守護靈」在對話錄當中的角色都處於言論轉折處，守護靈給蘇格拉底的訊息只有「肯定」與「否定」，而沒有確切言論，就如同此處守護靈給蘇格拉底的消息，僅止於對蘇格拉底第一言論做出否定的評語。對於「蘇格拉底的守護靈」有許多討論，由於這個守護靈的聲音來自內在而非外在，因此比較像是靈魂內部某個能夠超脫其附著身體對其存在造成的限制，讓靈魂有機會重新反思，超脫本來受到環境與處境框架的思想。仔細檢查此處文章的脈絡，會發現蘇格拉底第一言論邏輯上沒有什麼瑕疵，若接受這個論證的前提，也就是對愛慾的定義，那麼就會導出他所提供的結論只是簡單的邏輯推演。然而，柏拉圖如果要讓蘇格拉底提出截然不同的愛情觀，那麼首先必須跳脫的是論證所設定的前提，完全用另一個視角來重新審視、重新提問。在這個段落中守護靈的作用即是如此，用一個無法解釋的方式，來質疑先前提出來的論點可能有缺陷，在這個質疑的引導下重新檢討整個問題的預設前提，而非只是論證過程是否推論有效。

102 通靈，對應希臘文中**mantike**，指的是由於接觸到神的話語而有預言的能力，柏拉圖特意在此處用這個字，以呼應之後對占卜術（mantike）與瘋狂（mania）之間的關係。

看到自己到底錯在哪裡。事實上，我的朋友，靈魂也有神聖的能力。但剛剛有個不知名的東西干擾著我，從我開始發表言論，我一直被某種擔心疑慮搞得十分失常。就如伊比庫司[103]所言〔242d〕：

過錯若涉及神明，
世間榮譽便不值一提。
然而，我已知曉，
自己犯下何等罪咎。

費：你到底想說什麼？

蘇：費德羅，我剛剛的言論很糟糕，糟糕極了，不管是你帶來的那篇言論，還是我剛剛所言都太可怕了。

費：怎麼說？

蘇：這不僅是愚鈍，從某方面來看，更是不敬[104]啊！還可能有言論比這更可怕的嗎？

費：你所言如果是真的，那大概沒有了。

蘇：所以呢？慾愛是情慾之神阿芙羅狄蒂[105]的兒子，難道祂不是神靈嗎？

費：人們是這麼說的啊。

蘇：但呂西亞斯的言論裡面並不如此認為啊，還有〔242e〕你用我的嘴說出的那篇言論也是，我是被你下了藥才說出這種言論。然而，就如我剛剛說的，慾愛是神，是神聖的東西，祂怎麼能同時又是邪惡的一方[106]？而剛剛針對慾愛的兩篇言論，都將祂以邪惡來呈現。看看，這就是我在慾愛的主題上犯下錯誤的地方。而這兩篇言論中的愚鈍，是城市中常見的愚鈍，因為文明人既不會說些聖潔之語，更不

---

103 伊比庫司（Ibycos）為古希臘西元前六世紀左右的詩人。

104 「不敬」為希臘文asebe的翻譯，asebeia是古希臘社會中非常嚴重的過錯，指的是對神靈不虔誠，在中文的語境中對神明「不敬」是最貼切的翻譯。

105 阿芙羅狄蒂（Aphrodite）是古希臘神話中愛情與慾望的女神，這個字在許多歐洲語言當中存在，用來指性慾相關的詞彙，因此阿芙羅狄蒂所代表的愛情僅限於性慾上的情慾，而非中文語境一般對「愛情」兩字的想像。

106 蘇格拉底在這裡用了一種非常簡化且推論上有瑕疵的方式，來說「慾愛」不應該如前述兩篇言論所言被歸類在惡的一方。原因在於，慾愛是阿芙羅狄蒂女神的兒子，因此也屬於聖靈，既然被尊為聖靈，就不應該直接被歸類到惡的一方，認為慾愛帶來瘋狂因此邪惡。

107 在柏拉圖眼中，善於使用語言技巧的人更知道如何擺弄語言文字來羅織幻象，因此對於語言愈有掌握能力，愈容易重視表象過於實在。這句話展現典型的「蘇格拉底式諷刺」，語句本身有多層次的涵義，因此不能直接把這句話的命題當作蘇格拉底的判斷。

會說實話[107]。他們把自己展現得好像很莊嚴的樣子，好像自己是一回事，〔243a〕好讓他們可以製造些假象來誆騙那些可憐的鄉巴佬，從他們那裡取得聲譽。所以，我認為我必須要淨化自己。有人講述傳奇而犯下過錯，所以需要淨化，荷馬〔對自己的過錯〕絲毫不察，但斯特西克魯斯[108]就意識到自己的過錯。因為他不再只一味地從那些只講述海倫之惡的眼光去看，所以跟荷馬能有不同見解，在繆思女神的啟發下，他終於知道人們為什麼要控訴海倫，因此他接著立刻就創作了這韻文：

史不符實也。
不，你不曾登上甲板，
〔243b〕不，你未曾踏進特洛伊城。

我們稱此文為懺頌[109]，而當他完成這韻文的當下，他就恢復看見整個視野的能力。

而我，我比這些人還聰明，在這點上至少：因為，在我說慾愛之神的壞話要接受懲罰之前，我就先獻上我的懺頌，而且要頭上沒有任何遮蔽和隱藏，雖然我剛剛因為過於羞愧而一直遮蓋著臉面。

費：喔，蘇格拉底，沒什麼比你說的更得我心了。

蘇：〔243c〕費德羅，你聽〔我來說明〕我剛剛發表的跟你卷軸裡那則言論，這兩則言論有何不妥。假設有些很高尚善良的人，而他曾經，或當下，愛著跟他同樣高尚善良的人。如果正如剛剛我們所宣稱，愛戀者一定會為一些很瑣碎的東西展現很強的攻擊性，他們總是妒忌他們所愛的少年，因此不斷對少年造成損害。我假定，這個高尚善良的人聽了可能以為說出這言論的人是水手養大、從來沒有得到過自由人該有的愛的人，而我們大概必須要用盡十八般武藝〔243d〕，才有可能讓他同意我們剛剛對慾愛之神的批評。

費：天吶，這很有可能，蘇格拉底。

---

108 斯特西克魯斯（Stêsikhoros）是西元前五世紀的古希臘詩人。

109 「懺頌」為**palinodie**的翻譯，**palinodie**在古希臘文中指的是作者對先前作品內容做更替而重新創作的作品，**palin**為後方、返回之意，**odie**則是歌曲的意思。在此不採取音譯，而採意譯，因此譯為「懺頌」，強調其懺悔重來之意。後世研究《費德羅篇》時時常用**palinodie**來指蘇格拉底第二言論，因為其第二言論的用途就在於更正第一言論的內容。

蘇：嗯，我在此人面前大概也會充滿羞愧，但我更懼怕慾愛之神祂本尊，所以我將要發表另一個言論，而這言論就如能飲之水一般，得以讓我洗淨我的嘴巴，把剛剛你放到我嘴裡那篇言論殘留下的鹹味洗掉。而至於呂西亞斯，我建議他最好趕快寫一篇言論，說應該要跟有愛之人交往，而非無愛之人。

費：他會的。因為只要你讚頌了愛，我就一定要去逼呂西亞斯〔243e〕就同主題也寫一篇演說來。

蘇：只要你還是你，我在這點上就能完全相信你。

費：那你就放心說吧。

蘇：剛剛跟我說話的年輕男孩到哪裡去了？他一定要聽我的言論，以免他去跟無愛之人交往。

費：他就在你身邊，守著你，每一次你希求他，他就在你左右。

蘇：那麼，我的美孩兒，把下面我說的放在心上：〔244a〕剛剛說的，是費德羅的言論，來自米利諾斯[110]的庇托克斯[111]之子。而接下來我要說的，是司特西克魯斯的言論，來自西梅拉[112]的尤費摹斯[113]之子。言論應該要是這樣說的：剛剛第一個主張「若想要有愛人，那應該選擇無愛戀之情的人來獻媚」並不切合事實，因為此主張強調：愛人者瘋狂，而無愛者明智。如果瘋狂毫無疑問是惡，那麼剛剛我們就講對了。然而，在所有我們被賜予的善之中，最崇高的善就是瘋狂，而瘋狂絕對是神賜予的禮物。

蘇：看看德爾菲神廟跟〔244b〕多多納神廟[114]裡面的女先知們，她們為希臘，尤其是希臘人民帶來這麼多的福祉，而這些都是在她們處於瘋狂狀態下達成的。還有，西碧耶[115]和其他地方的占卜人，也不都是在瘋狂的狀態下受到神靈啟發，才為人預言未來，將人們引上未來的正途？以上這些都只是對所有人早已知曉的事情做個延伸罷了。有件事徹底可以引為見證：在很久以前，當人們要為事物命名的時候，人們完全不覺得瘋狂是一件羞恥的事情，〔244c〕不然他們就不會以此來命名預言這門最美的技藝，將其稱做巫術（manike）[116]。

---

110 米利諾斯（Myrrhinousios）為古希臘地名。

111 庇托克斯（Pythocles），費德羅的父親，歷史上沒有特別留下對於此人的記載。

112 西梅拉（Himera）位於西西里島北岸，為古希臘的一個殖民城市。

113 尤費摹斯（Euphemos），沒有對此人的歷史記載，其子司特西克魯斯的歷史記載就已經非常稀少，因此除了一些著作，沒有太多其人其事的記載。

114 多多納（Dodone）是希臘地名，在希臘西北部伊庇鳩魯（Epicouros）的一處神諭之地，長期是希臘北方的宗教信仰中心。

115 西碧耶（Sibylle）是女性預言占卜師，西碧耶不是神的代言人，通常是年長的女性，以第一人稱發表其預知。

然而，由於人們的稱號，從此之後，瘋狂就成為神聖的一部分，讓人把瘋狂跟神聖聯想在一起。但是我們現在的人毫無美感，所以在這個稱號裡面多加了個T，manike（巫術）就變成了mantike（占卜術）。此外還有那些洞視的藝術，那些從鳥的飛行和其他徵兆裡面尋找對未來世事的認識；這種藝術，需要有思慮輔佐，因此有著人的見解（oiesei）、人的智能（noun）[117]和勘查（historian）[118]的成分在裡面，古時候人們稱此藝術為oionoistike，而現代人稱它做oionistike，〔244d〕以為把O換成W[119]看起來比較莊嚴。所以，不管是因為要至臻完善或更有尊嚴，現代人稱此為oionistike（預言術）或mantike（占卜術），它就只是為命名而命名或為功能而命名，古人可以見證，本來的命名是以其展現的美來命名，而理智的瘋狂，正是從神那裡降臨在人群中的天資。

其二：當疾病與試煉讓大部分的人備受煎熬，擊潰許多家庭，對古代人來說這是神靈震怒的結果，而瘋狂，藉著預言者的天資去啟發該啟發的人，讓人們找到方法來遠離這些煎熬，〔244e〕要人回到對神的祈禱和儀式上。接下來，在淨化與初始的儀式中，被瘋狂碰觸的那些人，不管當下或未來，瘋狂都為那些正確地經歷瘋狂和附身的那些人，找到讓他們從當下惡障中解放的方法[120]。

〔245a〕第三種瘋狂和神靈附身的形式跟繆思女神有關[121]。當繆思女神攫獲一個柔

---

116 柏拉圖在此處的討論搬到中文的語境中，可以相提並論的是「巫」這個字的使用。「巫」，就如同文中討論的「瘋狂」，在今日的語境通常帶有負面意義，而柏拉圖想要用溯源的方式來說明「瘋狂」在最早的時候是被賦予某種神聖、通靈的正面意義，就如同「巫術」曾經也是用來跟神靈溝通的方式。「瘋狂」在此指的就是超出當下理性的理解範圍，在狀態上有斷裂性差異，在古代這種狀態上劇烈的轉換被認為是某種使人能夠暫時接觸到超越、不可知事物的能力所必須經歷的過程，因此祭師或預言者都展現出透過某種狀態轉換，來讓自己接觸到超越本來自己極限的知識。在臺灣文化脈絡中仍然存在這樣的角色，稱作「乩童」。柏拉圖在此並非想要探討各文化信仰當中非理性的一環，而是瘋狂與神聖兩個概念之間被忽略的親近性，因為不管是瘋狂或者神聖，兩者都超越日常理性限度可以理解的範圍，而柏拉圖想要點出的，正是這種超越凡常所需要的動力本身並不理性，但也正因為起始點外於當下理性可理解的範圍之內，才有可能帶來超越當下視界的內容。

117 此處所對應的希臘文為 **noûs**，柏拉圖用此字來指最高級的知性活動，同時有「智性」，使智能得以展現的條件，以及「智能」，即從智性這個官能所展現出來的活動與能力。此處所指為「智能」，指的是人類這種最接近靈魂完美狀態的能力。本文嘗試區分「智性」與「智能」兩個概念，前者對應於英文中 **intellect** 一字，後者對應 **intelligence**，且前者為後者的可能性條件。換句話說，擁有智性就如同擁有眼睛，但所有有眼睛的人卻不一定有相同的視力，就如所有人都有智性，但每個人所展現出的智能確有差異，因此智能障礙並非沒有智性，而是在發展智能上有障礙。

118 「勘查」對應希臘原文中 **historia**（στορία）一字，希臘文字面上的意義就是調查、勘查的意思，在字源上已經設定了這種調查針對的是經驗上的知識和資訊，延伸之後成為今日「歷史」這個字。

119 古希臘文中W為O的長音，在將希臘字母譯為拉丁字母的時候，W都會寫成O加上重音，因此在這裡沒辦法透過拉丁字母看出來此處的修改差異。

120 此處的第二種神聖瘋狂形式是透過某種儀式來淨化、消災解難，有十分明確的目的性，後世研究指出這個瘋狂的類型指的是古希臘社會中獨特存在的某個儀式。

121 第三種類型的瘋狂被稱做「詩狂」，指的是創作者（當時詩與樂並不分離）靈感乍現，創作出超凡的作品。中文語境中所謂「詩性大發」大抵如是。

軟又純淨不染的靈魂時，她喚醒他，將他帶到一個酩酊忘神的境界，讓他以或歌或詩的形式來抒發自己，她以編排數以千計古人的作品來教育後世。而這個不知道自己被繆思攫獲而瘋狂的這個人，來到詩歌面前，以為單憑技藝就能使他成為詩人，這人也不過只能是無才詩人，當他見到那些在瘋狂中寫下的詩篇，就會將自己明智時寫的詩篇銷毀。

〔245b〕這樣你可以看到神所給予的瘋狂帶來多少美好的作品和影響了吧。因此，我們不應該對瘋狂的狀態還存有疑慮，更不應該讓一個想要恫嚇我們的言論困擾我們，反而應該認為比起跟理智的人談愛，更應該接受有熱情的人展現的愛。但我們這番言論，在證明以下這點之前，還不能宣佈勝利，也就是說，神並不是為了讓人們得到利益，而將愛給了愛戀者與戀人[122]。反之，我們應該說，神是為了人們的最大幸福[123]，〔245c〕而給了愛戀者與戀人這樣的瘋狂之愛[124]。這樣的說法也許無法說服那些不相信又固執己見的人，但卻可以說服那些有智慧且有信念的人。所以，首先我們應該要真切地思考靈魂的本然，不管是神的還是在人身上的，都要考慮靈魂的本然[125]及效應[126]。我們論證的演繹就從這點開始。

所有靈魂皆永生[127]。所有永遠在運動狀態者皆永生。（一物的運動）若非是他引動

122 目前對話錄中出現的兩篇對「與愛戀者交往是好或壞」做討論的言論，都將這個問題以「與愛戀者交往是否有利」的角度來檢討這個問題，這點尤其能夠在呂西亞斯的言論當中看出來，他的言論中不僅僅說明與愛戀者交往所帶來的弊端，更強調所有社會關係的經營，都以是否能給自己過去、現在、未來帶來最大利益為基礎，蘇格拉底的第一言論同樣也從結果帶來的負面影響來論證相同論點。在此處蘇格拉底重新探討這個問題，其他方式來檢視稍早所討論「愛是好是壞」這個問題中的「好壞」，而不直接把「好壞」等同於「有用無用」。透過對話錄中的自我反駁與重新提問過程，來展現社會中對一個話題的探討，時常將自己設限在單一面向，比如說「有用與否」上來討論，要能夠有更深入的探討，就必須意識到問題的各種面向，避免將單一面向當作整體問題，以偏概全。

123 從前後兩句能夠觀察到，蘇格拉底在此處想要明確地將「利益」與「幸福」區分成兩個不相等的概念。在柏拉圖的問題脈絡中，利益與幸福之間的關係儘管與道德有關，道德卻非主軸，在古希臘哲學中追求人生幸福是主軸，而德行只是幸福的必要條件，因此跟道德哲學中探討功利主義的提問有所落差。此處不但將幸福與利益分割開來，同時也將幸福與愛關連在一起，換句話說，此處蘇格拉底已經開始鋪陳後面要進行的探討：愛是幸福的必要條件。幸福的問題從蘇格拉底開始成為哲學探討的核心，在蘇格拉底之前，先蘇哲學專注於解釋宇宙生辰與現象，從蘇格拉底開始，把對外搜尋轉為對內往心靈探討，先求認識自己，再去討論認知中的世界。

124 瘋狂的第四種形式就是慾愛之狂，因為對某人或某事物的熱愛而行之瘋狂的狀態，慾愛之狂在後文中被蘇格拉底視為四種瘋狂類型當中最為神聖的類型，因為其他三種的瘋狂狀態所產生的結果，都宛如神靈附身，最後產出非常具體、特定的內容：預言內容、藥到病除、天才詩篇，但慾愛之狂卻是一股強大的動力，但確切將此動力引導往什麼方向發展，卻並非已經訂定的道路。這點在之後會有更多討論。

125 「本然」為古希臘文physis的翻譯。Physis時常被翻譯為自然，但在中文語境中，「自然」這個詞的意義被界定為「未經人為加工的外在環境」，然而physis就如同nature一字，意義較廣，指的是此物創生中最核心、使此物成為此物的部分，因此為了避免中文理解偏差，因此譯為「本然」，指事物之本的狀態。

126 「效應」對應希臘文中ergon一字，此字的意思包含成果、功效的意義，指的是某事物本身運作狀態所造成的結果，在此翻譯為「效應」來強調某事物所展現出來的外在現象。哲學上提到的內涵與外延定義，基本上就是此處「本然」與「效應」的區分方式，內涵定義要找出定義對象內的核心特徵，外延定義用列舉所有展現定義對象的案例來界定，在此處，蘇格拉底在此已經表明要充分理解某個對象，不僅要理解對象本身最核心界定它的元素，也要理解對象所引發、具識別性的外在效應。

其他物，就是他被其他物引發運動。然而，運動終止，就等同於生命的終止。因此，唯有自動者永遠不會〔在動態中〕對自己的動能有所失誤，並且，由於他永遠維持運動的狀態，他就是所有其他物的推動者，更因此是所有運動的源頭[128]與原則[129]。

〔245d〕原則非創生的產物[130]。所有創生而來的事物都必然是從原則創生而來，而原則本身卻不從任何事物創生而來。若是原則本身要從其他事物創生而來，那麼其他事物就不會是從原則創生而來了。然而，由於原則並非創生物，因此他必然也不受衰敗影響。如果原則本身可能殞滅，那麼就沒有任何事物可能被創生出來，既不可能創生出從其他事物而來的原則，也不可能創生出從原則而來的事物[131]，若前提「所有事物依其原則而出現」為真。以上總結：自動者為所有運動的原則[132]。

然而，既然此物不會衰敗也不由創生而來，那麼沒有他，上天所有以至地上所有萬物〔245e〕都將傾頹、止息，而不可能再回到動態，被重新創生出來。這樣我們就證明了，自動者必然不朽，可以不客氣地說這就是靈魂的本然，是他的定義。因為所有物體[133]，只要是從外被引發動作，都毫無生氣，而反之，所有由內自發的行動，都必然有生氣[134]。若是如此，那麼自動者〔246a〕必然是靈魂，而

靈魂必然非創生之物，且永垂不朽。

127「靈魂永生」是柏拉圖哲學中非常核心的理論。「靈魂」這個概念除了是柏拉圖宇宙論的核心思想，用來解釋整個宇宙的組成與運行之外，更是解釋所有「生物」行為與行動的關鍵，因此「靈魂」同時也是柏拉圖探討不同生活方式與倫理學基礎不可或缺的概念。《費德羅篇》對「靈魂永生論」提供了非常完整的定義與論證：所有永生之物，都由於他們自我引動的能力，而靈魂正是擁有此能力的自動者。在古代哲學中，之所以會探討靈魂的存在以及其動態，首先是為了回應一個物理問題：在所有觀察到的運動中，似乎有兩種不同類型的運動相互無法化約，一種如石頭滾動或風吹動樹葉，物體的運動明顯由另外一個物體引發；然而有另一種運動，例如想喝水而拿杯子，或者動物因為飢餓而捕食，這個類型的運動看似由內部引發，因此為了解釋從內部引發的這種運動，柏拉圖將這個自動的引動者叫作靈魂。不同於日常語言中對於靈魂的想像，在柏拉圖的思想中，靈魂的討論是為了探討「行動」的可能性基礎，而靈魂永生指的也並不是一個人的意識記憶能夠獨立於身體永遠存在，而是作為啟動物體，使得物體能展現行動的條件。靈魂之所以永生，正是因為他同時作為啟動其他物體與被自己啟動的東西，因此他永遠都在運動狀態中，且永遠可以讓自己維持在運動的狀態中，而當一個物體不再能有任何運動，正是這個物體的生命終結的時候，由於靈魂永遠在運動狀態中，因此靈魂的生命不會有終結的時刻，因此永生。許多譯者將此概念翻譯為「靈魂不滅」或「靈魂不朽」，我譯為「靈魂永生」，原因首先在於希臘文中柏拉圖用的字本身為「不死」之意。再者，柏拉圖在接下來的論證中，使用了「不朽」這個概念來說明靈魂作為所有運動的根本原則，而原則就定義來說外於創生以及衰朽，因此「不朽」是原則的特質，而靈魂是因為他作為運動的原則而間接「不朽」，靈魂本身則因其自我啟動的能力而「永生」。

128「源頭」一字的希臘原文為pégé，最直接的意義是泉源或流水，因此在這裡指的是靈魂為萬物運動的泉源，不斷滋養所有物理或知性運動。

129「原則」在此並不是最完美的翻譯，因為「原則」一詞在中文語境中多被理解為「法則」，但在這裡柏拉圖所用的希臘字arché，同時有「原則」與「起源」的涵義，正如「考古學」（arche-ology）的字根裡就顯示了這是一門研究起源的學科。Arché之所以既是起源也是原則，原因在於對於古希臘人來說，所有事物的出現都依循著某種原則，就如同中文語境中「道」一概念，同時被理解為法則和起源。正由於萬物是依循一原則，而蘊生成我們所理解的樣態，原則就定義來說，就必然是事物的起源。

在靈魂永生的問題上，這樣論證足夠了。而對於靈魂的形象[135]還需要多說一些。如果要討論靈魂是哪一類的東西，那要講的內容既長且神聖得〔超越一般人能理解的範圍〕[136]，但是，如果只是要說靈魂看起來像是哪一類的東西，那就還在人類可能認知的範圍內。所以我們的討論就這樣進行。

靈魂，我們可以將他比喻為由飛馬引領的馬車與車伕[137]。在神的領域裡，馬兒和車伕的品質都是至善至美[138]，但是，〔246b〕在我們這些創造物身上，馬兒和車伕都是混種。第一點，在人類身上，引車的是一對馬；第二點，這兩匹馬，其中一匹至美至善，完全聽從駕車者的指令，稟性純良，而另外一匹卻完全相反[139]。這就是為什麼，對我們人類來說，要做這個掌管馬車的車伕必定困難且徒勞無功[140]。那我們為什麼會稱一個生命同時永生又會死亡呢？這點需要嘗試解釋。所有靈魂都掌管那些沒有生氣的物體[141]，而靈魂逡巡穿梭在整個蒼穹，從一個形體穿到另一個形體[142]。因此，當靈魂處於完美狀態的時候〔246c〕，他有雙翼，在高空飛越且管理整個宇宙。然而，當靈魂失去他的翅膀，他就會下墜直到他抓到一些穩固的東西，當他取得一個屬於地上的身體的時候，他就居住在這個身體裡，而這個身體從此就看起來好像會自己行動一般，身體能夠如此行動都是源自靈魂給他的力量。所

130 創生一字在古希臘文中為genesis，字面上的意義即為蘊生、創造，有別於physis，指的是孕育、生育出的概念。原則不是創生的產物，正因為原則是創生萬物的源頭法則，因此原則不屬於任何創造物。而所有創生的產物，因為他在某個時刻被創生，他就必然衰朽。因此創生與衰頹正是所有物質的存在邏輯。柏拉圖在此解釋，原則之所以為原則，正是因為其作為源頭，不能再後退被一個源頭的源頭創生，因此他非創生產物，而正由於原則非創生物，他也不會衰朽。靈魂因此不只永生，而且不朽。

131 此處的論證看似複雜，其實是翻轉論證用荒謬的推論結果來否證前提。前提為：原則可能殞滅，如果原則可能殞滅，而原則定義上是所有事物以其模樣出現的條件，因此原則殞滅代表所有從原則而來的事物都會消失，因為創造原則不可能從被創造物來，因此若原則是可能殞滅之物，那麼這個從原則而來的整個宇宙存在就會灰飛煙滅。因為推論的結果過於荒謬，因此，原則必然不朽。

132 自動者作為使所有運動得以存在的啟動者，它因此是所有運動的起源原則，所有運動由它蘊生。

133 此處「物體」指的是所有物質存在，在希臘文中用soma（身體）來指稱所有占據空間，自成單位的物質存在稱為物體。

134 「生氣」指的就是有生命的意思，即英文中的animated一意。在柏拉圖的思想中，所有能夠自主行動的物體，都因為有靈魂附著而有生命，因此展現出有生氣的樣子。這個詞中文翻譯難以盡善盡美，我不選擇翻譯成「生命」，免得於「個體在延續時間中延展出的存在」，亦即英文相對應之life，相互混淆，也不選擇「活力」，避免跟「活動力」，對應英文概念中energy，造成混淆。「生氣」是較為理想的翻譯，因為靈魂在古希臘文中最根本的意義與氣息有關，像是吹一口氣讓某事物活過來能夠自己行動一樣，就如同「動畫」在英、法文當中用animation一詞，指的就是讓本來沒有生命的畫面，好像自己動起來、活了過來一樣。

135 「形象」一詞所對應的希臘字為eidos，eidos在各種文字的翻譯當中都造成諸多困擾，因為eidos同時是柏拉圖思想中的核心概念「理型」，但同時字義上卻是個非常常用，意義廣泛的字，因此翻譯上為了理解通順按照不同脈絡來翻譯。Eidos這個字從動詞eido「看見」、「顯現」而來，因此eidos的字義首先是「模樣」，也就是當我們看見某物時，某物是以某個樣子顯現出來的，由這一層意義就衍生出「外型」、「形象」、「形狀」的意義，再繼續抽象，就有了「形式」和「種類」的意義。讀者可能會覺得這些意義之間相差甚遠，但從「模樣」到「形式」或「種類」這些字義，最根本指的都是事物顯現出的固定型態，這個型態進一步讓我們得以進行分門別類，因此同時具有「形式」和「種類」之意。

136 柏拉圖在此處說明了「神話」或「寓言」在對話錄中的功能與作用。針對某些本質性的問題，因為討論過於抽象複雜，超過大部分人的理解範圍，因此與其用論述的方式來讓讀者理解，柏拉圖選擇用圖像的方式來呈現問題，幫助理解，而對話錄當中的神話與寓言，都是透過虛構故事的方式來塑造一個例子幫助理解。此處對神話作用的簡短提點，呼應此對話錄當中第二部分針對修辭的討論，柏拉圖認為修辭如果針對的是每一種智能運作的方式來給予相對應的論證方式就是好的修辭，反之，如果只是想刺激聽者情緒達到說服就只是詭辯。這個部分在後文會有更多討論。

137 靈魂的形象因為過度抽象，因此蘇格拉底在此用一個具體形象來說明靈魂所呈現的樣貌，後世稱為「飛馬車」的神話，將靈魂比喻為由馬和車伕所引導前進的馬車，而馬和車伕象徵的即靈魂內部的驅動力。

138 在「神之靈魂」的討論上，柏拉圖並沒有詳細說明神的靈魂若比喻為飛行的馬車有多少匹馬，只說所有神靈的靈魂之內部組成都是至善至美，在此處做一些補充。柏拉圖之所以將靈魂比喻為飛行馬車，因為馬車由多種力量驅動，在非神聖靈魂中，驅動馬車的力量有三種，而且三者不一定往同一個方向驅動，因此靈魂最終的移動方向就會是三股勢力制衡的結果。在神的領域，思想、意志與行動之間三位一體，換句話說，在思想、或意志想要實現什麼的瞬間，行動就已經被實現，不像在人世間，當我們想到要做什麼，到慾求執行的意志，直到行動實現意志，三者之間從想到實現有一個必然過程，而在過程當中，可能因為特定偏差行動最終就沒有實現。如果「靈魂」在柏拉圖的理論當中只是一股勢力，讓所有動態得以取得實現的可能性，那麼在神聖的領域，換句話說，在靈魂完美的狀態中，這股勢力內部均質，因此在思與行之間沒有任何分別；然而當靈魂不在神聖的領域時，它的構成勢力就因內部歧異，而能夠被分析成三股組成勢力。

139 人類靈魂的三個驅動力即為：馬車伕，亦即智能和理性，負責判斷；良馬，貫徹理性判斷的力量，亦即意志力，和劣馬，追尋歡愉反抗理性判斷的力量。良馬劣馬上的區分剛好對應到蘇格拉底第一言論當中對人行動當中兩種驅動力的討論：一種驅動力追求歡愉，另一種仰慕崇高，前者如劣馬違背理智，後者如良馬遵循理性判斷為善者。

140 正因為人類的靈魂當中所有勢力內部不均質，還可能相互抗衡，因此人類的智能不僅在於判斷，還必須克制、馴服不服從的劣馬，因此每一個行動的實現，都是一場鬥爭的結果。舉例來說，學生想要專心學習，他的智能讓他有能力判斷專心學習是目前最佳選擇，然而同時各種誘惑從食物、睡眠、娛樂各方面都想讓他分心，若今天學生的智能不足以戰勝劣馬的力量，那麼他就會貪睡、貪吃、貪玩，如是等等，最終行為的結果就是他所作所為跟當初的決定相背。若今天學生的智能足以抗衡所有誘惑，那麼他就會專心學習，而在兩個極端當中的所有程度差異，都是一場兩股勢力抗爭的結果。

141「沒有生氣的物體」就如前文所解釋，必須藉由外在給予動力來引發其運動，在此，柏拉圖嘗試說明所有物質形體在沒有靈魂進駐之前，都沒有生氣，就如同石頭一般，需要外力推動才會有動作，而靈魂的功能就在於給予生命力，讓萬物有生氣，因為靈魂是所有運動的原始基礎，因此才在上文被稱做運動原則。由此可見，靈魂在這裡並非一般意義下有人格有個性的靈魂，而只是一股永恆保持動態的能量，當能量附著在某個物體上時，就如同機器被能源發動一樣，讓人看起來好像自己在運作，但實際上仍然憑藉能源才能運動。

142 在這個意義下，靈魂對柏拉圖來說就是所有被稱為「生物」，能自我運作產生動態的物都不可或缺的能量，因為只有靈魂能夠賦予源源不絕引發動能的能力。在此必須時時注意，此處的靈魂是用來解釋宇宙間所有運動的基礎，不管是物理運動還是智能運動；換句話說，靈魂是用來說明運動的起源點為何？如果所有物體都需要其他物體引發動態，那最原始的運動從哪裡來？從這裡可以看到一個物理問題過渡到形上學問題的過程，物理學探討有運動之後的個別運動中，所統整出的規律以尋求法則，但不探討運動本身從何而來，為什麼運動存在；而「靈魂」的提出，就是為了解釋在所有觀察到的物理動態、心理動態、智能動態所展現的所有運動，到底需要什麼樣的條件，能讓運動不斷被展現出來。

143 生物之所以奔向死亡，卻在某種意義上維持永生，原因在於物質的肉體會衰朽崩解，因此肉體會死亡，但曾經賦予肉體生命的靈魂卻維持永生（參見245c開始對靈魂永生的討論）。再次提醒，此處靈魂只是抽象的能量，他不會有任何個性、人格或個體的記憶，靈魂不會擁有其賦予生命對象的記憶。

144「向死生物」這個翻譯實在遠於盡善盡美，這個詞要表達的就是所有生命時間有限、奔向死亡的生命。在此之所以不選擇用「不朽」，如同之前已經解釋過，在概念上「不朽」與「永生」並不能劃上等號；此外，不選擇「凡俗」，因為「凡」所對應的是「聖」，而此處「向死」所對立的是「不死」，而「不死」之物與「神聖」之物的概念也不能直接劃上等號。中文的哲學翻譯書當中常見到將mortal譯為「有死」，我認為此概念不僅在語言上過度西化，意義也不盡正確，因為「向死」這個詞一來較為符合中文語境中可能創造出的詞彙，二者較為精確。將mortal譯為「有死」，是為了跟immortal的譯文「不死」形成對比，然而，中文內，與「不死」字義上鏡射的應是「會死」，只是中文顯得太過口語且突兀。「有死」這個翻譯，完全用西方語言的方式構築詞彙，因為mortal是形容詞就認為所指涉的必定是一個屬性，顯現這個屬性者就擁有這個屬性，因此顯現出死亡的生物就擁有死亡這個性質，因此譯為「有死」。事實上，「死亡」並沒有被當作一個可以擁有或不擁有的屬性，因此「有死」這個定義並不精確，而「向死」則強調奔向以才會推論出，被創造的生物既奔向死亡但又同時永生[143]。因此被我們稱為「向死生物」[144]，就是一個身體與一個靈魂結合在一起[145]，而永生物[146]〔246d〕，這點沒有任何言論可以理性論證[147]，因為我們既沒有感知，也無法擁有足夠的思考，所以只能勉強投射出一個神聖的形象：也就是一個永生的生命，既有靈魂又有身體，兩者自然而然永遠結合在一起。然而其實在這點上，我們所講的都只是一些讚美神靈的話。現在，我們要瞭解為什麼靈魂會失去翅膀，又為什麼會墜落。以下是一些可能的理由。

翅膀的存在，是為了承載重物將之上提，一直提升到神靈居住的高度。翅膀，因此大概是整個物體世界裡面最接近聖靈的實在[148]。然而，所有聖靈都是華美、有智慧、且良善的〔246e〕，而且擁有所有屬於美善類的性質。因此，這些美好良善的性質是養育翅膀最好的糧食，反之，醜陋、邪惡和所有相反於前者的性質，都會降格且摧毀所有帶著雙翼的那些存在[149]。

看看那掌管整個蒼穹的宙斯[150]，祂駕著祂的馬車馳騁在天空上，看著世界萬物且使得萬物井然有序。在祂之後，整個神與靈的軍團，分別管轄十一個轄區〔247a〕，而赫斯緹雅[151]獨自留守在神靈的正中央。而其他的神靈以十二為屬，被編死亡，因此這類生物從出生就開始奔向死亡，而其對立的概念也不譯為「不死」，而譯為「永生」，強調「向死」與「永生」概念上而非字面上的對立。在這些考慮下，我將此概念譯為「向死生物」，突顯當中「死」與「生」的關係。

145 柏拉圖對生物的定義，就是靈魂加上其所附著的身體。

146 「永生物」這個翻譯也不盡完美，在此我堅持要用「生物」這個詞，而不用「存在」，因為兩者概念不同，因此並非所有存在都是生物，而此處的討論重點是「生物」的定義。這個詞所指涉的概念十分奇怪，物體同時被定義為生物，因此是靈魂加上身體，但同時靈魂跟身體的結合體卻永不分離，因此身體不會有哪一天失去動能而不再有生氣。

147 正是因為「永生物」這個概念十分迥異，蘇格拉底在此處說明這種生物根本沒有任何言論可以論證，因為只是理性推理上將永生與向死的概念放到生物上，既然有向死生物，而向死生物是靈魂跟完美程度很低的物體結合的後果，那麼理論上應該有完美程度超越向死生物的生活方式。在此必須澄清，生物一詞當中所指的「生命」一詞，並非今日有機物活體的意義，而是如前文當中，以能夠自體運作的能力來界定生命。

148 在此必須再次提醒讀者，從將靈魂比喻為會飛的馬車開始，對話錄進入用象徵手法進行討論與說明的狀態，因此對文章的理解不能停留在字面第一層指涉所給的意義。

149 此處涉及簡單理念上的分類，翅膀能夠承載重物向上，因此使得上升與墜落成為主要的運動差異，而此處的上升與墜落指涉的正是靈魂自我提升或自甘墮落的變化，而非物理位置上的移動。翅膀的提升或墮落取決於滋潤他的糧食美善或者劣質，既然靈魂本身在最純粹的狀態時與聖靈同類，而聖靈之所以為聖，正因為祂集中了所有優點，而跟聖靈相反的就是其所有優點的反面。此處，就如同對話錄許多段落，柏拉圖都安排了這樣的段落讓讀者反思，被我們稱為「神靈」的對象，因為這些對象本身體現「神靈」的概念，而「神靈」的概念就定義來說，即是所有正面價值完美境界的集合，跟所有卑劣醜惡的性質應該要劃清界線，在這個意義上，去虛構神靈犯錯或醜陋，等同於說「美很醜」、「善很惡」這類的矛盾。在前文中對於慾愛（**eros**）由於是神靈，而不可能是惡果的根源，用此來駁斥呂西亞斯和蘇格拉底自己第一則言論，這個思維方式與此處相同。簡言之，以良善滋養雙翼，靈魂則為清輕者，向上提升；以良善程度較低的糧食餵養雙翼，那麼雙翼就受損而往下沉淪，隨著糧食的品質愈低，雙翼受損程度愈重，直到消失墜地。此處有一個簡單的理念，我們滋養自己的對象，將透過消化而成為我們的一部分，因此糧食（不管精神上或物質上）的品質就決定了我們自己的品質，簡單舉例，若所見所聞皆是真假不分，那麼要成為一個有正知正念者就十分困難。

排在這個領導線上，每一個人都職守自己的崗位[152]。這是多麼精彩、多樣又美麗的畫面：這些所有神靈以畫同心圓的方式在宇宙中循環演進，每個出生良好的神靈都克盡己力，完滿自己被分配到的工作，而每個神靈身後都跟著那些想要追尋祂們，且有能力跟隨祂們的其他神靈，因為神靈的心中容不下「妒忌」[153]，〔因此沒有爭相跟隨的狀況〕。

然而，每當祂們參加一期一度的眾神宴[154]，〔247b〕祂們都會上升到蒼穹內緣的邊界[155]，在這個攀升的過程中，神靈們的馬車都平穩且容易駕駛[156]，因此很容易就能前進；然而其他靈魔[157]的馬車就前進地萬分辛苦，因為祂們的馬都長著腫瘤，使得馬車沉重無比，並不斷將馬車拉向凡塵，讓馴服能力較差的馬伕更加吃力[158]。在這個上升的過程中，靈魂面對他最高尚的挑戰與歷練。當靈魂達到天庭之際，那麼這些個本就永生的靈魂，就進入蒼穹的外庭〔247c〕，在蒼穹之脊上停歇。從此之後就只需要被圓周運動所承載著前進，一邊冥思[159]著那些外於蒼穹之存有。

這個在蒼穹之外的地方，從來沒有任何這個世間的詩人歌頌過它的榮耀，也沒有任何歌頌能夠配得上它。如果眼下有個機會要我們必須要說實話，那我們這不正是在講述真理嗎？那些無色無形智性的存有[160]都是最真實的存在[161]，這些存有只

150 宙斯，古希臘神話當中統領宇宙最高至上的神。古希臘的神祇跟民間信仰中的神祇有些類似，神靈之間有地位層級之分，掌管的領域也有所不同。在此處蘇格拉底講述的就是以宙斯為眾神之首，總共十二個主要掌管宇宙各方面的神祇。此文中將十二神祇描述得像是行星運行，以同心圓的方式排開各自運行。這樣的概念被歷史學家證實，大概是在柏拉圖之後，才開始用星象學的原則來描述神祇，而「十二神祇」的討論方式也大概是從柏拉圖的時代開始出現。

151 赫斯緹雅（Hestia）是家戶之神，在此處這個女神是十二神祇同心圓運動的軸心，在正當中維持不動，作為整個宇宙的參照點。

152 由此可見，「十二神祇」並非代表古希臘神話當中只有十二個神靈，而是其中有十二個負責統領各自領域，其他神靈被分派在這十二個領域當中。從此處的希臘文，根據布里松（L. Brisson）的研究，柏拉圖用了許多軍事字彙，來描寫神靈的部屬與層級分配。（法文版註183）

153 在神靈之界，這個象徵手法嘗試將所有的可能存有，分成那些純粹毫無雜染、清輕上行的，跟其他混雜而不純粹的存有，前者象徵為神靈，後者則是所有奔向死亡的存在。既然概念上的區分在於構成內容純粹或雜染，在純粹神聖的概念中就容不下「妒忌」的概念，因為「妒忌」定義上代表著嫉妒他人者，想要別人擁有、自己卻尚未擁有的東西，神靈不可能嫉妒，並非只是因為神靈有德行，而是因為神靈就定義來說能夠實現所有其意向所指的東西，而祂沒有的性質是祂不想要的，自然就不會擁有，更不會嫉妒。正是因為在神靈之界沒有妒忌，所有神靈的運行方式，都是按照本性中所定義出的本分，因此眾神的運行在古希臘思想當中永遠是和諧、穩定、永恆的，而這種運行方式最接近的運動就是無始無終的迴圈運動。

154 眾神宴在此處柏拉圖想要用來說明的神話裡有很重要的功能，但眾神宴並不是實際上存在希臘神話或習俗傳說。柏拉圖需要讓蘇格拉底講神話的時候討論到眾神宴，因為「饗宴」是集會會飲暢談的場合，因此是正是靈魂汲取最適切養分的場合，因此所有靈魂都會盡全力讓自己參與眾神宴。

155 眾神宴的地點在蒼穹的背脊上，剛剛好在整個奔向死亡的世界與永生界的邊界上。神話此處想要用象徵說明的是，靈魂作為唯一能夠在兩個界域穿梭的界質，但最屬於它的狀態屬於神靈的界域，然而由於靈魂關照所有物質體，因此靈魂多半的時間都處於混雜在其他物當中的狀態，而無法停留在神靈的界域，但是所有靈魂都具備足夠的潛能上升到蒼穹之脊。再進一步說明，因為有自動能力而成為所有動態之原則的靈魂，它的自動能力所體現出來的運動並非任何物理運動，而是知性運動。簡單來說，柏拉圖認為任何物理運動的出現，都需要由外力啟動，因此自動者必然是知性運動，換句話說，靈魂的動態就是思想的所有形式。既然靈魂所展現出的所有動態都屬於思想活動，而思想又必然有內容（想著什麼），在哲學上稱此為「意向性」（intentionality），因此思想的內容，或者思想活動的對象，就是此處靈魂的食糧。當靈魂思考的內容愈純粹，那麼他的糧食就愈美善，他的翅膀就愈輕盈，反之，若靈魂的思想活動總是停留在各人意見、感覺、似是而非的內容，那麼翅膀就因為糧食的品質不佳而營養不良，無法承載重物因此沉淪。

156 前文蘇格拉底就已經說過，神靈的靈魂出身良好，內部沒有多股力量相衝突，因此行動自如，想到哪就立即到哪裡。在此神聖馬車同樣也是用象徵手法來說明一般生物的智能有限，而完美的智能內部是沒有任何矛盾衝突，因此思想、行動與意志之間沒有任何隔閡，所想所願會立即實現。

157 靈魔（daimon）在希臘文指的是靈體存在，卻不享有跟神一樣的地位，因此通常指的是古希臘信仰中的各類靈，展現各種不同魔力，好比說自然界的力量，因此譯為「靈魔」。

158 至於離開神聖領域的靈魂，就如前文所言由一個車伕與兩匹馬來引領前進，之所以馬車有三個前進要素，就是因為這類的靈魂內部有三股勢力，有負責判斷的力、服從貫徹的意志力，以及受歡愉誘惑的貪慾。因此在馬車行進時，即便車伕給了對的方向，用盡全力引導馬車朝向眾神宴前進，不受控的貪慾也會一直想要追求立即的享受而將馬車拉往凡塵，好去消費一些簡單快速的歡愉。然而，馬車在三股力量拉扯下，最終的行進方向仍然全權由車伕負責，也就是理智的部分，因為靈魂的理智不僅負責判斷，還負責管束其他兩股力量，在此「馴服能力較差」的車伕指的就是理智的能力較差，因此較難約束慾望。由此可見，對柏拉圖來說，只要靈魂還擁有智能的部分（植物對柏拉圖來說，就是儘管擁有靈魂，智能的部分卻已經毫無作用了），智能的部分對於靈魂所展現出的行動負起全部的責任。這個段落非常清楚呈現在哲學史上稱作「倫理學主智主義」（Intellectualism）的源頭。主智主義的特色在於主張「知行合一」，由於行為的掌控完全由智能負責，因此「知道什麼是善就必然為善，不為善就代表對善的所知有所瑕疵」，正確的知識不僅蘊含了正確的判斷（判斷哪種行為為善），更蘊含正確引導不受慾望誘惑的能力，如果知識足夠通徹明瞭，其正知正念的優位性之於慾望對象高下立判。「知行合一」的想法時常被認為過度嚴苛，過度理想，然而對柏拉圖來說，他不但不認為正確的知識「必然」引發正當的行為，更強調對於凡俗靈魂每一個行動都是一場搏鬥的結果，因為墜落凡塵的靈魂受到慾望與表象干擾，正知正念與義行都必須經歷掙扎與煎熬才有可能實現。

159 「冥思」即希臘文的動詞theoreo，亦即theory的字根。在此指涉的並非極具主動性的「思考」，而是智能在某種境界下，某些意念突然了然於胸的過程。由於「天庭之外」象徵超越且脫離智性的日常狀態，在這個界域中，智性所接觸到的是最完美的智能運作時最純粹的結晶，這些結晶超越智性在日常狀態所能觸及的範圍，因此不能透過主動的思考觸及，而是智能在孕育出適合的溫床，提供足夠條件之後，被動「悟道」本來凡俗狀態不具有的理念。而這些在天庭之外，我解釋為完美智能的結晶，就是柏拉圖稱為「理型」的概念。

160 「無色無形的存有」在此指的就是「理型」，因為「理型」既然是完美思緒的結晶，沒有任何外表與內涵的區隔或差異，「無色無形」因為「理型」除了理型的內涵沒有任何其他性質，同時也因為「理型」不是具體的存在，無法被感官捕捉，只能透過智能在艱難的沉思過程後才有可能觸及。（請參見導論第85頁）

161 「最真實的存在」（to on ontos），此處柏拉圖指的是「理型」所結構出的智性實在，對應柏拉圖哲學當中對於「智性之域」與「感性之域」區分中的「智性之域」。這裡的詞彙與概念都相當複雜，我嘗試一一解釋清楚。對於柏拉圖來說，只有「智性之域」的實在是真正真實且完美的實在，「真實」因為在「智性之域」沒有「表象」與「實在」的區隔，只有「實在」；「完美」因為「智性之域」是所有「圓滿」且「完結」的實在，不像是「感性之域」還會不斷變幻萬千。「智性之域」也被譯為「理想世界」，我認為完全是錯誤翻譯。近年所有語言的譯本都重新檢討過這個翻譯，多數譯本中翻譯為「世界」（world），預設其是一個地理存在，然而在柏拉圖的用字裡面，並沒有指涉這是個地理上真實的存在，因此譯文選擇「域」來指涉一個不必然有具體存在的範圍。「智性之域」並非指涉思想的領域，因為思想包含純粹的基本構成，也包含混雜感覺的思緒。「智性之域」所指的是完美智能所展現思緒整體，而這個思緒整體就如同由「節點」所張出的網，這些「節點」就像「結晶」一般，要張出這面網必須有的結構支撐點，而網就是「節點」間的特定關係的張力所構成。這些「節點」就是「理型」，「理型」所張出的網域就是「智性之域」，裡面包含使得任何思緒可能出現的最基礎、純粹的參照點。舉例來說，「善」對柏拉圖來說，是所有理型中最重要的一個，一般日常狀態所有人都有跟「善」相關的念頭或想像，這些念頭或想像參雜眾多其他思緒，例如「好脾氣」、「溫和」、「親切」這些跟「善」本身並不相等的念頭，但要有衍生出得這些念頭，思緒當中又必須有「善」的理念作為「正向」價值的基礎，因此在「智性之域」中，「善」就是整個結構上不可或缺的「節點」，只有在它的支撐下，才有其他正向價值的思緒能夠混雜在一起體現在「感性之域」當中。

162 柏拉圖不只一次在對話錄中說明，「理型」才是真知的對象。然而，「真知」的概念跟當代社會的知識概念已經有很大的差異，所以特別寫作「真知」來指涉柏拉圖眼中純粹、不承受世事變化衝擊的智能成果，跟今日「知識」所指「有基礎、相對穩定且有共識」的思想成果不同，現代意義下的知識在柏拉圖的思想當中會被歸類為「意見」（doxa），也就是如前所述的社會中集體共同認為真實的思想結論。

能透過智性思考才能碰觸到他們，由於智性思考是由靈魂來引導的活動，而這些〔247d〕占據在蒼穹外庭上的存有則是真實的認知對象[162]。接下來，一個聖靈的思想，是透過智性與毫無雜染的知識來餵養，就跟其他所有憂慮著要餵養自己思想的靈魂一樣。思想在如此的餵養下綻放，而當思想擁抱真實的實在一段時間後，他將在自己沉思真理的活動中找到滋養與美味，直到圓周運動將他帶回起點[163]。然而在整個圓周運動的時間之內，他沉思的是正義等的核心、智慧、真知[164]，而不是那些無常變幻的物，更不是那些在我們現有存在被當作實在〔247e〕，卻仍不斷變幻的事物[165]。而當靈魂沉思到這些最真實的存在〔理型〕時，便因滿足而返回到天庭的內緣[166]，回到他本來居住的地方。當他們回來的時候，馬伕就必須將馬兒帶到馬槽前去，添補上給神靈的食物，然後給馬兒飲甘露。

〔248a〕以上就是神靈們的生活方式。至於其他靈魂，最好的那個靈魂跟隨與自己形象最為相似的神靈[167]，靈魂帶領著車伕上升直至天庭外緣，由於他曾幾何時已經習得圓周運動，但因為他的馬過於喧鬧，讓他無法將雙眼專注在真實的實在上[168]。因此，這個靈魂有時仰望，有時又低頭向下沉淪，這都是因為他的馬兒干擾所致。所以他能環抱某些實在，某些其他的實在就沒能力認識。而剩下的那些

163 前面有說明過，在古希臘思想中最完美的運動是迴圈，因此在進入天庭之外後，被乘載著去冥思每個理型也是一個迴圈運動，在冥思過所有理型之後，返回天庭之內。然而，天庭之外屬於「永恆」(eternal)界域，不同於「永生」是個延綿不斷、沒有終點的概念，「永恆」是個連時間都被排除在外的概念，因此進入天庭外這個迴圈運動理論上是剎那間完成運動，而沒有時間上的延展。

164 此處重新強調在天庭之外靈魂所汲取的是「理型」，也就是所有思緒最純粹的核心，也是智慧與真知的源頭，因此靈魂所習得的是「正義」、「善」、「美」等等的核心。「真知」在此為古希臘文中的 **episteme**，時常被翻譯為「科學」，因為這個詞所指涉的是最為真實不二的知識，如前所述跟現代的「知識」或「科學」意義相差甚遠，因此譯為「真知」。

165 從這裡可以確定，「智性之域」與「感性之域」的關鍵差別在於是否承受「變化」，「智性之域」永恆不承受任何變異，純粹沒有任何分歧或多意，而「感性之域」則是變幻萬千，不僅因時而易，更因人而易、因境而易、因情而易……等。

166 所有的靈魂不會永遠停留在「智性之域」，原因在於「靈魂」的定義與其本性就是「動態」，以及創生更多「動態」，因此靈魂的存在形式就是悠遊在各種形體之間，讓形體取得動能產生由內而發的行動能力。這也是為何柏拉圖在多個對話錄當中，不斷強調「靈魂」的慣常狀態離「智性之域」十分遙遠，靈魂只是有潛能到達「智性之域」，若沒有任何努力與堅持，靈魂慣常狀態就是在表象、偏見與慾望的拉扯間。

167 這個象徵環節不斷出現在本對話錄當中，蘇格拉底多次表明靈魂跟隨與自己相似、卻較為崇高且完美的靈魂運行，用比較簡單的方式說明，各個靈魂受到的吸引，有所不同，有些崇尚正義、有些崇尚善、有些崇尚工藝，如是等等，靈魂之所以受到不同對象吸引，正是因為自己想要成為的模樣與吸引自己的對象相似，換句話說，靈魂與吸引自己的對象相似，只是相似之處尚未為完全實現。在這個意義下，靈魂跟隨與自己形象最相近的神靈，同時因為與其習氣相近，而此相近則是因為心之所向相同，心之所向則回過來說明為何靈魂會受到特定對象吸引。簡單來說，我們想要的東西通常都是我們仰慕對象所蘊含的元素，因為想要，所以這些元素就會回過來成為吸引我們的東西，若我們有能力既判斷什麼對象才是真正吸引自己的方向，而且有能力不受外力誘惑朝此方向前進，最後我們就會成為一開始仰慕對象的樣子。

168 從蘇格拉底此處的象徵寓言中可以看到，柏拉圖所構想的存有，是依照智能運行的完美程度區分出一系列層級的存在。最完美的那些能夠達到天庭之外，而剩下的那些只能各自追隨自己欣賞的神祇，一邊受著慾望與表象的干擾，一邊期望跟上這些完美的靈魂，因為天生不足後天失調，這些不完美的靈魂最好的狀靈魂，儘管每個靈魂都受到啟發想要向上，也嘗試追尋，但卻因有心無力而每每繼續深陷在自己的運轉軌道上，儘管他們都不斷嘗試擾動且翻動〔248b〕，每個靈魂都想要超越其他靈魂。不管是噪音、競爭或強行爭取，由於馬車隊本身天生不足、後天失調[169]，許多靈魂都有所殘缺，眼見他們的羽毛嚴重受損。但總而言之，所有靈魂，由於疲憊積累，最後只能離蒼穹頂端愈來愈遠，而無法起步沉思真實實在，而當他們遠離真實實在的認識，就只能把對實在的意見[170]當作養分填補。至於何必為了看一眼「真理之原」[171]而花費這麼大力氣？因為真理之原才能稱得上靈魂內部最好那一部分所希冀的〔糧草〕，而靈魂的翅膀，〔248c〕其輕盈與否也取決於滋養他的糧食。

阿德拉斯提雅[172]對此有旨。所有伴隨神靈的靈魂，都會知曉某些真理，直到運轉到下一輪〔眾神宴〕的時候，那些有能力、持續進取的靈魂，就能夠保持無損，但若是下一輪的時候沒能力跟上神靈的運行，就無法再繼續取得真知，而之前所學習到的真理也會遭到遺忘[173]剝奪殆盡，漸漸開始充斥醜陋與扭曲〔的實在〕[174]。靈魂因此開始變得沉重，羽毛開始掉落，最終墜落地面。依照規則，靈魂在第一次輪迴[175]的時候〔248d〕，不能隨便附著到野獸身上，而那些本來知曉最多真理的靈魂，〔墜態也只能冥思到一部分的理型。由此可見，柏拉圖認為人類的靈魂永遠不可能有窮盡知識的時候，儘管人類的智能能夠不斷地有新成果，但由於種種條件限制及存在狀態，人類的智慧永遠不會有完結窮盡的一天。

169 前面解釋過完美的靈魂之間沒有忌妒與競爭，因為思想、意志與行動之間三者合一，然而，在不完美的靈魂之間，就會因為想要得到跟確切得到的有落差，而有相互競爭、爭奪的狀態。

170 「意見」（doxa）在前文已經說明過，即是「看起來如何」，因此屬於「表象」。然而，「表象」在柏拉圖的思想當中也有一系列不同層級的結果，「意見」儘管屬於實在的表象，卻可能擷取真實的某些面向，因此可能有「真實意見」與「錯誤意見」，「真實意見」等於反映出真實的某個片面結論，而在一系列不同程度的表象當中，離真實最遠的就是無中生有的「幻象」，對真實不僅是內容上更是結構上扭曲。寓言在此處用了視覺當作比喻，當不完美的靈魂沒有能力駕馭馬車跟上神靈，隨著馬車離真實的實在漸行漸遠，這些靈魂所能冥思的對象就只剩下實在「看起來的樣子」，也就是「意見」。

171 「真理之原」（to aletheias），希臘文字面直譯為「那個真理的地方」，此處譯為「真理之原」，好跟之後馬吃糧草的比喻做對應。在此用象徵的手法來說「智性之域」裡面散佈各處的「理型」，因為「理型」是真理的參照點，因此將「智性之域」比喻為「真理之原」。

172 阿德拉斯提雅（Adrastia），希臘神話中的神靈，為「不可抗拒」之意，意即「命運」。根據法文譯者的註解，在《理想國篇》中第五書，阿德拉斯提雅是涅墨西斯（Nemesis）的小名，而涅墨西斯則是復仇女神，為所有人帶來應得的遭遇。布里松認為藉由這一點能夠建立《費德羅篇》此處跟《理想國篇》中厄爾神話之間的關連。在《理想國》第十書中，出現厄爾神話描述厄爾死後還魂，向世人講述靈魂的各種樣態。柏拉圖在此特定提及阿德拉斯提雅（命運），為了接下來說明靈魂的各種型態所體現的各種命運。

173 「遺忘」（lethe）正是肉體對智能所產生的限制之一，在此處的遺忘指的並不是靈魂會遺忘「前世今生」的記憶，就如前文解釋，個體的記憶會隨著肉體的消逝而消失，因此靈魂層次上的遺忘指的是靈魂本身曾經在冥思中得到的知識，會因為久居肉體，接觸的資訊都變成必須透過肉體得來的「感知」或「判斷」，因此將生活處境中最常接觸的實在當成真正的實在，而遺忘了真實實在並非感官直接被動感知的實在。因此此處的「遺忘」是存有層次的遺忘，而非具體存在於生命中，因為時間與肉體記憶有限的關係而出現的遺忘。

174 承接上述，在靈魂遺忘「智性之域」所展現真實的實在，而習慣以肉體所接觸的表象當成實在，甚至將透過中介再現出來的表象（例如透過語言所講述的經驗、圖畫等，都是一種再現的方式）這種經過二度折射的實在當作唯一的實在，這時，柏拉圖認為我們滋養靈魂的就是較為醜陋，甚至扭曲的思想。

落時」化為孕育人的種子，培育出那些受智慧吸引[176]、受美吸引、受繆思女神或慾愛之神啟發的人（哲學家）；而到了第二輪，靈魂所播種的對象，將孕育出受秩序吸引的國王、戰士和領導者；在第三輪，則會孕育出政治家、管理者或喜好錢財的人；第四輪，喜好體能活動、重視訓練或保養身體的人；〔248e〕第五輪，那些以預言維生，或從事預言的人；第六輪，詩人，以及所有玩弄擬象[177]的人；第七輪，所有從事工藝、農業者；第八輪，辯士與煽動者[178]；第九輪，暴君[179]。

在所有這些輪迴裡面，那些行事合乎正義的人，獲得較好的靈魂[180]，反之，那些以不正義過一生的人，就會拿到更低等的靈魂。由於每一個靈魂要在無數年之後才可能返回初始點，而在這段時間之前，靈魂無法取得翅膀〔249a〕，除了那些熱愛智慧或那些引領孩子去熱愛智慧的人，他們只需要輪迴三回一千年，這樣的靈魂，如果連續三千年都選擇追隨這種生活方式，他們的靈魂就會長出翅膀，逃過剩下在地表人間的輪迴[181]。至於其他靈魂，在每一次生命盡頭的時候，就必須要接受審判。審判過後，某些靈魂必須到監獄裡思過，因此墜入地底，某些靈魂則上升跟其他星宿一同運行，〔249b〕又或者在人世間用人的形象過一個值得過的生活。而千年之後，這些所有靈魂又重新回來分發一遍，每個靈魂可以選擇自這個段落也許是整篇《費德羅篇》當中最神祕且難以分析的段落。蘇格拉底在此說了靈魂轉世輪迴的故事，而且很詳細地說在靈魂墜地之後的第一次輪迴，因為保有最多對真知的回憶，所以會孕育出哲學家，之後如果繼續退步就會成為其他人，如此發展出總共有九種人的輪迴體系。而在此九種人的輪迴之後，想當然耳就會接著成為動物、植物等等那些肉體限制愈來愈高的生物。

175 在此處必須再次提醒讀者柏拉圖慣用的象徵手法，由於通篇對靈魂的描述都是神話，而非論述，因此此處的靈魂輪迴轉世，也需要脫離字面講述意義，重新建構柏拉圖可能要傳達的訊息。此段落中，靈魂投胎播下什麼種子，仰賴的區分方式在於靈魂「回憶」起真實在的能力，因此重點不在於什麼人天生有什麼能力，而在於某些人在生命中展現出了某些特質，依據這些特質，我們區分出九種不同的「生活方式」，而我們用「哲學家」、「國王」、「政治家」等等來「命名」這九種不同的生活方式。由於柏拉圖在此沒有詳細說明或多加描寫，因此我依照柏拉圖前後探討所涉及的思想，來重建出這個段落的詮釋。讀者若留心柏拉圖對文句的安排，會發現每一種人的關鍵差異在於他們受不同對象吸引，哲學家受知識、美、繆思吸引，國王或領導者受秩序吸引，政治家受到物質的分配吸引，如是等等。這九種不同的生活方式，分別代表了生命中所求的九個類型，而不同類型的人因為受不同對象吸引，而引導自己的行動去追隨這些對象，最終實現不同的生活方式。因此，神話不在於說某些人天生就要當哲學家，而是某些靈魂受到智慧吸引，當靈魂在生命中不斷去追求智慧不怠，那麼它最終展現出被命名為「哲學家」的「生活方式」，以此類推其他。

176 此處將「哲學家」放在括號當中，因為儘管希臘原文當中用的是後世譯為「哲學家」的philosophos一詞，在此處指涉的卻並非「哲學家」這個稱號，而是「愛慕智慧的人」。古希臘文中時常出現這種合併字，就像前文中形容費德羅為愛慕言論的人，其所對應的希臘文即philologos。

177 「擬象」（mimesis）指的是透過某種媒介來製造與實在相似的幻象，在英文中所對應的是simulacre，詩人之所以被放在同一個分類，因為對柏拉圖來說，詩人透過文字所投射的影像來彰顯真理的特定面向，因此詩作或者畫作所創造出來的都是「擬象」，用特定的角度來觀看實在。「擬象」與「實在」之間的相似性不一定是表面上的，對柏拉圖來說，更不在於跟感官所捕捉的實在之間的相似性。

178 「辯士」（sophistes）指的是「看似有智慧的人」，言下之意即這些人只是表面上看起來有智慧，實則不然。「辯士」是古希臘社會中很特殊的產物，指那些對什麼主題都能提出長篇大論，要人付錢來跟他學習，不管是辯論的技巧，還是泛泛沒有特定領域可以透過口頭傳授的技能。柏拉圖將這些人定義為「透過語己的第二世要去哪裡。從這裡開始，附著在人類身上的靈魂，就可能到野獸的身上去，或者相反，那些被附著成為野獸的靈魂，重新回到人類的軀殼裡。不管如何，那些從未見過真理的靈魂，是不可能以人類的形式存在的[182]。

人應該要用理性[183]的方式觸及理型[184]，從感官接收的紛雜訊息中，用理性能力掌握單一整體[185]。〔249c〕這就是回憶[186]，我們每個人身上的靈魂在其伴隨神靈的時候從高處眺望，認識我們眼下稱為存有的那些東西，而他仰望且冥思那些真實的存在。這就是為什麼，唯一能夠長出翅膀的靈魂，是承載哲學家思想的靈魂，這完全符合正義。因為這種靠自己的力量讓自己永遠掌握回憶的能力，正是使得神靈得以是神的原因。由此來說，有能力用正確方法進行回憶，圓滿他最終應該圓滿的，才是唯一至臻完滿的人[187]。然而，這樣的人不掛懷人間世俗之物〔249d〕，追求趨近神聖，因此在許多人心中，這樣的人有違常態[188]，殊不知這樣的人才是有神靈加持[189]。

以上正是第四種瘋狂要論說的重點：在這種狀態裡面，靈魂的雙眼仰望注視著美，且回憶著真實（的美）[190]，靈魂因此長出了翅膀，而且一旦有了翅膀，就會有股慾望要我們翱翔不停歇。就如同鳥兒一般，眼光向高遠的地方看，因此輕忽言創造幻象來說服聽眾的人」，因此辯士與詩人之間的差別在於，詩人所創造的是「擬象」，某種程度上忠實地反映實在，但辯士透過語言創造的卻是「幻象」，用扭曲的方式反映實在，以此從中得利。

179「暴君」在這裡指的不是一個頭銜，而是有特定行事方式的人。「暴君」在此指的是任性只按自己好惡行事，完全依據自己慾望而活的人。暴君被放在最底層，並非先對暴君所有的道德判斷的結果，而是他引導自己行動的驅動力，離靈魂本來的狀態最遠，也是藉著「暴君」的生活方式相對於其他形式的排序，讓我得以重新找到這九種生活方式的分類方式。

若讀者還記得，前文中蘇格拉底說明了靈魂的三股勢力：智能、意志力與慾望，智能下判斷（車伕）、認識真理與智慧，意志力執行命令（良馬），而慾望則傾向去消費立即的歡愉貪圖享樂（劣馬）。這九種生活方式的差別就是引領生命的主要勢力，受智慧吸引的人若其引領生活的方式以智能為主導，就成了稱作哲學家的生活方式。從國王以降，從第二輪到第七輪都跟「秩序」有關，所對應的就是遵照規則的意志力作為主導：第二到第四在於要所掌控對象服從特定秩序，因此國王在城邦中體現秩序、政治家在物質分配中要求秩序、運動員在自己的身體上展現特定秩序；而第五到第八則是依照特定秩序或法則來製造對象，例如預言者依照特定秩序傳達神的旨意、詩人依照語言內的秩序創造詩作、工匠或農人依照物或自然法則製造或孕育出產品、最後辯士則是透過扭曲實在的秩序來創造幻象。第九種，暴君，以自己的慾望作為行為主導，理智已經完全喪失對行為的約束能力，因此離靈魂本來的狀態最遠。請參見132頁圖表對九種生活方式的整理。

180此段落文字不斷讓人會有輪迴轉世因果報應的錯覺，先不討論柏拉圖是否真的相信且想表達某種業果理論，「行事合乎正義」就已經預設了對正義的認知與遵守，兩者涉及的是智能與意志力這兩部分的能力，也就是說這樣靈魂的車伕和良馬都有能力讓自己的行為不偏離正軌，因此靈魂在展現這種生活方式之後，不會因為智能與意志力削弱而變得醜惡低劣。反之，如果靈魂在生命中的智能，總是沒有足夠力量做出好的判斷以對抗慾望和誘惑，最終讓慾望主導人生中的選擇，這樣的生活方式讓智能與意志力形同虛設，愈不使用就愈退化，因此只可能繼續向下沉淪。

181神話至此描述了靈魂總體的運動，儘管在不同生活方式之間輪迴，但我們會發現靈魂也是進行周而復始的迴圈運動，因此在一段時間之後就會返回天庭，重新開始。而墜地的靈魂如果追求超越凡塵的智慧，那麼最接近神聖的那個部分就會愈來愈發達，最終可能加速返回天庭的過程。

182 由此可見，柏拉圖認為人類的靈魂還保留神聖的部分，也就是智能，因此我們對自己的行動還能夠完全負起責任，儘管在人的形體裡面，靈魂會受到感官與身體需求和慾望的干擾，人的靈魂仍然有機會一窺真實，追尋且實現智慧。這樣的生活方式需要預設智能與意志力的部分有能力與慾望抗衡，因為行動出於判斷與意志的堅持，才有符不符合道德的問題存在。回到運動的類型上就比較容易理解為何意志行動比慾望行為高尚，因為慾望是被動由對象所引發，然而意志行動卻是自主行動，不依賴外力引發，因此最為接近靈魂本身作為自動體的狀態。也是基於此判准，對柏拉圖來說人類的生活方式比其他生物高等，因為人有潛力自律自主，把慾望與需求對行動的影響降到最低，但這裡只肯定人類靈魂的潛力，並不代表所有人都能夠自律自主，更不代表不需任何努力便可以達到自律自主。

183 「理性」在此所對應的希臘文為logos。希臘文如幾乎所有古代語言一樣，由於字彙比現代語言少，概念區分的細緻程度不如現代，因此每一個單字所指涉的意義非常廣泛，其中logos就是造成後世翻譯困難的字彙之一。Logos從動詞logein而來，logein最直接也最常用來指「說話」，而logos因此最普遍的意義即為「話語」或「言論」。然而在古代的思想脈絡中，說話的能力蘊含了分析（區分）和組合的能力，將單字分開且用特定秩序組合在一起，因此進一步指「理性」。

184 「理型」是柏拉圖哲學當中非常重要的概念，儘管有後世學者認為柏拉圖在晚期思想當中開始逐漸放棄「理型」的概念，因為他的後期代表作《辯士篇》當中沒有使用「理型」（eidos）這個字，然而這個說法仍然有許多爭議，因為在《辯士篇》之後的作品當中，「理型」（eidos）的字彙和概念又再度出現。在註160處有稍微說明了「理型」與「智性之域」的概念，然而，「理型」的概念涉及非常龐大的詮釋與思想發展，直到今日，各個哲學研究者之間對於「理型」的解讀和使用有很大差異，請參見導論。

185 這個句子當中透露了柏拉圖對於智能觸及「理型」的方法與機制。對於柏拉圖來說，針對一個認知對象，我們可以發覺兩種類型的認知方式，透過感官所描繪的對象訊息雜多且不但在不同人之間可能不一致，更隨著條件轉換同一個人對同一對象的感知也可能前後相異；另一方面，如果人運用理性能力在眾多紛紜的訊息中分析、綜合，能夠最終給出一個知性整體，不但完整定義此對象，而且作為整體，這個認知能夠將此對象明確地跟其他事物在認知上區分開來。舉例來說，每個人對三角形的物品都有不同的感官經驗與描述，個別三角形之間也有所差異，然而透過理性分析與綜合能力，就能給三角形一個定義：三個角內角和等同於半個圓形。

186 「回憶」（anamnesis）亦是一個極具柏拉圖思想特色的概念，一般稱為「回憶說」。柏拉圖認為，每個有靈魂的生物，都具有領悟真知的潛能，而這種「領悟」不是向外探索，而是向內回憶，因為每個靈魂在自己運動週期的某個時刻，都一定或多或少冥思過「智性之域」的真實實在，而因此擁有真知，尤其當靈魂棲居人的形象當中，代表靈魂的智能部分還有能力主導行動，因此柏拉圖主張每個人都能夠透過引導而回憶起這些隱藏在靈魂中被遺忘的真知。在《美諾篇》當中，柏拉圖就透過蘇格拉底與一個奴隸孩童的對話，來展示一個從來沒有學習的人仍然可以在引導下演繹出幾何學知識。在此處有幾點需要進一步釐清，以免造成錯誤理解。註解164中有說明，此處「真知」跟現代意義下的知識有所差異，更與現代意義的「科學」完全不同，關於柏拉圖對「真知」（真實知識）的定義為何，這點學界至今還有眾多不同說法，共識只有「真知」的對象是「理型」，換句話說，知識真正認識的對象是「理型」，但具體來說，當智能認識「理型」時，確切展現出什麼形式與內容的知識，各家說法不一。然而，不管在哪一種詮釋下，「回憶」都不是字面上獨自回想擷取特定內容，「回憶」必須通過一場靈魂與自我辯論的過程，才能在思辯當中用推論的方式最終觸及較為純粹的理念，釐清思緒的層次。蘇格拉底自稱「知識的助產士」，就是指自己在人的靈魂與自我辯論過程中，所起的引導功能。更詳細對於「回憶說」的討論請參見導論。

187 此處「至臻完滿的人」指涉的是「完成」（telos）的概念，也就是達到「圓滿」境界的人，由於這兩個中文翻譯都難以讓讀者擷取清晰的意義，因此譯為「至臻完滿」。「至臻完滿」在古希臘社會當中是對一個人最高的讚美。

188 行文自此，蘇格拉底表明在凡塵之境中，那些一心追求智慧被稱作「愛智者」（哲學家）的人，在其他人眼裡有違常態，因為他的生活方式太過接近靈魂本身的生活方式，而靈魂自從墜落到地上附著於肉體之後，便不再能自然而然地用他本來的生活方式生活，因此這種對智慧或知識探索到廢寢忘食的人，有違人體在自然狀態下會出現的生活方式。換句話說，哲學家必然顯得與世界脫節，因為他的生活方式儘管貼近靈魂神聖的狀態，卻偏離生物這種形體在感知之境當中，正常會展現出來的生活方式。

189 「神靈加持」所對應的希臘文為enthousias，也就是今日在西方語言中「熱忱」這個字的根源。我在此將這個字譯為「神靈加持」，因為其字面上拆解的意義正是「神靈進駐」之意，用「神靈上身」的意念來指涉對特定活動或事業具有異於常人的熱情。

所有地上的事物，這就是被人們指責瘋狂的原因[191]〔249e〕。

總結以上，所有神靈加持的形式裡面，第四種形式最為美善，所結出的果實也最為甜美，不管是被加持的靈魂，還是與其同志的靈魂所結出的愛果[192]。這就是為什麼，被這種瘋狂所占據，追求愛人的那些人被稱作「美的戀人」[193]。

就如同我剛剛所言，所有人類的靈魂都一定沉思過存有，否則不可能以人類的形象生活〔250a〕。然而，要在凡俗土地上回憶真實實在，不管對哪個靈魂來說都非常困難，那些目光短淺只看見凡間事物表象的人無法回憶起真實[194]；而那些墜地之後不幸交友不慎，遺忘高尚的事物，轉而趨向不義的靈魂也沒有能力回憶；之後就只剩下很少的靈魂，還帶著足夠的回憶可以重新思索實在。

然而，當這些靈魂沉思這些塵世間的事物，放心[195]不再內守，而他不知如何思考這些被動感受到的事物[196]，因為透過感官所得知的事物永遠不夠明瞭。〔250b〕正義、明智和其他那些靈魂視為珍寶的沉思對象，一旦到了塵世間都失去了光芒，使得靈魂無法對其〔核心存在[197]進行思考〕。由於靈魂在墜地之後的有生之年必須穿透不敏銳的感官來思考，這就是為什麼，只有如此少數的靈魂，在歷經磨難之後才有可能對「實在的影像」進行沉思。此外，因為影像跟所反映的實在

190 在神聖瘋狂的第四種形式中，蘇格拉底指出，讓靈魂陷入愛戀瘋狂的對象是「美」，呼應蘇格拉底第一言論當中所說「所有人都慾求美」。許多研究都指出柏拉圖此處缺乏論證為什麼愛的對象是美，事實上在所有跟「愛」相關的對話錄當中，柏拉圖都沒有說明為什麼吸引靈魂、讓靈魂愛慕的對象或多或少都展現出美，宛如這個前提不證自明。然而，我們同時很難反證這一點：一個對象之所以吸引我們，它都讓我們被動感受到一種使得此對象鶴立雞群的衝擊，讓我們進一步想要親近。這種感受既然被動，且立即、不含判斷，這種讚嘆在語言脈絡中最為符合的的確是「美」這個意見的使用。此處「真實的美」指的就是「美」的「理型」，而每一個讓我們覺得美的對象，都因為參與了這個理型，而讓我們在思考它的時候能有對「美」的意見。此處讀者能夠發現，柏拉圖定義「美」的方式，並非被認為美的「對象」之間的共通點，例如比例和諧，或符合潮流，柏拉圖對「美」的定義是從對象在感受者身上引發的共同「情狀」(pathos)而來。「吸引力」在古希臘哲學當中占有十分重要的地位，因為「吸引力」不是機械性且被動的反應，而是主體受到吸引，自發性轉化為行動的動力。因此「愛」的討論在哲學中一直占有非常重要的地位，因為「愛」一直以來被用來解釋讓人有能力超越既定限制的吸引力。

191 愛，不管是慾愛還是慕愛，它的關鍵性質都在於引發強烈追求的動力，不管追求的對象是一個人或一個事業，愛都是那個最為強烈且原始的衝動，讓人瘋狂地專注在追求一個目標上。正因為這種強烈的吸引讓人偏離日常生活不斷重複的軌道，甚至偏離群體不斷重複的軌道，這種「異常」的表現就被眾人以「瘋狂」稱之。由此可見，社會中對「瘋狂」的指涉最根本的意義在於「偏離常態」，進入一種例外的狀態。

192 此處可見，蘇格拉底已經跳脫了前兩個言論當中，「愛戀者」與「所愛之人」之間情感或能力不對等的關係，但更明確的分析在後文才更為清楚。

193 此處所有「愛」在希臘文中都是eros，也就是我譯為「慾愛」的概念，「慾愛」的對象是最直接表象上的美，也因此引發「慾愛」的對象是非常具體的物質對象，人事物的外型和表象。

194 正如我曾多次說明，對柏拉圖來說，生活在知性與感性混雜的生命，因為其生存條件與限制驅使這些生命依賴表象，也就是說，我們傾向依賴眼睛所見，受表象影響行為決策（例如看到天色陰黑會帶傘，看到特定長相的人會較為緊戒或信賴），這樣混淆表象與實在的狀態，是對生存在這種條件下的生命最為舒適的生活方式。人類能夠追尋表象背後的真實，在柏拉圖的論述下，是因為人類的靈魂還沒完全忘記自己本之間存在著某種「家族氣息[198]」（才可能透過影像來認知實在）。美自身[199]多麼光彩奪目，而我們跟隨宙斯，其他人跟隨他們自己的神，才有福能窺見祂神聖且聖潔的一面。要見識這些，我們被設定要攀登上美的最高境界，如果能容我這麼說的話〔250c〕。我們歡慶我們天生這種完善的設定，在那些在未來等著我們的醜惡找到我們之前，至少能夠找到一處遮風避雨之處。完善、單純、靜定和確信，當它們向我們彰顯[200]，我們只能用神話傳奇描繪它們，只有在純淨中俯視靈魂，靈魂才純淨。少了靈魂的引領，名稱所叫喚的就只剩下眼下這副軀殼，靈魂如扇貝黏著它的殼一般（黏著身體）[201]。

借助著回憶，我們才能夠說出以上這些言論，由於回憶對於過去帶著的那些悔憾，所以讓我們說得又臭又長[202]。

回到「美」這個主題上，就如我們剛剛所言〔250d〕，事物由於美而有了光輝，也是由於美所引發的光輝，讓我們的靈魂，儘管到了塵世，還能透過那些最能清楚、明亮地投射出事物的官能，掌握到事物的光輝。視覺[203]是我們身體上最為清來的狀態，也就是說在驅動人類生命的力量當中有「對張」（ambiguity）相歧之力，讓人類不自我拘限於物質世界所給予的生存條件。在此意義上，後世學者將「文化」稱作「第二自然」，某種程度上也符合柏拉圖的想法。然而，柏拉圖不斷在多篇對話錄中強調，人類要追求超越「感性之域」或「物質世界」，都不是毫不費力便可達成，靈魂要穿越眾多表象的干擾、清楚看到表象背後的理路，都必然經歷許多不舒適的試煉與努力，在意志力堅持下才有所成就。若沒有足夠的意志力忍受脫離慣習範圍的不適，那麼靈魂就如蘇格拉底此處所言，會逐漸遺忘它本來的能力與潛力，以為自己只能隨波逐流地活著。

195「放心」，希臘文為ouket'en，意即「不在裡面」，此處借用孟子「求放心而已」的意念，來說明靈魂向外搜尋那些誘惑且讓自己分心的表象事物。

196蘇格拉底在此處強調，靈魂「回憶」的重點正是要看穿感官內對象的多元多樣，內斂分析每個對象都只是一個表象，而表象背後支持它的實在，比琳琅滿目的感官對象簡單明瞭。舉例來說，同樣是衣服，透過感官所見每一件衣服都如此獨特，其所展現的美或價值也都一枝獨秀，如果我們著重追求感官所傳達的獨特性，那每件衣服都值得擁有，因為沒有一件相同，然而若著重表象背後的理念，那麼眾多個體也不過是同一個意念的眾多表象罷了。

197「核心存在」一詞所對應的是enesti，en指「在裡面」、「內在」，而esti則是being，在此譯為「存在」。這個段落中，蘇格拉底強調，那些最為崇高的理念，若在「智性之域」沒有表象與實在的差異，因此能夠「直視」這些理念自身，然而這些理念在混雜的「感知之域」，多數狀況下只能看到「義行」或「明智的選擇」，而「正義」與「明智」理念本身只能透過物質個體來展現，在這個意義下光輝銳減，使得靈魂難以對讓義行符合正義的正義本身進行思考，而傾向於著重義行的表象、後果或效益。

198「家族氣息」（to tou eikasthentos genos），指的是所有參與共同理型的影像之間都有著模糊的相似性，如同家族成員一般，不完全相似，每個各有不同，卻能夠觀察出同屬家族成員。二十世紀哲學家維根斯坦（Ludwig Wittgenstein, 1889-1951）所提出「家族相似性」的概念，不僅用詞相似，概念所面對的哲學問題也十分相近，讓諸多學者進而開始研究維根斯坦思想中柏拉圖的成分與痕跡。關於柏拉圖與維根斯坦思想之間的關係研究，可參閱：Perissinotto, L., & Ramón Cámara, B. (2013). *Wittgenstein and Plato : Connections, Comparisons and Contrasts*. Palgrave Macmillan.

199「美自身」此處指涉一個獨特的概念也就是「美」的理型，對柏拉圖來說，美的「理型」就是美最純粹自身的狀態，換句話說，是使得「美」成為「美」，也是使得「美的事物」展現「美」的必要條件。

晰敏銳的知覺，但是卻無法透過視覺來看自己的思想[204]。順道一提：如果剛剛這一席話都是因愛而發，那有多驚人。因此，哪種可怖的愛不啟發思想？若思想能夠將自己所接收到的感知影像看得清楚，那麼所有能激起愛的那些實在，都應該能在思想中自動被看清楚才對。然而並非如此，只有美最具有照耀、〔250e〕激發愛意的能力。

因此，那些離初衷已遠、或者放縱自己墮落的靈魂，他們不再敏銳於如何將眼界帶向彼岸，亦即帶往美自身，對於那些被他用「美」來描述的事物，並非以景仰之心視之，反而是向歡愉臣服[205]。他因此用野獸的標準規範自己，〔251a〕縱慾交媾，不焦慮也不害臊自己沉淪那些違反自然的歡愉。反之，那些還屬初始的靈魂，眼中還有眾多殘存真實影像的靈魂，當他們看到一張接近聖潔的臉或身體的外型[206]，美到幾乎是美自身完美的模擬[207]，首先會感到一陣顫抖，因為從前〔曾經經歷過〕的焦慮又降臨到他身上了。接著，他將視線轉到帶給他這種感覺的對象上，並且像對神一樣景仰他，如果他不怕自己被當作瘋子的話，那麼他就會像是對神獻祭一樣，將自己獻給男孩。然而，當他顫抖時，顫抖讓他開始流汗，〔251b〕全身莫名其妙地發熱。事實上，當他的雙眼接收到向他奔流而來的美

200 「彰顯」的希臘原文為phantasma，有呈顯、顯現的意思，在特定的脈絡下會譯為「現象」。此處的「彰顯」並非「現象」，因為蘇格拉底強調的是理念中最為純粹的部分，即自我呈現在靈魂的智能部分，因此有「現」卻無「象」，因此此處不是指被感官捕捉到的現象。

201 靈魂與肉體的扇貝比喻十分有趣，一方面蘇格拉底想要突顯靈魂自我封鎖在肉體內部，二方面想強調，雖然真正活著的部分是扇貝的核心而非貝殼，但兩者緊緊相連，且已經認定自己就是扇貝與貝殼整體，就如同靈魂與軀體，兩者相黏太過緊密、而讓靈魂把人體加上靈魂當作自己的整體來認識。

202 這兩段當中，柏拉圖不斷讓蘇格拉底提到「神話」、「傳奇」或「又臭又長的言論」來呼應整個靈魂探討的開頭，蘇格拉底說靈魂的問題超過多數人的理解能力，因此只剩用「神話」的方式，不然就必須要以過於冗長的言論，才能描繪出這些超越日常理解範圍的對象。

203 視覺在整個西方哲學史當中，都相較於其他官能有較高的地位，對於真理、洞見等的討論也多用「光芒」與「看見」來比喻性地來說得到知識。

204 在這句話當中，蘇格拉底終於清楚說出「感官」與「思想」之間的差異，感官當然能觸及真實的影像，然而，對柏拉圖來說，被動的感官永遠都無法與主動的思想相同，而對真實實在的認知只能透過主動思想的能力，才有機會觸及較為純粹的理念，因為感官所得來的訊息都經過肉體的限制折射，因此雜多不純。

205 此處再次找到在蘇格拉底第一言論當中兩種驅動力之間的分別：一為仰慕崇高，二為追求歡愉。蘇格拉底儘管推翻自己第一個言論中的結論，卻沒有駁斥所有論述內容。「美」儘管是所有人慾求的對象，然而，有些人將較為靠近真實的「美」當作追求對象，也有人認為他所感受到的「美」，來自表象所帶來的歡愉，因此將美所帶來的歡愉當作追求對象，沉溺享樂。而在此對話錄的脈絡當中，最直接表象美所帶來的歡愉，就是美麗的軀體所帶來的歡愉。

206 由此處可見，柏拉圖並不認為真實的愛當中沒有慾望，反之，慾望是愛情的動力來源。因此，靈魂感受到美的當下，對展現出表象美的對象仍然充滿欽慕，而此對象軀體所發出的光輝也是愛的動力來源之一。因此放縱墮落與仰慕崇高的靈魂在美的表象所造成的誘惑上，沒有區別，區別在於放縱墮落者受到誘惑就一定要滿足慾望，而後者不然。

207 當靈魂被觸動的時候，觸動他的對象所彰顯出的被稱為「美」，而當我們對某事物的美感到驚呼與讚嘆時，這種感覺在某種程度上就如同「美自身」突然彰顯一般，讓靈魂感受到某種「超越」凡俗日常的對好，且讓他全身發熱的同時，靈魂的羽毛也得到了滋潤，而此熱度同時也融化了那些藏汙納垢、僵硬且堵塞、阻饒翅膀生長的東西。除此之外，因為有了養分，從根部開始腫脹，並且在靈魂全身表面上開始長出羽毛。靈魂從這一刻開始佈滿了羽毛，此刻，靈魂滾燙並經歷著孩子長牙齒時那種頂撞的疼痛。那些正在鑽出的牙齒讓人無食慾，牙齦發炎紅腫，完全就跟靈魂長羽毛的時候所必須經歷的疼痛一模一樣：滾燙、發炎、搔癢[208]。

〔251c〕每次他將眼光照在男孩的美上，且從美身上得到一些讓他能更接近美的粒子（慾望的波瀾這一詞就是這麼來的），靈魂因此充滿生命力且熱力四射，忘卻疼痛〔251d〕沉浸在歡樂中。然而，靈魂一旦開始凋零，長出羽毛的地方開始乾涸，由於開口閉合，剛長出的羽毛就又因此被堵住了。然而這些跟慾望一起被困住的新芽，像努力振翅的雛一樣，奮力頂著被堵塞的開口，一個一個地冒出，靈魂撐過這些針刺般的疼痛，對於美的回憶再度湧上，靈魂因此又再度歡樂。

這兩種感受的交融不斷折磨著靈魂[209]，他氣憤於找不到方法來讓自己脫離這個狀態，而被瘋狂攫獲的他，〔251e〕夜無法成眠，日也坐立不安，在慾望的驅使下，他奔向那些自己認為能找到占據美的對象存在的地方。而當他終於領悟，讓自己完全被慾望的波瀾滲透的時候，他就完全擺脫所有阻礙。他吁了一口氣，對他來說那些生育過程的針扎疼痛都過去了，而眼下這個時候，他享受著最美味的歡愉〔252a〕。他絕對不會自願離開眼下這個狀態，沒有任何其他事物可以擺在這個美

象。正是因此，美與愛兩者在哲學上的重要性，都在於理性超越的非理性刺激，也就是說，理性作為某種分析綜合機制，本身會不斷地形成慣性半封閉系統，藉以加快運作速度，簡單的因果關係、直覺反應、偏見都屬於理性僵化的產物，而對事物突然感到的驚艷，之所以會覺得驚豔，一方面是因為對象一定程度上超越我們已經慣習的日常世界，二方面感到驚艷也同時意識到超越日常的存在，換句話說，對「崇高」的感知。在這個環節上，不管是崇高，還是超越都還屬於非理性的某種感受，在這個意義上，我們能說理性發展的條件可能本身並不理性，比如說對世界的理性研究探討本身出自對世界的驚豔與好奇，而這兩者並不理性。

208 蘇格拉底在此處用非常具象的方式描述陷入愛情的過程與動態為何。在「美」的觸動下，靈魂因為「愛」這個對他展現「美」的對象而被追求的慾望充滿，這種慾望有別於肉體上的需求與滿足，先是一種對愛戀對象的欽慕，這種欽慕讓靈魂感受到一種完全不同於慣習狀態的感受，因此在不適應且愛的瘋狂推動下全身發癢。柏拉圖在此用了紅腫、發癢、發炎這些醫療詞彙來描述靈魂受到刺激的反應，而這種瘋狂慾愛的刺激讓靈魂充滿能量，而靈魂，在先前的定義就是能夠引發動態的能量，因此充滿能量的靈魂開始回復到自己初始的狀態，根據蘇格拉底之前的描述，靈魂初始的狀態就是長著翅膀、兩匹馬，一位車伕的馬車，在這個意義下，受到愛情滋潤的靈魂開始長出本來剝落的羽翅。

209 靈魂在熱戀的狀態同時是充滿歡喜卻又充滿痛苦。充滿歡喜，因為當他見到心愛之人，他所展現出來美的光輝不斷轉化成讓靈魂充滿動力的愛，但同時這種充滿能量的狀態卻是墜地靈魂在肉體的習慣生活型態中產生衝突的狀態，因此帶來痛苦。

210 這個段落當中，蘇格拉底鉅細靡遺地描述了愛戀之人瘋狂的狀態，而前述理論上對第四種神聖瘋狂形式，瘋狂慾愛，在此處用實境的方式展現這種瘋狂形式在人身上呈現的狀態。

麗尤物之前，母親、兄弟、同袍，所有都被他忘卻，而且一點都不在乎那些由於他的漠不關心而失去的財富，從前的那些好的用處與行徑如今都不屑一顧[210]。從此之後，他已經準備好成為愛的對象的奴隸，要他睡哪裡他就睡哪，只要他能夠在自己慾求的對象附近就好。景仰著那個占有美的對象，他從此為自己找到幫自己醫治〔252b〕身上所有最嚴重之病痛苦惡的醫生。

上述這種病狀[211]，我的美男孩，我言語傾訴的對象，人們將它稱作慾愛，不過神靈們本來給它的名字，我如果講給你聽，你大概會笑出來，因為你還這麼年輕。有幾個荷馬後世，引用了下面這段他們所珍藏關於慾愛的詞，第二首不但完全沒有絲毫崇敬之心，更是一點都不尊重格律。以下就是他們唱誦的詞：

〔252c〕凡人稱之慾愛，以表達此物之飛翔（potenos）[212]；
不朽之人稱之帶翅（pteros）[213]，因為它必定讓人長出羽翼。

信也好，不信也罷，但我想不管是讓人戀愛的原因，還是愛情帶來的效應，戀人們都經歷過以上描述的經驗。

那些跟隨宙斯侍駕的靈魂們，他們有能力承載這位有羽翼且非常沉重的神；然而，侍駕阿瑞斯[214]，跟隨他完成運轉的那些靈魂，有朝一日被慾愛攫獲之時，就會疑心自己的愛人用不公不義的方式對待自己，這些帶殺氣的靈魂隨時都可以跟〔自己心愛的〕男孩同歸於盡[215]〔252d〕。就這樣，每個靈魂在其一生中都在盡全力榮耀與模仿那個他們各自追隨其歌聲的神靈。只要他還沒墜落，還在第一輪的輪迴裡面，他就是用這種方式處世，與愛人和其他人相處。因此，在對美男孩的

---

211 病狀，對應的是原文中**pathos**這個字。前文中我將**pathos**譯為「情感」，而此處又譯為「病狀」，也許會引發讀者疑惑。**Pathos**這個字有很豐富的涵義，較為清楚的定位方式是將**pathos**和**logos**相對理解，**logos**所指的是主動理解，而**pathos**所指的就是被動、被引發的狀態。在這個意義下，**pathos**在特定脈絡指的是被引發的情感，而在其他脈絡指的是被引發無法控制的病狀，病理學（**pathology**）一字就是從此字根而來。

212 在此處蘇格拉底再次使用字彙間的相似性來論證兩者的共同起源，這種論證方式在一般的論證中並非有效的論證形式。「飛翔」一字在希臘文寫作**potenos**，與**pt-eros**相近，以此來說「慾愛」（**eros**）就是讓靈魂長翅膀的力量。

213 此處指的是希臘文**pt-eros**，**pt**為「羽翼」或「飛翔」的字頭，而**eros**與「慾愛」同型。

214 阿瑞斯（**Ares**），古希臘神話中的戰神，為宙斯與希拉之子。

215 從此處可見，蘇格拉底並不認為呂西亞斯的言論完全錯誤，慾愛是可能導致瘋狂且相互毀滅，但這並非慾愛最核心或必然的狀態，會將瘋狂導向毀滅，蘇格拉底在此暗示，是因為靈魂車伕控制馬車的能力不足。

216 在蘇格拉底講述宙斯所統領的十一神靈的段落中，我有說明過此處每個神靈如同每個理念的守護神，換句話說，正義之神就是那個完美彰顯正義本身的神靈，而追隨他的靈魂就是那些受到正義吸引，想要追

愛戀上，每個人按照他的傾向做選擇，就好像給自己奉了一尊神一樣，幫其立雕像、裝飾，〔252e〕以此來榮耀慶祝[216]。

那些追隨宙斯的靈魂，他們所心愛的對象就會有著與宙斯相似的靈魂[217]，他們同時會悉心檢視自己心愛的對象是否天生愛慕知識[218]且有著領導風範[219]，而他們一旦找到這樣的對象，就會為其癡迷，而且用盡所有方法讓心愛的對象吻合其所追求的模範。反之，若靈魂尚未認清自己想追求的對象，那麼他們會學習且培訓追捕的能力，讓他們在找到線索的當下，能夠用自己的方法來探索自己追尋的神靈有著什麼樣的天生特質[220]〔253a〕。因為對他們來說，將眼光鎖定在自己追隨的神靈身上，是必然的要務。

接下來，當這些靈魂藉著僅存的回憶終於觸及到其所追隨的神靈時，在神靈加持下，他們從此的行為和活動都像跟神靈借來的一樣，讓這些世俗人的靈魂能享有聖靈的一部分。不過是否能順利擁有這樣的結果，〔在行動中體現神聖的一面〕，當然是由他們所追求的愛人來決定他們是否有資格擁有，因此，這些靈魂就更加珍惜他們的愛人。如果這些靈魂向源頭追溯，不管源頭是宙斯還是葩襲，他們對心愛之人靈魂的汲取，就會輾轉促使心上人盡可能地〔253b〕相似於他們所追隨的神靈。

隨正義的靈魂。因此，對我們產生吸引的對象本身就已經是我們追求的對象，因為他彰顯了某些我們本來就渴望且追求的特質，因此對我們有吸引力。在這個意義上，蘇格拉底說「每個人按照他的傾向做選擇」，因為吸引自己的東西與自己追求的東西同為一體，而自己追求的東西又與自己想要成為的樣子相通相連。因此，真正吸引靈魂的，是靈魂在探索的自己，更是靈魂對自己認識的產物。

217 此處必須進一步說明宙斯、追隨者與求愛對象三者之間的關係。柏拉圖此處從「宙斯的追隨者」開始，因為追隨宙斯，而仰慕所有宙斯所體現的德性：知性之域的領導者，因此，追隨宙斯者必定鍾愛那些散發出與宙斯相同氣息的其他靈魂，而其求愛的潛在對象就必定是體現這類氣質的靈魂。然而，若我們更仔細推敲，就會發現：靈魂會追隨宙斯，先在就因為他受宙斯所吸引，而宙斯則是完美展現知性之域領導者之定義的代名詞。由此可見，柏拉圖在此提供了一個循環論證：靈魂被特定對象吸引，因為這些對象散發出了相似於靈魂所追隨神靈的氣質，然而，靈魂之所以追隨特定神靈，因為他天生受到這些神靈吸引與啟發。從這點看來，靈魂會被什麼吸引並沒有一個理性的解釋，有些人天生受到知識吸引，而某些人受到勇敢或善良吸引，這些不同的吸引便在行動中展現為對不同目標的追求。總結而論，心愛的對象與追隨對象之間的相似關係，正暗示著「愛」作為「追隨」的原動力，而使得愛的對象體現了追隨對象的氣質，在後文更會把這個相似性繼續延伸，強調讓靈魂仰慕的對象其實是靈魂本身想追求的形象，因此愛的對象、追隨的對象與作為行動者的靈魂本身，三者之間都存在著相似性，差別只在於這些相似特質已實現與否。

218 「愛慕知識」即 philo-sophia 一字，此處不譯為「哲學」，是因為所指的是展現出的性質，而非哲學活動或學科。

219 前文當中有說明，宙斯為眾神之首，領導所有神靈，既然他是神聖靈魂之首又為領導，那麼宙斯體現出的即為在智能與領導上的最完美德性，而其他神靈隨著其崗位的不同則完美體現其他德性。

220 在註216中指出，靈魂被什麼吸引並沒有一個理性的解釋，然而，此處柏拉圖卻強調，靈魂能夠釐清產生這股吸引力明確的對象為何，而靈魂因為受吸引而追隨的確切對象又為何。如此說來，從被動承受且非理性的吸引力，到主動認定追隨對象的過程間，仍然有智能作判斷的空間。換句話說，我們也許無法理性解釋自己為什麼感到被吸引，然而被動且非理性的吸引力，卻能夠透過智能的理解與分析去界定這股吸引力的源頭是我們真正想追求的對象，追求的對象因此是一個理性的選擇，儘管最初所感受到的吸引力追根究柢並沒有足夠的理性解釋。舉例來說，所有靈魂都受美好吸引，某些事物沒有理由地向我們展現強烈的吸引力，然而最終將吸引力聚焦為明確的對象的是智能運作的結果，例如將華美的服飾、青春的外表、良善的個性或智慧當作追求的對象。如此說來，同樣的吸引力就會因為智能不同的釐清結果，而選擇出不同的追求對象。

另外，那些追隨希拉的靈魂，他們所尋找的心愛對象，就是具有君主的天生氣質的靈魂，而當他們真的找到這個對象的時候，就會變得跟他一樣（擁有君主氣質）。而那些追隨阿波羅和其他神靈的靈魂，會將自己的步調調整到跟自己跟隨的神靈一樣，而他們所找尋的男孩，正是那些有著所追隨神靈天生氣質的男孩。當他們找到對象的時候，就會效法自己的對象，以此建言、培訓這些男孩，引領他們讓他們知道如何符合典範[221]，且在此過程中不會對自己心愛的男孩有任何妒忌或邪念。相反的，他們用盡心力引領這些男孩，讓他們盡可能成就自己，〔253c〕同時仿傚他所榮耀的神靈[222]。總之，真正的愛人所體現的衝動和目標，如果他們能如我所說的，成功用對彼此的衝動實現目標的話，一方就追求到了美自身，而另一方有了幸福，而這幸福是由於其愛人被慾愛所引發的瘋狂，直到征服所愛之人成為其慕愛[223]為止。以上講述了要用什麼方法才可能征服所愛。

讓我們回想一下，在這個神話的開頭，我們認為每個靈魂內都有三個要素：其中兩個是馬匹〔253d〕，而第三個則是車伕。現在，記好這個畫面。在這兩匹馬中，我們說，有一匹是善馬，而另一匹不是，善者引我們向德性，惡者引我們往醜惡。這點我們還沒解釋，現在該說的就是這點。所以，其一，占據最好的位，其形象最為正直、清爽、俐落，脖子高挺，鼻子線條上揚，看起來潔白，黑眼深邃，且熱愛榮譽就如同明智與智慧，與掛心意見是否為真，不需要鞭打來使牠聽令，給牠激勵和說理就足夠。另一匹完全相反〔253e〕，扭曲、多變，沒人知道什麼造就了牠，脖子肥短，面相歪斜，毛色汙黑，灰色的雙眼充滿血絲，暴戾且虛假，雙耳被毛覆蓋將近於聾，只有用針刺牠，讓牠感到疼痛才會前進。

---

221 從此段落可以看出來，所愛之人儘管是產生愛戀之情的直接對象，但愛戀的對象卻只是追隨對象的擬像，就如同倒映出自己真正追隨對象的影子一般，而真正追隨的對象（彰顯某德性的神靈）因此就如同典範一樣，靈魂竭力想讓愛人忠實倒映出自己追尋的典範，因此督促愛人培養出典範所彰顯的特質。在此意義上，愛情就不再只是兩造之間的事，而是兩者對於共同典範的追尋。

222 在此必須點出一個論證的細節。靈魂要所愛之人仿傚追尋的典範，這點看起來好像是靈魂將自己的典範強壓在所愛之人之上，然而，如果靈魂認清自己追隨的典範，因此認定所愛之人為彰顯這股吸引力的核心對象，那麼所愛之人正因為彰顯出了此典範的氣質而成為靈魂所愛。由此說來，靈魂要所愛之人仿傚典範，正是幫助所愛之人成就自己想追隨的自我。簡單來說，我們愛什麼樣的人，正是因為這個人身上顯現出自己所追求的特質，而既然此人身上顯現出這些特質，那麼正是因為此人也有意無意正在追隨這些特質，這樣的愛慕關係就使得雙方彼此督促對方追隨共同追求的典範。

223 在這一句話當中清楚看見了「慾愛」與「慕愛」之間的關係。「慾愛」的關鍵在於它所帶來的「衝動」，也就是這股不理性的吸引力使得靈魂充滿動能和衝勁，然而衝動不一定會被引導向良善的目標，因此如果靈魂的智能部分成功引導這股衝動實現目標，這終極的目標就是「美自身」，也就是美的理念，展現在智慧、勇氣或其他德性當中。因為理念相較於歡愉或享樂恆定，因此追求理念的生命較追求享樂的生命穩定、較少起落，因此在這樣的關係中雙方才體現出幸福。

當車伕看到自己心愛的對象出現，感受到熱力充滿靈魂，放任自己被〔慾望〕〔254a〕如針氈般的搔癢侵襲，此時服從車伕的那匹馬用明智克制自己，壓抑不要衝向心愛之人；然而，另一匹馬不顧車伕的針刺鞭打，不顧一切就要暴力地衝過去，給自己的夥伴和車伕帶來極大劫難。車伕克制著自己的馬兒們，一邊靠近男孩，一邊提醒自己情慾之神（Aphrodite）所帶來的歡愉多麼美味。一開始，兩匹馬都能抵擋誘惑，要逼迫牠們才會去犯下違抗戒律[224]的可怕事情〔254b〕。然而，最後當邪惡到已不知界線何在時，馬兒就會任人擺佈，要牠們做什麼就照著做。

牠們於是就這樣衝到男孩身邊，相距不過咫尺之遙，臆想著男孩美麗的胴體，宛如星宿般明亮。當他注視著如此光芒，車伕的回憶引領他往美的本然[225]前進，當他看到美的理型[226]和明智並排在他眼前純潔的道上。眼睛所見的景象讓他充滿焦慮與崇敬，他因此冷靜退步，〔254c〕且硬逼著自己從男孩身邊離開，嚴厲管好兩匹互鬥的馬兒：其中一匹毫無困難，因為牠不抵抗命令，另一匹則因為淹沒在縱慾當中而抵死不從。當兩匹馬都退後之後，其一充滿羞愧和驚恐，汗水浸濕了整副靈魂，而另外一匹，只要馬銜和墜落的疼痛一過，連氣都還沒喘完，就責怪車伕與同伴懦弱無勇，沒勇氣實現一開始的協議，恣意任為〔254d〕。不理車伕與白馬的回絕，黑馬嘗試要求他們扭頭〔再次衝向男孩〕，車伕與白馬則一邊苦苦哀求，且承受著全世界的苦痛，以此牽制黑馬，央求黑馬作罷。然而，一旦時機再度到來，儘管白馬與車伕都能釋懷，黑馬卻再再提醒，且要脅他們，一邊嘶聲吵鬧一邊奮力拖著他們再度接近靈魂心愛的對象，急著向男孩表白。當他們再度接近的時候，黑馬抬起頭，張大嘴用力咬著馬銜，使盡全身力氣拉車。儘管車伕比上次更被男孩吸引和感動，仍然硬是按捺住自己且往後退，〔254e〕好

224「戒律」為希臘文中nomos一字的翻譯，nomos時常被譯為「法」，然而此字的意義指的是廣義「規範」、「律則」、「規律」。此希臘字的動詞，nemo一字為「切割」、「分配」之意，名詞因此有「分配」之意，因此預設了一個分配的規則，來導出分配的結果，因此nomos有「規則」的涵義。在此處譯為「戒律」，考量到這裡將知性在純粹狀態下的運作規則，轉而成為應該遵守的律則（因為多數時間並非處於純粹的狀態）。

225 美的「本然」指的是孕育美、使得美成為美的源頭，「本然」一字為希臘文中physis的翻譯，就如同前文所說明，physis時常被譯為「自然」，但有鑒於中文語境內「自然」的意義被框限在「非人造」的意義下，因此譯為「本然」。

226 美的「理型」(eidos)，亦即前文中「美自身」所指涉的對象。關於「理型」的討論請參考導論。

227 這個段落當中，柏拉圖用很生動的方式，形容靈魂內部慾望衝動與明智之間的拉鋸。從此段落可見，柏拉圖認為愛必定由吸引力而生，而衝動和慾望更是愛不可或缺的元素，沒有衝動與慾望，愛就沒有動力去追求愛慕的對象，不管此對象是一個具體的人或一個價值或理念，愛都是提供大量動能的那種慾望。縱慾與愛慕之間的差別，並非在於有無衝動或慾望，而是在於代表理智的馬車伕是否有足夠的能力克制自己的慾望，讓這股衝動不會發洩在表面且即時的享樂上。

像他身上有一條繩索，比縱慾的那匹馬更加用力地將他向後拉，用力到黑馬牙齒碎裂、舌頭與下顎淌血，強迫牠腿和臀部著地，且不斷對黑馬施加痛楚[227]。再多幾次這樣暴衝與克制之後，這頭惡性野獸終於放棄縱慾，從此之後放低背脊，跟從車伕思慮過後所做的決定，而當黑馬再次看到美麗的物件時，牠怕得好像要牠的命一樣。這樣的結果就是，有愛戀之情者的靈魂，當他跟隨在男孩身邊時，既存著滿滿的愛卻也充滿焦慮。〔255a〕就是這樣，被愛的人才會變得像神靈一般，對此對象只有無限制的奉獻：愛他的人沒有任何假裝，他真真切切地迷戀〔男孩〕，而被愛的人，自然而然在奉獻者身上找到慕愛友誼[228]。倘若在此之前有其他同伴或其他人圍著男孩，跟他說靠近有愛戀之情的人很羞恥，而男孩可能因此推開愛他的人。但只要時間過了，在年齡的成長下，他就會認清陪伴他的人群中誰才是有資格愛他的那個〔255b〕。因為命運不允許一個壞人和另一個壞人之間能有友誼，也不允許善人無法和另一個善人結為朋友[229]。

然而，一旦男孩認可，讓愛戀者靠近自己，就會接納且聽從愛戀者，和他經營共同的關係，而一靠近，愛戀者的良善就更清晰地展現。這困擾著小愛人，男孩才領悟到，跟所有與其他人享有的親暱[230]、友人、父母全部加起來，跟這位好似神靈附體的慕友相較之下，都變得微不足道。當愛慕者堅持這種作風，花時間陪伴在自己心愛的人身邊，就會替愛人注意體格訓練和與〔255c〕其他聚會場所的連結。這股湧泉，就如我剛提到宙斯名其為慾望，當宙斯愛上伽倪墨得斯[231]，他用太過豐滿的方式接近愛人，所以只要一觸就盈滿，而剩下的只能隨地四流。同樣

228 此處文章清楚點出「慕愛」，philo，只有在多次試煉，追隨歡愉享樂的驅動力已經完全被理智所馴服之後，對追求對象的愛戀之情，就會因為衝動在良好的引導下，追尋更恆定根本的對象，而從愛戀之情變成穩定的慕愛，而慕愛所維繫的雙方，儘管欣賞慾求彼此所彰顯出的美好，彼此的理智卻都知曉關係中最核心的組成是共同對德性的追求。在這個意義上，philos又反過來呼應它最初字面上的意義：朋友。

229 惡人之間無法享有慕愛，或友誼，這個論點是柏拉圖和亞里斯多德倫理學思想當中極具特色的一點。由於柏拉圖與亞里斯多德認為，友誼都是由共同對德性的追求所確立，儘管柏拉圖並沒有系統性地討論德性這個概念。因此，既然友誼的本質在於兩造共同追求德性所建立的鏈結，惡人既是惡人，正是因為缺乏或破壞德性，所以惡人之間不可能有真正的友情，否則此人就並非真正的惡人。在這個論點下，柏拉圖在《理想國篇》當中才討論到暴君儘管能夠恣意妄行，卻得不到幸福，因為他無法跟任何人，甚至自己享有恆定的友誼關係。

230 「親暱」所對應的希臘文為**plesiaze**，為「親近」之意，在此處指的也是被動感受到的情感，也就是英文當中**affection**所指涉的概念，這種情感通常由親近或習慣而生，因此強度遠不及慾愛的熱情，因此在此譯為「親暱」，指明此種情感是因親近而生。

231 在古希臘神話裡，伽倪墨得斯（Ganymedes）是特洛伊王子，天神宙斯因為愛戀他而化身為鷹將他叼走，帶到眾神所在的奧林匹斯山上，並用最好的馬匹補償特洛伊國王，並跟國王說他的兒子將擁有永生且祀奉天神的機會。然而，宙斯的妻子希拉妒忌伽倪墨得斯，最後宙斯只好將伽倪墨得斯變成水瓶座。文章此處描述的「盈滿」與「隨地四流」就是影射這則神話故事當中，伽倪墨得斯最終並沒有維持宙斯的愛人身分太久，而是被變成了水瓶星座，正是因為宙斯在追求愛人時的無度所致。

的，一個氣息或一個聲音，從一些平滑穩固的對象傳來，就會回到他們自己的起點上，就是這樣美的這股湧泉會回到美男孩身上，且經過他的眼前，而眼睛正是直通靈魂之處。因此他超越、滿溢，把靈魂長翅膀的開口〔255d〕都從此清乾淨、不再阻塞，而這就是被愛的人靈魂在被愛充滿之後長出翅膀的狀態。

所以這就是陷入愛戀的人，必須別過頭去，因為他既不知道自己經歷了什麼，也無法用理智來解釋。就像被其他人傳染了眼炎一樣，說不出來他為什麼感染，而且忘卻看著自己心愛的人，就好像看著鏡子裡的自己一樣[232]。只要所愛人在，痛楚就會得到減緩，對雙方都是一樣。而當愛人不在身邊，渴望與被渴望兩者合而為一，而〔255e〕「以愛回報愛[233]」，這種相互之愛就此出現。然而他不會以「愛[234]」來稱呼，也不會想像這就是「愛」，而是將此視為「慕」〔的友誼〕[235]。被愛的一方慾求對方，可能比對方慾求他少一點，仍然想要看他、碰他、喜愛他，甚至躺在他身旁，若是如此，那麼該來的大概就很有機會發生[236]。

然而，當他們真的在彼此身邊躺下，戀人身上不受管訓的黑馬跟馬車伕說，在牠受了這麼多痛苦之後，應該給牠一點甜頭補償〔256a〕。另一方面，所愛的男孩身上的黑馬沒什麼好說的，但是，當慾望滿溢，男孩又還無法掌握理性，他會將雙臂環繞在這個愛他且只希望他好的人身上，來見證他的親暱[237]。每一次他們臥在彼此身邊，男孩都做好準備，不會拒絕愛慕者的請求，然而，另一方，靈魂的馬車，車伕用他的修養與理性克制不前。假設，要有節度地生活，且愛慕智慧[238]，就必須要讓思想中最為美善的部分來引領。確信與和諧帶領著凡塵中的生命〔256b〕：不管是那些做自己主人，有條理節度的生命，或者那些成為〔慾望〕

232 此處柏拉圖特別點出，「看著自己心愛的人就好像看著鏡子裡的自己」，由此指出心愛什麼對象也許追根究柢並沒有理性解釋，但對方之所以吸引自己讓自己想要追求，是因為對方就是自己，追求對方某種程度上就是追求想要成為的自己。

233 「以愛回報愛」（erotos anterota）這句提醒讀者在這種愛慕關係當中，雙方不再像是呂西亞斯言論或蘇格拉底第一言論當中，有愛戀者與所愛之人之間主動與被動的區別，在真正的愛慕關係當中，雙方處於對等的關係，共同經營對共同目標的追尋。

234 此處的愛所指的是慾愛，也就是eros，為了跟後面的「慕」形成對比，而選擇譯為「愛」。

235 「慕」在此對應的即「慕愛」，philia，因為此處討論要將慕愛連結到「友誼」的核心構成上，因此在譯文中將兩者皆保留。

236 此處文章寫得有些隱晦，簡單來說，柏拉圖認為愛戀之情本就以強烈的慾望呈現，若不加以克制，那麼彼此的吸引力就會用最簡單的方式被消費，也就是表象或肉體上最直接的歡愉。

237 此處的關係仍然討論的是前面提到古希臘成年男子與少男之間的愛戀關係，這種社會關係所導致的不對等狀態，在柏拉圖討論的脈絡中呈現為「理性能力掌握不足」，因此少男靈魂中的馬車伕尚未有足夠成熟的力量克制縱慾的驅動力。

238 此處「愛慕智慧」即對應古希臘文philosophia一字，然而此處並非「哲學」這門學科之意，而是愛好智慧而引發的行動。

239 此處三者剛好對應到馬車伕（理性），黑馬（縱慾）和白馬（意志），即靈魂當中的三股驅動力。

奴役而心靈沾染惡習，還是解放身上帶有德性之人的那些，三者都一樣[239]。在他們生命終結的時候，若被翅膀抬舉而變得輕盈，就會成為三者之中勝利的那一方，真的像奧林匹克競賽一般，不論是人類智慧或者神聖的瘋狂，都沒有能力帶給一個人如此偉大的良善。

但倘若他的生活模式輕率且不愛智慧，反而愛榮耀〔256c〕，那麼在酒醉或其他無知的狀態下，不受管訓的馬兒就會同一鼻孔出氣，因為馬兒會找到那些跟牠們沆瀣一氣不受管訓的靈魂，一起奔向同一目標。因此，這些人會選擇多數人認為確信的對象追求，且達陣[240]。達到目的之後，牠們還會回來再度需索，不過這也十分罕見，因為這個行動並未經過思想整體的同意[241]。〔256d〕因此，兩個相愛的人，一個比另一人低下，而在彼此熱戀之時與之後，他們都深信雙方皆引領著對方，且得到與分享最大化的好處，讓他們不許在未來交手時互相成為敵人。

不過，在他們生命走到盡頭的時候，因為他們沒有翅膀，也不曾督促自己飛翔，因此，當他們攫獲慾愛之瘋狂的方式就是贏得體能獎項的時候，放棄身體〔對他們來說〕就不是小事。迎向黑暗或者在塵世間行走，並不是天庭的圭臬對那些在天庭之下已經開始遊蕩的靈魂的期望，反之，天規是希望這些生命都能夠往幸福光明走，且在路途上相互陪伴〔256e〕，而正是因為相愛，在成為愛人時也被允許成為有羽翼的靈魂。

就是這些了，我的孩子，當你得到愛你的人的友誼時會享有的所有聖潔。反之，跟那些無愛戀之情的人交往，聽信那些凡夫俗子自以為是的智慧之言，只會讓你享受一些凡人的好處，只會在友愛者靈魂上創造奴役，而多數人還把這當作德性〔257a〕來讚揚，讓他的靈魂再花上九千年的時間，繼續在塵世，甚至比塵世還要低下的地方，失去智性地遊蕩。

看吧，我的朋友，慾愛之神，這就是我們能獻給祢最美且最好的懺頌，用以贖罪。至於所有其他，尤其是命名詞彙，華美流暢如詩，這就是我如何報答費德羅

---

240 柏拉圖在此處暗示了，多數人認為確信的事，往往並非通往幸福的方向，但最主要的是因為這樣的選擇並非獨立自主的判斷結果，而是從眾反智，隨波逐流的結果。

241 聽從多數人意見去追求的目標時常看似大家一致，卻其實內在歧異甚多，這也是為什麼追求直接快速的對象，儘管看似追求共同目標，卻難以維繫關係的穩定，正是因為這種直覺上、不經思考與判斷的相似性十分模糊混雜，缺乏明確的共同性。

挑剔的要求。所以，請寬恕我的第一篇言論，熱情接納現在這篇言論，以彰顯祢的美善與崇高。而祢所賜這篇關於慾愛的藝術，請不要再將它從我身邊奪走，不要因為衝動而離開，賜與我，讓我從現在開始更能受到美麗的男孩們尊敬喜愛。〔257b〕如果在過去，我和費德羅對祢說了太過僭越的言論，那是呂西亞斯，他才是那篇言論的生父，祢應該譴責他，記住是他在祢的主題上講了這樣的話。請轉化他，讓他轉向哲學〔愛智〕之路，就如同他的兄弟浦連馬克斯一樣，也好讓他的小愛人〔費德羅〕不再被兩股言論撕裂，而用他的生命，在對智慧之愛〔哲學〕的啟發下，發表向慾愛之神致敬的言論。

費：蘇格拉底，如果你認為這樣的確與我們較好，〔257c〕那我跟你一起祈願，好讓心願實現。你的言論讓我驚嘆許久，而這言論比起前一個真是美太多了，我擔心，如果呂西亞斯真的答應再重新寫一篇來跟你較量，他的言論和你一比會遜色許多。說到這裡，我令人驚嘆的朋友，有個政治家就在這點上誇大其詞，說呂西亞斯是演說作家[242]。也許哪天他會因為愛惜自己的榮耀而放棄書寫？

蘇：滿好笑的想法，年輕人，如果你以為他會受旁人威脅的話，〔257d〕那你的想像偏離你朋友實在太遠了。不過，你會這麼說，一定覺得那個誇大其詞的人所言帶著貶義。

費：這很明顯吧，蘇格拉底。你又不是不知道，在城邦裡頭，那些最有權力、看起來最高尚的人全都羞於寫作，更不用說把書寫的作品轉交到其他人手上，因為他們擔心在將來會招來的批評，更擔心被人貼上「辯士[243]」的稱號。

蘇：「再嘗味更鮮」，你難道還不懂嗎，費德羅？〔257e〕你沒看到那些追求名留青史的政治家們，都特別想要書寫自己的言論，流傳於世。總之，每次他們寫下一篇言論，在每一篇書寫下來的言論上，都在開頭清楚寫著所有讚揚此篇言論者的名字，而這些名字對這些政治家而言是多麼舒坦的事情。

費：你說這是想表達什麼呢？我不懂。

蘇：〔258a〕你不知道政治家的書寫，在開頭都一定會找到贊同他的人的名字？

242「演說作家」（logographos），是柏拉圖時代一個很特殊的職業，專門為別人撰寫演說稿。因此，演說作家並非演說家，因為他們自己並不宣讀自己寫的演說，而是收費為別人撰寫任何言論。演說作家在此處所引發的問題討論在於：一、他為收費而創作言論；二、寫作作為思想表達；三、書寫言論對知識探詢造成的問題。在此釐清幾個用詞，「寫作」一詞指的是撰寫文章產出相對具整體性內容的活動，而「書寫」則單純指行文撰寫的動作，前者有「內涵創作」之意，後者只指「寫」這個動作。

243 辯士（sophist）是柏拉圖和亞里斯多德時代前後出現的一種特殊身分，也是柏拉圖與亞里斯多德畢生打擊的對象。參見註177。

費：怎麼說？

蘇：都會看到「這篇文章取悅了」，接著「議會」、「公民大會」或者是「議會與公民大會」，接著寫「某某人進言」。我們的作家就是用這種高尚的姿態來介紹自己，讚許自己的才華。接著，向讚揚他的那些人演繹一下他的知識，有時候寫得無比之長。你覺得，這難道不是言論被寫下來的問題嗎[244]？

費：〔258b〕正是。

蘇：然而，如果言論夠格，那麼作者就歡喜走出劇場，但如果情況相反，要剝去他言論書寫者的身分，不許他寫自己是作者，那麼他跟他的同夥都會失意[245]。

費：是這樣沒錯。

蘇：很明顯，在他們心中，這個事業裡面沒有謬讚，只有仰慕。

費：絕對如此。

蘇：告訴我，一個演說家或一個國王，如果〔258c〕他有來古格士[246]、梭倫[247]、和大流士[248]的能力[249]，能夠在城邦裡變成永垂不朽、製造書寫言論的人，他難道不會把自己的生命看得跟神一樣嗎？而後世讀了他書寫下來的文章，難道不會跟他有一樣想法嗎？

費：正是如此。

蘇：結論就是，你覺得這樣一個人，不管他是誰，也不管他跟呂西亞斯有什麼過節，會用「製造書寫言論的人」來指責呂西亞斯嗎？

費：依你所言好像是不太可能，因為他會讓別人覺得他的指責是出於自己私人的〔眼紅的〕慾望。

蘇：〔258d〕所以這樣一來，所有人都清楚了，將言論書寫下來這件事本身，沒什麼

---

244 此處柏拉圖點出言論寫作所衍伸出的第一個問題，即作者有目的地寫作，以討好讀者、賺取讚揚，因為書寫下來的言論方便擴散和搜集評論，而作者更詳載這些讚揚在他的作品上，用這種累積讚揚數量的方式來證明自己作文的品質。

245 蘇格拉底在此點出書寫言論所造成寫作他律，變成取得認同的工具，而非把寫作本身當作是探究真理的目的。

246 來古格士（Lycurgus），西元前七世紀左右古希臘政治家，為斯巴達王族，傳說中對斯巴達進政治改革，是斯巴達的傳奇立法者。

247 梭倫（Solon）是古希臘雅典政治家，致力於改革與立法，最為著名的就是「梭倫改革」。

248 大流士一世（Darius），西元前五世紀波斯國王，兩度征討希臘沒有成功，但對於波斯王國的行政體系建立與規定統一度量衡有重大功績。

249 在此處舉這三人為例並非偶然，因為三人所名留青史的都是他們制定且書寫下來的圭臬法制，由於當時書寫並不普遍，因此書寫的內容在早先不外乎是立法、規條。

250 蘇格拉底在此處強調，寫作並不是像一開始討論中所言，所有寫作都因為被書寫下來而不再良善，反之，是寫作的方式，甚至，是組織思想的方式，使得言論有好有壞。從這裡開始討論修辭學的問題。由於在古代，修辭學是說服的藝術，因此柏拉圖多有批評，認為修辭學透過文字操縱心靈，此處開始有更進一步的討論，將修辭學當中使修辭學有好有壞的核心原因展現出來。

醜惡的。

費：但為什麼會如此呢？

蘇：我想，真正醜陋的，不管是書寫還是口頭上的不華美，都是因為表達的方式醜陋邪惡[250]。

費：這點不證自明。

蘇：什麼能夠決定我們說或講的方式是美是醜？費德羅，我們需要向呂西亞斯，還是哪個從來沒有書寫、也絕對不會書寫的人討教，才能知道關於政治或個人事物的寫作，應該要用什麼體例來寫，像詩人一樣，還是不拘格式，跟一般人一樣就好？

費：〔258e〕你居然問是否有需要？如果不是為了享受這種〔探討所帶來的〕歡愉，我們活著還有什麼意義？但我想這種歡愉，不是那種得先經歷痛苦，否則根本無從品嘗的那種歡愉，這應該是那種令人感到全身舒坦，而且我們可以正正當當將此稱為「服侍[251]」。

蘇：反正我看我們不趕時間。而且我想那些樹上的蟬，自然在最熱的時候唱得最大聲，正在上面一邊相互交談〔259a〕，一邊看著我們。如果牠們正在盯著我們兩個，日正當中，跟其他一般人一樣沒什麼意見交流，只知道打盹，任由自己的思想被懶惰蠱惑，牠們大概會取笑我們，估量我們大概是奴隸，來到牠們這塊高地休息，就像那些趕羊的人中午都會到水源附近。反之，如果這些蟬看到我倆交談，而且絲毫不受牠們歌聲蠱惑，那麼我們就如同航行忽略那些〔用聲音魅惑人的〕水妖[252]，〔259b〕牠們應該會對我們十分滿意，將上帝允諾牠們的特權頒給我們。

費：什麼特權？我從來沒聽過。

蘇：對一個喜愛繆思的人來說，應該不太可能不知道這件事啊。人們是這樣說的：從前，蟬本來其實是人，那些在繆思女神尚未誕生之前就存在的人。後來，當繆思女神們出現且其歌唱也現世之後，這個時代的某些人，傳說中他們因為歌唱

251「服侍」對應的希臘文為andrapododeis，蘊含奴隸的意思，因此這裡說明了辯論探討所帶來的歡愉，就如同臣服於需求的歡愉一般，這種歡愉服侍著我們對言論探討的熱衷。費德羅和蘇格拉底在通篇對話錄當中，都對言論探討展現了極高的熱忱，而辯論探討活動本身也會讓參與者享有討論的歡愉。

252 此處引伸呼應荷馬作品《奧德賽》（*Odysseia*）中尤里西斯（Ulysses）航行中勾魂的水妖歌聲，在其描述中，水妖藉由美麗的歌聲引誘水手讓他們迷失方向，而尤里西斯讓水手們把耳朵封住，專注航線，因此逃過一劫。這個引伸同時也呼應著前述對於愛與追求的討論，儘管理智判斷好什麼才是真正核心的追求對象，仍然會不斷地被表象上的美好享樂引誘而偏離目標。

253 忒耳普西科瑞（Terpsichore），古希臘神話中九位繆思女神當中的一位，為舞蹈與歌唱的繆思女神，其名字當中terpo為喜愛，chora為舞蹈，因此為歌舞繆思。

所帶來的歡愉而忘卻飲食〔259c〕，就在不知不覺中死去了。是從這些人開始，蟬這種物種才出現，牠們從繆思女神那裡得到了特權，終生都不需要飲食，只需一直歌唱，至死方休，而牠們會去尋找繆思女神，讓祂們看塵世間有哪些人還榮耀祂們，而他們之間誰值得悼念。正是如此，對忒耳普西科瑞[253]，記載裡面指出，那些在歌聲中榮耀蟬的人，蟬也讓他們變得更加珍貴〔259d〕。而對厄刺托[254]，蟬會跟那些講述愛情之事物的人說話，對其他人也一樣，依照我們悼念牠的形式來決定。對長女卡利俄佩[255]和次女烏拉尼亞[256]，祂們會注意那些奉獻一生愛智慧的人，還有那些榮耀祂們所掌管的音樂的人。因為，在所有繆思之間，是祂們兩個掌管蒼天和預言言論，不管人或神所發表，都會讓人聽到最美的音律。所以你看，我們有所有理由繼續談話，而不向中午襲來的睡意投降。

費：那我們就來聊吧。

蘇：〔259e〕我們剛剛提議要探討的，是什麼決定一篇言論，不管用講的或寫的，寫得好或不好？

費：沒錯。

蘇：所以在一開始發表這些精彩且美麗的言論的時候，發言者思想裡面並不一定知道他的言論中所探討的到底哪些是真的，哪些是假的[257]？

費：蘇格拉底，我的朋友，在這方面我聽人這樣說過：對那些想要成為演說家的人來說，正確地學習其意見中哪些是真實且符合正義，哪些不是，沒有任何必要〔260a〕，但學習那些在大多數人判斷中貌似正確的事物，卻十分必要[258]。因為在

---

254 厄剌托（Erato）也是九位繆思女神當中的一位，erato以eros為字根，因此指的是愛人，是掌管詩詞頌的繆思女神。由於古代時常將厄剌托與愛情詩歌連結在一起，所以之後才有厄剌托主掌愛情詩一說法，儘管繆思本身主宰的是所有種類的詩歌。

255 卡利俄佩（Calliope）是掌管史詩修辭的繆思，Calli-ope字面上的意義即「悅耳之聲」，卡利俄佩是九位繆思當中最為年長的一位，因此稱其為長女。

256 烏拉尼亞（Ourania）是天文占星的繆思女神，Ourania為「天空的」之意。

257 在此處蘇格拉底點出的，是語言發展到一個程度時，開始超出現實指涉的現象，也就是說語言敘述的能力已經足以建構出自己的真偽參照，在講述的時候，甚至連作者都不需要知道言論內容的真偽。在今日這個問題不再被視為需要討論的問題，因為語言的發展已經達到很高程度的相對自主性，藉由敘事能夠虛構情境的能力也顯得稀鬆平常，然而，回到當時的思想發展脈絡，反而可以注意到語言並非從一開始便有此能力。語言在初始階段其指涉的內容關係簡單，因此指涉的範圍層次較少且範圍較小，因此讓人錯覺認為語言的指涉不超過實在，其實只是因為語言的複雜程度太低，而不足以建構出超過當時所認定的「實在」範圍。當語言與認知的複雜程度不斷提升，事實上是認知和語言能夠建構出的複雜度，已經超越簡單的經驗描述，語言在內部能夠透過敘事來自我界定語句真假對錯，而此真假對錯可以相對獨立於被稱為實在領域的真假對錯。換句話說，小說中敘述出的真假對錯儘管不存在於所謂的實在，但其敘事仍然能夠讓讀者探討其中真假對錯。

258 費德羅此處指出很重要的一點，演說或修辭中的癥結是他律性，也就是說，與其堅持什麼是符合真實正義，重點是符合聽眾認為的真實正義，而聽眾認為的真實正義到底是不是真的真實正義，就變得不重要了。

這裡用來說服別人的是意見，而非真理。

蘇：「不可以輕視那些有知者的看法」，費德羅，應該要嘗試知道其所言是否正確。不過你剛剛所言也不可不慎。

費：你說的對。

蘇：我們就這樣來檢視這個問題。

費：怎麼檢視？

蘇：〔260b〕假設我想要說服你在獲得戰馬之後，去戰場上擊退敵人，但我們兩人沒人知道馬是什麼，而我只知道一件事情：那就是費德羅以為馬這種動物是有著大耳朵，且日常生活中會看到的動物[259]。

費：太荒謬了，蘇格拉底。

蘇：還沒完。如果我認真想要說服你，創作一篇讚頌驢子的言論，而我稱它為「馬」，並且跟你說，這頭動物不管在家戶內，還是鄉下都難以獲得，因為〔260c〕牠們用來戰鬥，而且能夠背負很重的行李，對許多事情都很有幫助[260]。

費：這真的還是太荒謬了。

蘇：所以，對自己的朋友，到底是荒謬好笑好，還是要嚇人且討人厭？

費：答案很明顯。

蘇：所以說，當演說家不知道何為善惡，到了一個充滿無知的城邦，然後開始說服城邦裡的人，不是像剛剛說的這種驢子的讚頌把牠當作馬，而是讚頌邪惡，把邪惡當作是善[261]。而在他知曉多數人的意見之後，他就會說服大家與其為善，不如為惡。在這樣的情況下，你認為演說這種藝術〔260d〕，其耕耘會帶來什麼樣的果實？

---

259 蘇格拉底用誇大的方式，示範如何用語言說服的方式誆騙聽眾，換句話說，如何用語言塑造一個非真實、甚至錯誤虛假的內容，讓人信以為真。柏拉圖花費大量心力研究弄假成真和搬弄是非背後的機制為何，而語言如何讓不存在的事物活靈活現。

260 蘇格拉底此處的案例儘管誇大，卻可以一窺騙術的機制。案例當中，聽眾不知道驢，也不知道馬是什麼，因此當人說一個模稜兩可，既可以用來說驢子、也可以用來描述馬的敘述，就有機會指驢為馬，將宣稱是馬的定義安在驢子這種動物上。由此可見，騙術的前提在於認知的缺乏，但卻不一定是完全沒有任何知識，因為在完全沒有任何認知的狀態下，判斷便無從產生，因此騙術利用的是一些零碎模糊的印象，且用模稜兩可的話語內容，讓說話的內容符合聽眾腦中零碎模糊的印象，藉此將假的判斷為真。由此也可以注意到，名詞的存在並非由其指涉物作為意義根據，名詞本身也許最初是對一個意義整體的命名，卻因為名字的相對獨立存在，而使得其指涉概念的精確程度不再必要，讓名詞空洞，創造了魚目混珠用敘述任意填充名詞指涉的可能性。換句話說，「馬」或「驢」的名詞因為認知的缺乏，且名字本身所指涉的意義模糊不明，因此有空間操作，將特定本來屬於驢的內容安在「馬」的名詞上，讓人誤信那是馬的定義。這個問題是「謬誤」存在的關鍵，柏拉圖另外在《泰鄂提得斯篇》與《辯士篇》當中有更深入的討論。

261 從「馬」和「驢」的案例，到「善」與「惡」混淆的案例，差別在於前者指涉的是具體的物，而後者則是抽象的價值。蘇格拉底想要展示，如果連有具體指涉物的名詞都能夠被混淆，那麼沒有具體指涉物的價值更有可能被言論混淆。

費：一定是很不好〔的結果〕。

蘇：所以，我的好孩子，我們這不就把演說這門藝術的場域探勘殆盡了？而一定會有人說：「你們這些語出驚人的人，怎麼犯下此等蠢事？我從來不教對真理毫無認識的人演說，但是，若我的意見還有點分量，我希望你們在拿我出去招搖撞騙的時候多點認知。這就是我的重要聲明：沒有我，那些認識實在的人也無法知道何謂說服的藝術。」

費：〔260e〕他這樣說不對嗎？

蘇：如果當這些言論可以證明這是一技藝的話，我就同意。當我感覺一直聽到某些捍衛且見證的言論，認為演說並不是一門技藝，只是沒技巧的用途罷了。一個拉柯尼亞人[262]說，如果這門技藝無法達到真理，那麼說話就不是一門技藝[263]，因為說話永遠無法擁有真理。

費：〔261a〕我們很需要這樣的言論，蘇格拉底，那你把這些言論都呈現出來，我們來看他們怎麼說。

蘇：我這就把它們並呈出來。高尚的野獸們，拜託你們說服費德羅這個美男孩之最，如果他對智慧沒有足夠的愛慕[264]，那沒有任何事物他有能力論說了。該你回應了，費德羅。

費：質問我吧！

蘇：那麼，總體來說，演說是一門透過說話影響心靈[265]的藝術，不只在議會，或者公民大會，還是私人場合，演說的題目可以很微不足道〔261b〕或擲地有聲，而正當的

262 拉科尼亞人（Laconian）是希臘伯羅奔尼薩半島東南部區域的居民，一直是斯巴達的核心區域。

263 「技藝」一詞所對應的是techne一字，此字是「技術」與「藝術」的字源。在哲學的詞彙當中，techne相對於episteme，是一門應用、入世、實作的學問，在實作當中汲取創造產品的知識，雖然不同episteme的抽象、出世與實用無關的知識，techne的目標仍然是用實作的方式、涉及運作的道理且在實作中重複執行。在這個意義上，「技藝」必定指涉真理的尋求，而不能只有用途。

264 對智慧沒有足夠的愛慕，即沒有足夠的哲學，兩者在希臘文中所用的是同一個字。

265 此處的「心靈」在希臘文中為phyche，亦即前文「靈魂」的希臘文，這裡之所以沒有翻譯成「靈魂」，是因為指涉有些微差異，強行統一反而使得句子語意混亂。特此說明，本文中「心靈」一詞所指為靈魂的所有意識內容整體，而「靈魂」指的則是使此意識內容存在的基礎，雖然兩者指的是同一對象，卻因為涉及不同問題，而不選擇用同一個翻譯詞，但仍然必須提醒讀者，「靈魂」與「心靈」在希臘文中所對應的是同一個字。

266 涅斯托爾（Nestor），是古希臘神話中的人物，這個人物出現在荷馬的兩篇巨著《伊利亞德》（*Ilias*）和《奧德賽》當中，此處引用的就是《伊利亞德》當中談論修辭藝術的智者。Nestor在某些西方語言當中因此有睿智的意思。

267 尤里西斯是史詩《伊利亞德》當中的人物，尤里西斯和涅斯托爾是這篇史詩中以修辭藝術著稱的兩個人物。此處柏拉圖援引一個虛構史詩當中的修辭術著作，用了種諷刺的風格來展現當時所使用的修辭學根本沒有堅固的理論依據。

268 帕拉美德（Palamede）是亞哥斯（Argos）的英雄，以他的信念、才華與修辭藝術著稱，卻仍然遭到尤里西斯陷害，而被阿伽曼儂（Agamemnon）判處死刑。

使用方法絕對不會是針對那些細瑣簡單的題目。你聽到的應該是像這樣的說法吧？

費：不是，完全不是這個意思，而是在書寫或說話的過程，才有技藝可言。我們是可以在公民大會聽到沒錯，但沒聽過的更多了。

蘇：但是你只聽過涅斯托爾[266]在尤里西斯[267]的「演辯的藝術」，那是在特洛伊的時候他們休閒娛樂寫的東西，你沒聽過帕拉美德[268]的說法嗎？

費：〔261c〕是啊，但我甚至沒聽過涅斯托爾，如果你不認為高爾吉亞[269]可以相當於涅斯托爾，而司拉西馬庫斯[270]和西奧多[271]可以算得上奧德賽的話。

蘇：也許。我們先把這些人放一邊。告訴我，在法庭上，反對方在做什麼？難道不是提出相反的論述嗎？你如何稱呼這點呢？

費：就相反論述啊。

蘇：在正義或不義的意義上嗎？

費：是。

蘇：但是，那些用這門技藝操作的人，如果他有意圖操弄，〔261d〕那麼面對同一群聽眾時，這些人的言論難道不會先聽起來正義，爾後又可以變得不正義？

費：然後呢？

蘇：如果在公民大會裡面，他用這種方式說話，難道不會讓人以為同樣的事情，有時是好的，有時卻是相反？

費：是沒錯。

蘇：我們現在來講〔人稱〕伊利亞的帕拉美德[272]。我們不知道他說話的技藝，但他能夠讓大家聽了他的言論，覺得同樣一件事可以相似又相異，既單一又多重，甚至同時既靜止又活動[273]。

費：太厲害了。

---

269 高爾吉亞（Gorgias, 483-375B.C.），是古希臘著名的辯士，先蘇時期的哲學家、修辭學家。柏拉圖的一篇對話錄即以他為名，稱《高爾吉亞篇》。

270 司拉西馬庫斯（Thrasymachus）也是古希臘時代的著名辯士，作品和事蹟都沒有留下完整記載，對古希臘修辭的貢獻主要是開創押韻修辭，除此之外，多數人對他的認識是柏拉圖《理想國篇》當中的對話人物。

271 西奧多（Theodore）是西元前五世紀末的拜占庭演說家，其撰寫了修辭學手冊，增進了修辭學的方法架構。

272 歷史上並沒有記載這個〔人稱〕「伊利亞的帕拉美德」所指的是誰，但此處很明顯指的是一位辯士，有學者認為柏拉圖此處影射的是伊利亞的芝諾（Zeno, 490-430 B.C.），提出運動悖論的哲學家。

273 此處描寫當時辯士運用修辭能力操縱聽眾，對柏拉圖來說，辯士最關鍵的特徵，但同時也是辯士獨特的能力，就是讓聽眾相信其明顯造成矛盾的話語。

274 在此段落當中，柏拉圖透過蘇格拉底之口，不斷強調「相似」這個概念，可見詭辯的關鍵作用並不在於把錯誤虛假的奉為真理，反之，詭辯的技巧在於模糊所有差異，讓每個討論的對象之間沒有清楚的界定與概念，換句話說，當每個想法都看起來差不多的時候，有效的判斷就無立足之地。因此與其說詭辯顛倒是非黑白，還不如說詭辯在於混淆是非黑白之間的區分，只要區分不再清楚，聽者自然容易錯判。

蘇：然而並不是只有在議會裡面，這種相互矛盾的言論才存在〔261e〕，在公民大會裡面也有，甚至所有觸及言語的領域都可能運用像這樣的技藝，假如這種技藝真的存在，那麼在所有具備潛力和能力的人手上，這種技藝能讓所有事物都彼此相似[274]，而當其他人在背後也使用相似的技藝，就會揭發他的操弄。

費：你為什麼這麼說？

蘇：我覺得這個論點比較清楚。騙術在以下哪一個比較容易：那些很不一樣的事物，還是那些差異少的？

費：〔262a〕差異少的。

蘇：所以就很明顯了。你慢慢一點一點地移動，比起大步移動更可以逃過視線往相反方向移動[275]。

費：我不反對。

蘇：那麼嘗試對他人使用騙術，但自己不會上當的人，他們一定要清楚區分那些相似的實在，以及不相似的[276]。

費：必定如此。

蘇：那麼，極有可能如果我們不知道每個實在到底真實處為何，不知道那些相似程度到底是大是小，就沒辦法把這個東西從其他東西裡面區分出來？

費：〔262b〕不可能區分。

蘇：那，如果今天我們有一個意見[277]跟事實不合，我們處於被欺瞞的狀態，這個狀態很明顯是由於某些相似性而來[278]。

費：沒錯，事情往往就是這樣演變的。

蘇：所以，有可能有一種技藝，藉由實在的事物之間的相似性，一點一滴轉變，直到

---

275 此處蘇格拉底更進一步分析，詭辯混淆界線的機制為何，混淆差異不再一次到位說服別人相信驢子是馬，而在於一連串模稜兩可的敘事，使得驢子被說成能負重的珍貴駝獸、因為能負重而適合上戰場當作坐騎，直到最後被說成是馬。

276 蘇格拉底這句話呼應了另一篇對話錄《小西庇亞斯篇》（*Hippias elatton*）當中對於欺騙者本身知曉真理的討論，然而儘管此處討論的是騙術，對柏拉圖來說詭辯者，或稱辯士，並非玩弄騙術，因為他們沒有意圖欺騙，只有意圖要聽者取信於他，因此詭辯者對柏拉圖來說比騙子還要更激進，因為騙子還知道真假有別，而詭辯者已經不在意真假之間的區別。

277 **doxa**，請參見註77（頁173）。

278 蘇格拉底此處嘗試分析一個假信念或假的意見如何形成，首先必須區分的就是印象或思想中的對象與所謂實在中的對象之間，沒有同一性的關係，也就是說思緒當中的對象與所謂實在當中的對象之間，沒有一對一的對應關係。實情與意見之間如果可能混淆，那是因為有空間讓相似性介入其中，讓所謂實情被一連串與其看起來相似的意見，堆砌到最後形成完全不忠於實情的意見。換句話說，對一個對象的意見，在意見中並沒有辦法整體全面地掌握此對象，而每個針對同一對象的意見都只掌握到特定面向，在這個前提下，才可能用一系列偏離的意見來堆砌出一個與所謂實在不同的對象。

最後走到相反的一端。如果我們自己不認識每一個事物的真實，我們自身可能逃過這種混淆的狀態嗎？

費：不，永遠不可能。

蘇：〔262c〕所以，我的朋友，這個說話的技藝，我們剛剛已經表明了，如果不認識事物真理的話，只涉獵意見的話，那這門技藝根本是笑話，完全沒有技藝可言[279]。

費：恐怕是這樣。

蘇：所以在你帶來那篇呂西亞斯的演講，以及我們剛剛才探討的言論中，你想知道哪些部分毫無技藝可言，而哪些部分又稱得上藝術？

費：我最想知道的就是這點，而我們剛剛說的都太摸不著邊際[280]，缺乏適當的典範。

蘇：我們運氣很好，剛剛我們的兩篇言論〔262d〕剛好各自作為一種案例來提供說明的典範，讓我們瞭解那些自身知道真偽的人，怎麼透過操弄言語來引導聽眾視聽。就我的案例來說，我把功勞歸功於此地的神靈，當然也可能是繆思女神的代言人們，在我們頭上唱個不停，對我們醍醐灌頂這種殊聖的技藝，而我們自身並不擁有這種說話的技藝。

費：你愛怎麼說都行，但你說的都要有證據可以檢驗才行。

蘇：那你必須重新檢視呂西亞斯演說的開頭。

費：〔262e〕「關於我的所思所為，我的意圖你全然知曉。我思如我所言，列舉出這個問題的利弊對你我都有利。你不會拒絕我，正因為我並不愛你。對於那些有愛戀之情，一旦慾望止息，他們便後悔……」

蘇：停。先說說在這裡有什麼錯誤或有失技藝之處，好嗎？

費：〔263a〕好。

蘇：對於有些事物所有人都無所異議，但在另外一些事物上卻會有所爭議，可能不是所有人都對這點十分明瞭。

費：我覺得我懂你說的，但你能解釋清楚一點嗎？

蘇：我們用一個名詞的時候，比如說「鐵」或「錢」，難道所有聽到的人腦袋裡想的

279 經過這些討論，蘇格拉底總結：如上所述的技藝操弄的不是知識而是意見，因此根本稱不上是技藝，只能算是伎倆。

280 希臘原文中用的字為pyilos，字面上的意思為「貧瘠」、「光禿禿」的意思，意指之前講的空有骨架、但沒有足夠內容讓人充分理解，因此需要舉個例子來呈現骨架蘊含的典範。

281 蘇格拉底在此處舉的例子區分出兩個類型的名詞，一個有具體物作為指涉，第二類型則是以一個概念或意念作為指涉。兩者之間並沒有根本上的不同，而是因為第一類型的名詞，由於其指涉為具體的物件，多數時候對名詞意義的掌握就較為明確且常用，而第二類型的名詞因為指涉較為抽象，多數人掌握地較為不嚴謹，因此有操作意義指涉的空間。

不是同一個對象嗎？

費：是同一個對象。

蘇：那當我們說「正義」或「善」的時候，難道不是每個人都朝自己想理解的方向去理解，導致我們不只相互之間有異議，連跟自己都難有共識[281]？

費：完全沒錯。

蘇：〔263b〕所以在某些字詞的指涉上大家沆瀣一氣，但在另一些字詞上卻不然。

費：是這樣沒錯。

蘇：那麼，兩種字詞裡面，哪一種我們比較容易被誤導？哪一種更能展現修辭術的威力？

費：當然是會有歧異的那一種字詞[282]，這很明顯。

蘇：因此，如果致力於習得修辭學這門技藝，首先就必須確立區分這兩種字詞的途徑，並且掌握每個類[283]的特徵，其中某一些必然蘊含著多義與分歧，而另一些則相反。

費：〔263c〕喔，蘇格拉底，誰要是能掌握這些，定能夠悟到類[284]之精華。

蘇：接下來，我想我們不能讓每一個類繼續逃過我們的注意力，所以要讓感官敏銳，好讓我們能夠精確掌握我們進行區分的事物本身所屬什麼類。

費：當然。

蘇：因此，我們剛剛探討的愛，是屬於大家會有爭議的那一類，還是毫無爭議的那一類？

費：我想是屬於有爭議的那類。如果你認為，就如你剛剛在這個題目上所發表的看法，愛可能同時對愛戀者與被愛的人帶來損害，反之，愛也可能帶來最大善。

---

282 由此可見，容易被誤導的並不只是因為缺乏認知，而是在集體當中對字詞的指涉先在就已經有歧異。簡單來說，鐵或錢的這類詞彙比較不容易被誤導，只是因為在指涉上較不會有歧異，而不是因為這類字詞的意義較為明確或真實。

283 「類」在此的古希臘原字為eidos，與柏拉圖的「理型」同字。Eidos最基礎的字意和「看見」有關，指的是事物所顯現且被察覺的型態，因此有「形式」、「種類」，甚至有時作「圖像」的意思。在此翻譯為「種類」，而非「理型」或「圖像」，一來因為前文接連都專注於區分兩個集合，其中一個的指涉比較具體不容易被誤導，另一個集合則由字意指涉多義且分歧的字詞組成，因此按照文章邏輯，在此確立的就是兩個種類。二來，柏拉圖使用「理型」概念的時候，會特別去探討「理型」和「自在自得」的條件，因此會在後面加上kath auto（by itself），在此並沒有此用法。最後，文章脈絡沒有任何線索與「影像」的議題直接相關，儘管在兩種類型中，其中一種是字詞所投射的影像清楚具體，而另一種則投射不出確切的影像，然而此處後面緊接著兩種區分，譯為「影像」無法解釋為何後面接著二分法的確立，因此唯一適當的翻譯為「類」。

284 因為柏拉圖在此討論的是一個字詞所指涉到的思想，字詞本身指涉的對象都具普遍性，因此其指涉的其實是思想中針對其指涉對象所區分出來的一個類，比如說「椅子」這個詞指涉到「椅子」的普遍概念，而非特定某一把椅子。在此，思想裡面對應字詞指涉的就是此處譯文中的「類」。

285 「神靈上身」一詞古希臘文做enthousiastikon，讀者可以輕易發現與歐洲語言中「熱忱」一字十分相似，英文寫作enthousiastic。此字的根本意思指的就是某個人進入神靈中的這種狀態，字頭「en」指得是「裡面」，而「thou」則指的是「神」（theos）。熱忱一詞因此有蘊含「超越個人的動力」，指一個人做事宛如神助一般。

286 潘（Pan）是希臘神話中半人半羊的大地之神，之後成為牧神。由於祂代表的是自然，因此象徵富饒多產。

蘇：〔263d〕你所言極是。不過你可以告訴我，我剛剛發言的時候有沒有先從界定「愛是什麼」開始？因為我剛剛被神靈上身[285]，一狂熱什麼都不記得了。

費：有的，天吶，你的界定可是極端嚴謹。

蘇：噢！你如此說來，作為阿奇羅之女的水仙們和愛馬仕之子潘[286]，他們所加持的言論跟呂西亞斯的比起來多麼高尚。當然也可能是我空口說白話，但也可能相反，是呂西亞斯談愛的言論，一開始就強迫我們按照他所希冀的樣子來構想愛〔263e〕，並且根據這個構想安排言論鋪陳，以達到他要的結論。你想要我們再檢視一遍呂西亞斯言論的開頭嗎？

費：如果你覺得有需要的話我就唸，不過我覺得你要找的不在這裡。

蘇：唸吧，這樣我才能親耳聽他到底怎麼講的。

費：「關於我的所思所為，我的意圖你全然知曉。我思如我所言，列舉出這個問題的利弊對你我都有利。〔264a〕你不會拒絕我，正因為我並不愛你[287]。對於那些有愛戀之情者，一旦慾望止息，他們便後悔沒做些本來能做且對自己有利的事情。」

蘇：這個人需要付出很多努力才可能達到我們尋求的程度啊！他不從開頭寫，卻從結尾倒過來組織他的言論，把整個思緒都顛倒過來了，他劈頭就先從該做結論的部分寫起，寫那些愛戀者論述到結尾才應該跟少男說的話。難道我有說錯嗎？費德羅，我親愛的朋友。

費：〔264b〕完全如你所說，蘇格拉底，這篇言論倒果為因。

蘇：除此之外其他呢？難道沒有人覺得這篇文章就像一堆元素載浮載沉？文章裡呈現的第二點難道有什麼必然性，讓它一定要被擺在第二點，而不是讓其他點先呈現嗎？如果你問我意見，我是沒任何知識，但是我覺得他好像想到什麼就寫什

---

287 呂西亞斯的演說是針對非常具體的目的而寫，因此雖然是演說稿，卻不像一般我們熟知的西塞羅演說是為了向大眾宣讀，這種類型的演說稿是寫來讓特定人針對特定對象、且為了達到特定目的來進行說服。這篇演說即是寫來讓想要吸引年輕男子的人，說服他想要引誘的對象臣服於他。這篇演說稿並非史實上呂西亞斯真正的作品，而是柏拉圖按照當時修辭風格虛構出來的演說，透過一定程度的誇大，來突顯當時這些以修辭為重的演說稿如何操弄文字說服聽者。

在這篇演說的一開頭，柏拉圖就已經暗示了這類修辭的演說為了達成說服的目的，其重點不在探討真理或知識，而只是要讓對方相信言論的有效性。因此這句「你不會拒絕我，正因為我並不愛你」，說明了整篇言論的正當性基礎只憑藉於演說者宣稱他自己並非言論所指涉的對象，因此言論有效。簡單來說，這一篇呂西亞斯的演講稿強調「不要跟有愛戀之情者來往，因為這些人的判斷被慾望扭曲」，而演說者藉著宣稱自己不是有愛戀之情者，來強調「不要跟有愛戀之情者來往」這個言論有效。柏拉圖在此言論一開始就先留下線索，暗示呂西亞斯的言論缺乏立論基礎。

288 此處柏拉圖透過蘇格拉底的這個比喻說明一個十分重要的概念：元素和整體同樣重要，更重要的是元素之間得以構成整體的關係，也就是我譯為「關結」、英文中articulation的概念。Articulation的最基本意義是「關節」的意思，也就是骨骼之間不只相互連結且相互分隔的關係，因此在譯文中強調「關」字意中的分隔與「結」當中的連結之意，而譯為「關結」。

麼，儘管這些思緒本身並不糟糕。而你，你寫文章沒有什麼必須注意的規則，讓文章內元素的掌握方式，就如同安排元素一樣前後有序。

費：你真好，居然相信我有能力精確地分析〔264c〕呂西亞斯寫作的過程。

蘇：你至少會同意一點：所有言論都像所有生物一樣，必須和屬於它自己的身體結合才是一個生物，所以不能缺頭、缺腳，而一定要有軀幹和四肢，寫作的時候也一樣，要讓每個元素各自清楚，作為整體也要清楚[288]。

費：確是如此。

蘇：這麼說來，你就來檢視一下你同伴的這篇言論，看他到底是清楚還是不清楚，你將會發現這卷軸上所寫與佛里吉亞之米達斯[289]所刻在其墓碑上的沒什麼不同。

費：〔264d〕哪一篇墓誌銘？有什麼特別之處嗎？

蘇：聽好了，

黃銅處子，我這麼立於米達斯之墓上，
只要水還潺潺地流，只要參天大樹還繼續青蒼，
我就常駐此地，立於哭泣者前，

向過客們，我說：米達斯，於此安詳。

〔264e〕這墓誌銘裡頭的每個元素，不管先讀，還是最後讀都沒有差別，我想你應該知道我在講什麼[290]。

費：你在嘲諷我們的言論對吧，蘇格拉底。

蘇：那麼我們就跳過這篇言論，以減輕你的負擔。不過在我看來，此言論提供一個很豐富的典範，能讓人看見該檢視的地方，更重要的是，讓我們避免重蹈覆轍。那我們就來檢視其他〔兩則剛剛討論過的〕言論[291]，因為對我來說，如果我們想要探問話語的藝術，這些言論中蘊含了適合拿來思考的〔元素〕。

費：〔265a〕怎麼說？

289 米達斯（Midas）是佛里吉亞（Phrygy）的國王，時常被視為英雄人物。

290 此處蘇格拉底對於呂西亞斯言論的分析就很清楚了，蘇格拉底在費德羅朗誦之後，就已經說呂西亞斯言論當中的元素並非都錯，此處更是明白點出，呂西亞斯的言論之所以不好，在於他只是毫無順序地列出一堆元素，彼此之間沒有任何關係，就如同這篇墓誌銘一般，把所有句子打亂重新排序，對其意義也不會有任何影響。若是元素之間並沒有特定關係，相對來說，元素就無法形成一個意義整體，這也是為什麼蘇格拉底認為呂西亞斯的言論並非好的修辭，這點除了論題內容本身的問題之外，更重要的是思想元素在此言論當中沒有任何組織。

291 此處的兩篇言論指的是蘇格拉底自己提出的第一與第二篇言論。

蘇：這兩則言論相互矛盾：其中一則說我們應該跟愛戀者交往，另一則說不應該跟愛戀者來往。

費：這也太過剛烈了。

蘇：我以為你會掌握到一點真理，說這話也太過瘋狂。不過我尋找的就是這個詞：瘋狂，我們剛剛說了，愛正是一種瘋狂。難道不是嗎？

費：是。

蘇：然而有兩種瘋狂，其中一種只是人類的病態，而另外一種則屬神聖的狂熱，讓我們跳脫日常的規範習氣。

費：〔265b〕正是如此。

蘇：在神聖瘋狂中，我們又再區分出四種。我們將神啟[292]歸給阿波羅[293]，而巫儀歸給戴奧尼斯[294]，將詩人的天啟歸功繆思，最後將狂熱之愛歸功於阿芙羅狄蒂[295]與愛羅思[296]，而狂熱之愛是四種裡面最高尚的。我們自己都不清楚，剛剛你我怎麼突然就陷入了這種熱情的愛當中，所以在剛剛我們探討出這並非毫無說服力的言論中〔265c〕，我們可能一方面觸及了某些真理，而同時藉此可能接觸到其他真理。我們藉著一些讚頌，透過遊戲[297]，以節制且善言的方式，講述了這個關於你，費德羅，與我共同的主人：愛羅思，這位關照美少年之神的故事。

費：說實話，我聽得十分享受。

蘇：正是在言論的這個點上，我們可以掌握到這個言論如何從譴責愛過渡到歌頌愛。

費：怎麼說呢？

蘇：剩下的都是給孩子們的遊戲，這點對我再清楚不過了：不過在值得追究的部分

---

292 神啟此處指的就是前文當中第一類神聖瘋狂的活動，也就是預知的能力。

293 阿波羅（Apollo）是古希臘神話中的光明之神，到了羅馬時代才成為太陽神。由於預知的能力與「預見」有關，因此天啟能力的守護者是阿波羅。

294 戴奧尼斯（Dyonisus）是古希臘神話中的酒神，與阿波羅所代表的知識與理性成對比，代表以醉人的歡愉感召眾人，因此作為巫儀中瘋狂且有療癒作用的守護神。

295 前文已經說明，阿芙羅狄蒂是慾愛的女神。

296 愛羅思（Eros）即此篇文章中不斷提到的慾愛。在柏拉圖的《饗宴篇》當中，說愛羅思是「貧窮」與「富裕」之神所生，因此永遠處於不斷需索、永不滿足的狀態。

297 「遊戲」（paidia）這個字在此處的出現十分特別，因為「遊戲」一詞和今日的意義有所不同，重點不在於競爭或者娛樂，而在於「無目的性」與「無實用性」，因此在此用「遊戲」一詞點出稍早蘇格拉底與費德羅之間的討論，並沒有其他目的，只因為雙方想要討論且在討論中取得歡樂。另一方面，柏拉圖在此用「遊戲」二字，也許是想強調當時言論的非嚴肅性，因為只是討論當中的切磋，儘管有其缺陷也只是過程。

298 從這裡開始，蘇格拉底開始將討論的方向從說服人的修辭學轉到思辯的辯證法上，在多元且散亂、相互區別的元素當中，在對話中找出雜多當中隱含的單一理念，在分析與綜合的一來一往中，使探討對象的全貌更清晰。因此，第一種形式在於從雜多中洞見單一，而第二種形式想當然耳是相反的操作。

中，可以區分出兩種形式，〔265d〕而這兩種形式，若能透過它們掌握到這門技藝的威力，就並非無足輕重。

費：哪兩種呢？

蘇：第一種形式在於引導我們從一群散亂的元素裡往單一理念前進[298]，讓我們能透過界定每個環節，使每個元素清楚，也讓我們更清楚知道自己想探究的對象為何。如同剛剛我用這種方式來探究愛，看對愛的界定到底是好是壞，而〔在這主題上〕的言論就得以有足夠的清晰度讓我們互相達成共識。

費：那另一種形式呢？蘇格拉底。

蘇：〔265e〕第二種形式剛好反過來，在於將〔相互關連的〕元素依照關節分割出子類，而且不破壞分割出來的任何一個部分，避免像劣質的屠夫一般[299]〔266a〕。就像我們言論裡面所進行的步驟，在思想中散亂無意義的元素找到它們之間共同享有的形式，就如同身體上成雙的部分有同樣的命名，只用「左」、「右」進一步區分，我們的兩個言論也是如此，在癱瘓理性的〔所有狀態〕找出單一形式，接下來，左邊分割出來的部分會跟右邊對襯。第一種形式致力於在左邊這種癱瘓理性狀態中探究，直到找到一種愛，而我們正當地將其界定為對理性的詆毀。在另一個言論當中，我們則探究瘋狂的右半部，儘管左右兩邊都以瘋狂命名，右邊所展現的卻是一種神聖值得讚頌的狂熱之愛，〔266b〕而這種神聖狂熱之愛是成就人類最大善的因。

費：你所言極是。

蘇：在這個概念下，我說自己墜入愛河，費德羅。正是分割與綜合這兩個形式讓我們能夠思想、說話啊！如果我能在其他人身上找到這種引領人在雜多紛亂中看見單一整體，「那麼我定跟隨他的腳步與蹤跡，把他當神一樣崇拜」。而那些把這種分割與綜合能力發展到極致的人，我稱他們作「辯證者」，〔266c〕我想只有神能夠評斷我這稱呼到底是對還是錯。告訴我，我們應該怎麼稱呼那些向你和呂西亞斯求藝的人？他們想求取能力難道跟演說的技藝無關嗎？這種技藝讓西拉斯馬庫斯和其他人得以成為偉大的演說者，進而將此技藝傳授他人，而為了學取這種技

---

299 第二種形式，即是從概論的單一理念出發，按照理念面向的不同而區分出類別。此處的「屠夫」比喻就在於說明切割也有條理，必須按照「關結」切割。然而，此論點隱含了一個想法，就是單一理念從來不是我們想像的均值且單一，不然切割就不可能實現，既然可能切割，那麼代表的是單元內部已有歧異反張（ambivalence）的兩股相背卻又相輔的力量，才可能使得切割得以實現。而辯證法在哲學史上的動態也保持了「內在矛盾作為動力」的概念，如果辯證法不預設內在反張，那麼就無法說明翻轉的動力從何而來。
感謝臺灣大學社會系賴曉黎副教授的討論，筆者採納賴教授對ambivalence的翻譯，譯作「反張」，同時保留「對反」，以及共同張出一個整體的意義。

藝，人們不吝於獻上跟給國王一樣的厚禮來學習。

費：這些人也許跟王室並列，但他們並不認識我們前面探討的能力。我認為，剛剛討論的這種形式的藝術，正確來說應該被稱為「辯證」，而在我看來「修辭」的問題上，我們還有許多疑問無解。

蘇：〔266d〕怎麼說？你覺得在這兩種形式之外，還有其他方式讓我們能習得這門〔說服的〕藝術嗎？那麼修辭學上我們沒探討到的部分，我們盡量不帶有鄙視的眼光，來看看其所謂為何。

費：蘇格拉底，〔我們沒探討到的部分〕有很多，像是書裡面對話與技藝的描寫。

蘇：好在你提起。首先，我想是「啟」的部分，我們應該先講言論如何起頭，也就是你所稱作細緻藝術的部分，不是嗎？

費：〔266e〕是。

蘇：第二步，發展「敘事」及「見證」；其三，「線索」；其四，「推定」。另外，如果我沒搞錯的話，還有拜占庭來的那篇精闢言論中所提到的，「證據」及「附加證據」。

費：你是在跟我說西奧多大師嗎？

蘇：〔267a〕當然！他還進一步在控訴與申辯中區分了「辯駁」與「附帶辯駁」。另

300 根據柏拉圖對話錄當中的描述，帕羅斯島的伊凡諾是與蘇格拉底同時代的人，在《斐多篇》當中是詩人，在《申辯篇》當中卻是辯士。以上這些針對伊凡諾斯，甚至其他作者，所描述他們所著的辯論方法，多半沒有真實的歷史文獻能證明柏拉圖此處所言，但此處的討論重點其實並不在於確切的辯論技巧。

301 「影射」一詞為希臘文hypo-delosis的翻譯，希臘文中hypo指的是「下方」，與hyper相對，delo是「清晰」、「明亮」的意思，因此這個組合字的意思就是光照之處在意義之下，另一層藏在底下的意思才是該注意的地方，因此譯為「影射」，希望在中文語境中，同樣用光影之間的關係來掌握這個字的意義。

302 提西亞司（Tisias），生於敘拉古，是西元前五世紀的作者，古代修辭學的奠基始祖。關於提西亞司的歷史紀錄十分缺乏，但他所建立的修辭學院卻有史料記載，著名的辯士高爾吉亞便是出自此修辭學院。

303 此處點出了修辭或詭辯對柏拉圖來說最嚴重的問題，即是擬像與真相之間的混淆。擬像（simulacre），有時被譯為「擬真」或「仿真」，即是相似於某物卻不是某物之意，比如說鏡子中的影像即為「擬像」。整段的討論當中，一再強調詭辯用各種技巧來創造擬像，且藉著一系列擬像的逐漸偏離，來引導聽眾將擬像當作真實。

304 這種話術直到今日仍然十分常見，一方面無限簡化，弭平所有差異，不斷強調對象之間的同一性，將抽象概念完全與一個具體概念劃上等號。另一方面則相反，無限放大，朝相反方向的操作，讓很具體的概念直接等同於很抽象的概念。舉例來說，無限簡化的伎倆可能會說「幸福，就是要開心，開心就是能享受，能享受就是要有錢，因此幸福就是有錢」；而無限放大則把整個論調反過來，說「有錢就能享受，享受就得到快樂，而快樂就是幸福，因此有錢就是幸福」。讀者可以注意到，儘管這個案例粗糙簡單，一般人可能不會被此說服，但卻可以窺見到這樣的論調之所以可行，每個元素之間都有看起來相似，且因為沒有清晰的概念區分，而出現的模糊地帶，這個模糊地帶就讓人有機可趁，用一連串的「等號」來把這個相似性愈拉愈遠，又或者用一連串的「對反」將本來相近的概念變成對立的概念。「藍白拖就是愛臺灣」展現的是前者這種「等號」簡化話術，「寫簡體字就是不愛臺灣」則是後者「對立」話術。

外還有才華洋溢的帕羅斯島的伊凡諾[300]，難道我們不該在中段提到他嗎？他可是第一個提出「影射[301]」、「間接讚頌」與「間接貶責」的人，這樣講可以幫助我們記住這個人嗎？他可是個智者啊！還有提西亞司[302]和高爾吉亞呢？難道要讓這些將擬像看得比真相更值得榮耀的人繼續沉睡嗎[303]？他們透過話語，讓大看起來小，讓小看起來大〔267b〕，讓新穎聽起來陳舊，陳舊聽起來新穎。不管要求講什麼主題，他們發覺了一種方法可以應萬變：無限簡化，或無限放大[304]。然而，有一天我跟普羅迪科司[305]說話，他笑著跟我說他是唯一找到演說技藝竅門的人，他說：這門技藝要求，不長不短，剛剛好。

費：真有智慧，這普羅迪科司。

蘇：我們難道不談談西庇亞斯[306]？我以為這位從埃利亞[307]來的外邦人十分贊同普羅迪科司。

費：那就談吧。

蘇：還有保羅[308]？我們怎麼講述他的《繆思女神之演說神壇》？〔267c〕裡面提到了「反覆修辭法」、「簡潔風格」與「圖像風格」？還有李西尼歐[309]的《字彙[310]》，他用這本跟保羅交換了他的《論語言之美》。

費：蘇格拉底，這樣說來普羅塔哥拉斯[311]不也寫過這類著作？

蘇：完全正確，孩子，他寫了《語言的性質》和其他許多精彩的文章。不過說真的，演說好到他一談起衰老或貧困就催人眼淚的大師，非迦克敦人莫屬，從沒見過跟他們一樣，能用言論使群眾憤怒，〔267d〕卻也能立刻平息憤怒，讓群眾由怒轉喜，而且全憑言論中的聲調和表達方式就能有此效果。他也善於誹謗，跟化解誹

---

305 普羅迪科斯（Prodicos），西元前五世紀末的作家，是辯士也是語義學家，花許多精力在探討字的意義，給予定義，並區分看似同義字之間的差別。

306 西庇亞斯（Hippias）同樣為西元前五世紀末古希臘時代的辯士，多談宇宙科學。

307 埃利亞（Elea）為今日義大利半島南部，古希臘埃利亞學派發源地，為先蘇哲學家帕門尼德斯與芝諾（Zeno, c. 490 - c. 430 BC）的家鄉。

308 保羅（Polos），西元前五世紀人，為高爾吉亞的學生，同樣教授修辭學。根據柏拉圖《高爾吉亞篇》，蘇格拉底在此對話錄當中所閱讀的修辭學手冊可能是出自保羅之手，但對話錄當中的時間與年紀都無法明確證明這點。

309 李西尼歐（Licymnios），生活於西元前五世紀初，曾經是保羅的老師，根據亞里斯多德的引述，李西尼歐被視為詩人和演說家，同時撰寫過修辭學手冊

310 此處著作許多沒有足夠的考證來確定這是著作的名稱或者演講，甚至難以考證柏拉圖此處所引述的內容是否真實存在。

311 普羅塔哥拉斯（Protagoras, 490-420 B.C.），古希臘哲學家，柏拉圖視其為辯士。柏拉圖將他定義為辯士並非沒有理由，普羅塔哥拉斯時常扮演今日律師的角色，根據文獻，他有一次討論到田徑賽當中若標槍誤殺了人，那麼是標槍要承擔責任還是丟標槍的人，亦或是承辦田徑賽的人，探討這類法律上責任歸屬的問題。

謗，全取決於他意圖。至於言論最終，他看似總是能達到共識，有人稱此結為作「總結」，有人給了其他稱呼。

費：你要談「總結」，就是言論結尾時重新提醒聽眾一遍剛剛所講的內容？

蘇：我說的就是這個。也許你也想對演說技藝發表你的看法？

費：我只有些不值一提的細微末節可以說。

蘇：〔268a〕如果是細微末節，那我們就先擺一邊吧。至於我們剛剛談到的技巧，讓我們專注來討論這些技藝的威力和它能用在何處。

費：蘇格拉底，〔這門技藝〕的威力十分強大，尤其是當群眾聚集的時候。

蘇：沒錯。但是，我聖潔的朋友，你仔細看看，就會跟我一樣，發現剛剛說的這些技巧十分零散。

費：你只需說給我聽就行了。

蘇：好吧，那你說，如果有人遇到你朋友艾瑞西馬庫[312]，或他的父親阿庫曼[313]，且跟他們說：「我這個人，知道如何控管人體溫度，且讓我任意使其升高或降低〔268b〕，我若意圖升溫，我就有辦法催吐，如果我改變主意，我總是有辦法幫他從底下散熱，我也還有很多其他方式來引發這類效應。因為我具備這方面的知識，別人把我視為醫生，而若我將此知識傳授給另一個人，他也會成為醫生。」你想像一下，他們如果聽到這些話會怎麼回答？

費：他們大概會問他是否知道這些治療方式要分別用在什麼樣的人、什麼樣的狀況下，療程又有什麼限度？

蘇：假設他這麼回答：「我不知道，但我身邊這個人〔268c〕學過這些，他有能力做到你要求的事情。」

費：他們大概會想說這個人根本瘋了，從哪本書或哪裡聽來一些藥方，就以為自己是醫生了，他根本不會這門技藝。

蘇：那再想像一下，如果有人找了索福克勒斯[314]和歐里庇德斯[315]來，跟他們說：「我

---

312 艾瑞西馬庫（Eryximachus），古希臘物理學家，生於西元前五世紀末，為阿庫曼（Acoumenus）之子，在柏拉圖的《饗宴篇》當中也有提到此人。

313 阿庫曼，生於西元前五世紀，也是古希臘雅典物理學家，是蘇格拉底的朋友。

314 索福克勒斯（Sophocles, 497-406 B.C.）是古希臘三大悲劇劇作家，著有《安提戈涅》（*Antigony*），字意為「不妥協」之意，劇中安提戈涅是國王伊底帕斯與自己母親亂倫生下的女兒（伊底帕斯在不知情的狀況下與自己的生母結婚），在安提戈涅的舅父當上國王之後，判他造反的兄長不得下葬，而安提戈涅堅持古希臘禮儀去埋葬自己的兄長，在一場精彩絕倫與國王的辯論之後，安提戈涅自請賜死。

315 歐里庇德斯（Euripides, 480-406 B.C.）同樣也是古希臘三大悲劇作家之一，同樣也以安提戈涅為主題撰寫過悲劇。

知道如何小題大作，大題小作，任意按我意願來操弄同情、恐懼、威脅和其他所有情緒。」〔268d〕他同時也認為，他若傳授這個能力，就是傳授悲劇劇作的技藝。

費：我想他們也會有同樣的反應，蘇格拉底。大概就在心底竊笑，覺得這人居然以為悲劇就只是生產幾幕戲，讓前後幕之間順暢，加在一起構成一個整體，這樣就可以叫做悲劇了。

蘇：但他們一定會有所矜持不會破口大罵。他們大概會像音樂家一般，面對一個只不過知道如何讓一條弦發出高音和低音，就自認是音樂家的人〔268e〕，他不會大罵道：「可憐蟲，你真的有毛病。」反之，他會說：「真棒，不過音樂還必須要注重和諧，但就你所受的訓練，沒有人能從你的音樂裡聽出和諧來。你也許知道所有在開始注重和諧之前必須要知道的步驟，但你對和諧毫無概念。」

費：你說的很對。

蘇：〔269a〕索福克勒斯大概會跟那個跑來跟他和歐里庇德斯說自己懂悲劇的人說同樣的話，說他也許知道所有創作悲劇之前必須有的知識，但他不認識悲劇這門技藝。同樣的，阿庫曼大概也會說他知道行醫前的一些知識，但不知道醫術本身。

費：正如你所說。

蘇：是吧，想像一下如果今天是阿德刺斯托斯[316]或伯里克里斯[317]聽到我們剛剛滿腔熱血說的那些演說風格，什麼「精簡風格」和「圖像風格」，以及其他提到的技巧且加以檢視，我們能想像他們聽到這些必定也會跟我們一樣，毫不遲疑地批評，〔269b〕並毫不客氣地反駁那些把這兩三個技巧稱做修辭學還加以傳授的人。或者，他們可能反應會比我們文明一點，對我們說：「費德羅，你跟蘇格拉底，與其在那邊責罵他人，你們更應該對這些人有所體諒，他們有些是因為不懂辯證，而無法為修辭學下定義；有些因為無知，只認識修辭有關的一些初級必學知識，就相信自己懂修辭學〔269c〕；有些教授其他人他知道的伎倆，還想像自己修辭學上的知識至臻完善，然而，不管是每個重點要如何講得有說服力，或是給一個整體的總論，這些他都不教，因為他認為這是學生自己應該在言論中做的工作。」

費：是啊，蘇格拉底，我擔心這些人撰寫和教授的技巧，讓大家誤以為這就是修辭

316 阿德刺斯托斯（Adrastos）為古希臘神話中英雄。

317 伯里克里斯（Pericles）是西元前三世紀左右，雅典黃金時期重要領導人，蘇格拉底、柏拉圖等人都在其治下活躍於雅典。

學，我覺得你剛剛說的很對。不過話說回來，〔269d〕這門真正讓人得以說服他人的技藝到底如何習得？

蘇：費德羅，要能夠在辯論中取勝的關鍵看起來，或者說必然，跟其他技藝有相同基礎。如果你天生口才好，如果你能夠將知識與實作接合在一起，你就會是傑出的演辯家。但只要兩者缺一，你就不會是個完美的演辯家。不管怎麼說，在所有看起來跟修辭有關的門派裡面，呂西亞斯跟司拉西馬庫斯[318]選擇的門道不是我們應該追隨的道路。

費：那要選什麼門道？

蘇：〔269e〕我完美的朋友，我想在所有演辯家裡面，伯里克里斯是成就最完善的。

費：怎麼說？

蘇：所有技藝，我指的是那些重要的技藝，〔270a〕那些有嚴格要求而不是說說而已，而且必須對事物本質有所思辯的技藝，看起來是從這個基礎上才談得上思想提升和精進技藝。而伯里克里斯顯然已經習得且具備這些條件。我想是因為緣分讓他遇上了安納克薩歌拉斯[319]，同樣也屬於具備這些條件的那種人，伯里克里斯因此被滿滿的思辯醍醐灌頂，更沉浸在智性的創生處，且觸及到本來思想忽略的事物，這剛好正是安納克撒歌拉斯講述花最多時間講述的環節，而他從修辭學中擷取出來對他最有用的部分就是這個環節。

費：為什麼你會這麼說呢？

蘇：〔270b〕他也會認為醫術跟修辭用的方法相同。

費：怎麼說？

蘇：不管前者或後者，我們都需要分析某個實在的本然[320]：醫學分析的是身體，而修辭學分析的是心靈[321]。如果我們不一心只想停在使用或實作技巧上，而探問技藝本身，對前者來說是管理身體需要補藥還是一般營養，讓身體能回到健康強壯的狀態；後者提供對應心靈運作方式的言論與實作，讓我們的意志與德性得以如我

318 司拉西馬庫斯（Thrasymachus, 459-400 B.C.），古希臘時代的辯士。

319 安納克薩哥拉斯（Anaxogore）是西元前四世紀古希臘時代哲學家，其思想影響了蘇格拉底。

320 **nature**，如前述註125對於「本然」的翻譯與概念解釋的說明。

321 在這一連串討論之後，柏拉圖讓蘇格拉底點明修辭學所作用的對象為何，並且以對比的方式來幫助理解：醫學的作用對象是人的肉體，而修辭學所作用的對象是人的心靈，就如同醫學用什麼樣的刺激引發身體特定的反應一般，修辭學研究如何用語言的特定方式刺激且引發預期的反應。在此釐清之後，修辭學在探討辯論技巧之前應該要研究的應該是心靈。

322 「孕生」此處對應的是希臘文中**physis**，也就是前文當中一直譯為「本然」的希臘字，此處意為「孕生」因為這裡是用動詞名詞化的用法，孕生的動作產生出的結果，就是「孕生物」的「本然」。

們所願地能跟其他心靈溝通。

費：看起來是如此沒錯，蘇格拉底。

蘇：〔270c〕不過心靈的本然，如果我們不先認識萬物的孕生[322]，理性沒有能力充分認識，不是嗎？

費：如果我們不按照你的說法，且相信希波克拉底[323]，雅司克雷皮歐[324]的後代，我們甚至根本沒有能力治療任何身體。

蘇：他說的很好，夥伴。不過除了聽希波克拉底之外，還需要用理性來研究，看我們是否同意。

費：我同意。

蘇：那讓我們來探究一下希波克拉底，還有所謂真正的理性[325]在事物本然的問題上說了些什麼〔270d〕。要思考事物的本然就必須透過以下程序：首先，先問我們想研究的對象型態單純還是紛雜，不管是我們自己想透過這門技藝來講述，或者教其他人如何使用這門技藝來談此對象。接著，假設對象的型態單純，我們就探討構成對象現狀的內涵力量為何：對什麼展現其作用力，又被什麼外力的作用影響[326]。相反的，假設對象的型態紛雜，我們就能將紛雜的型態一一分析出來，每一個分析出來的單一型態皆要再用前述方式檢視：作用於何者，又承受何者的作用力。

費：可能是這樣吧，蘇格拉底。

蘇：如果沒有這些步驟，那我們的方法就如〔270e〕瞎子摸象一般。當然，所有按照條理進行的技藝都不能被視為瞎子摸象。因為很顯然的，當我們教一個人這門說話的技藝時，我們就得精確地讓他知道，他所有提出的言論作用於什麼樣的實在

---

323 希波克拉底（Hyppocrates, 460-370 B.C.），古希臘時代的醫學家，活動於伯里克里斯時代，被認為是古希臘最為傑出的醫生，被尊為「西方醫學之父」。

324 雅司克雷皮歐（Asclepius），古希臘神話與宗教當中的醫學之神。

325 「真正的理性」此處為希臘文alethes logos之翻譯，此翻譯是一個選擇的結果，因為logos在古希臘文當中的意義非常廣泛，在不同的脈絡當中可能是言論、話語、定義、理性，對比於現代語言與概念，差異相當大。Logos最根本的意義是說話，名詞因此為話語的意思，但因為說話所必要的能力而也有理性的意思。此處翻譯為「真正的理性」而不易為「真言論」或「真定義」是承接上文：「不過除了聽希波克拉底之外，還需要用理性來研究。」儘管此處的「理性」依然是logos，卻跟「聽他人言」對比之下，明顯採用的是「自己思索」的意思，因此譯為「理性」。承接此句，來檢視這兩方對事物的本然到底有何說法。

326 儘管蘇格拉底沒有明說此段落已經開始討論辯證法的使用方式，此處已經開始討論如何用辯證法分析理解一個對象。對象首先會有兩種情況，一是對象本身的概念很單純，看不出是多元素組合的結果，反之，對象本身雜多，已經可以從這個整體看出多個元素的混合交錯。不管前者或後者，接下來都有兩個面向待分析，一是其作用於何，二是其被什麼作用。由此可見，辯證法一如前文中所言，在於分析釐清各個環節，而且同時將各個環節之間的關結看清楚，同時需要分割且連繫。

本然，而這個實在本然我想就是靈魂了。

費：沒錯。

蘇：〔271a〕所以靈魂就是所有角逐爭取的對象：說服的戰場在靈魂，不是嗎？

費：是。

蘇：所以，司拉西馬庫斯和其他將教授修辭技藝當作專業的人，顯然他們首先會將靈魂精確地刻劃出來，以便接下來看清靈魂所攫獲的對象是一致且均值，抑或如其物體外型一般型態紛雜：我們將這個步驟稱為釐清事物本然。

費：完全如你所言。

蘇：第二，檢視分析對象影響什麼，又受什麼影響。

費：當然。

蘇：〔271b〕第三，將言論與靈魂分成各種類型，將狀態配上因果關係：什麼類型跟什麼類型相互關連，說明哪種類型的靈魂會被哪種類型的言論說服，原因又為何，由此講授一種言論能夠說服某人卻無法說服其他人的原因[327]。

費：如果真如你所說，那就太好了。

蘇：真是如此，我的朋友，只要關注所有能說出口的話，不管用說還是用寫的，

〔271c〕沒有其他方式能夠更切合這門技藝，不管探討的是什麼主題。然而，那些在說話技藝上多有書寫的人，你也聽過不少他們的著作，這些人不顧一切隱藏真正的技藝，因為他們知道靈魂的所有運作方式。因此，當他們用這種方式演說或書寫時，不要被他們說服，以為他們教授的方法就真的合乎這門技藝。

費：這種方法是什麼呢？

蘇：要找到固定的公式並不容易，不過如果是要讓書寫更加切合這門技藝，我很願意說明。

費：那就說吧！

蘇：依照剛剛說的，言論的威力在於左右靈魂〔271d〕，所以那些想要成為演說家的人必須知道靈魂能有多少類型，什麼樣的類型，又有什麼樣的性質，各自又是什

327 在此處對於說話的藝術這門學問真正應該有的模樣，柏拉圖已經清楚展示，起作用者是「話語」，而受作用者是「靈魂」，接下來必須分析的，就是各類型的話語與各類型的靈魂之間有什麼樣的對應關係，而其間又如何以因果關係相連結。因此某些類型的言論能夠對某些類型的靈魂起作用，而無法對其他類型的靈魂起作用，反之亦然。

328 簡單舉一個例子來輔助此段落的理解，這裡各類型靈魂與各類型話語之間的配對，就好比跟某些人說理必須論證才能說服、另一些需要舉例、再另一些可能需要證據或經歷才能夠說服；又或者，要說服某些人需要溫言軟語，某些人則需要用仇恨言論激起認同等等。

麼樣的人擁有什麼類型；在區分清楚之後，轉到分析言論，有多少種類，每個類型又有什麼特徵，什麼樣的人用什麼樣的言論，會源於什麼樣的原因，而被此言論說服，而其他人卻不會被說服[328]。所有這些問題都必須仔細考量，在理論上思考過後，必須思考實際操作上的各種情境，〔271e〕且要有敏感度來偵測讓自己有能力跟上線索。不然我們不會比那些道聽塗說的人知道更多。當我們說，什麼樣的人會被哪一種確切的言論說服，正是當我們在此人左右時，有能力清晰地觀察到他身上的本然對應到什麼言論，也就是說，〔272a〕在我眼前這個靈魂本然對應的是這種類型的言論，使得這種類型的說服方式得以孕育而生。在擁有所有這些訊息之後，我們就能知道如何判斷時機：是否是說話的時機、使用「簡潔風格」的時機、「強硬風格」或所有其他之前學到的風格[329]。這門技藝只有在此時才達到至臻圓滿的境界，〔272b〕如果在演說、書寫或教授的時候，這裡頭哪一個環節出了錯，我們就只有這門技藝的表象，而沒被成功說服的人就會反擊說：所以呢？結論是什麼？費德羅和蘇格拉底，你們覺得這就是演說的技藝了嗎？還是有其他定義？

費：不可能還有其他定義了，蘇格拉底，儘管演說的技藝看起來工程不小。

蘇：你說的很對。正是由於這個原因，我們必須檢視所有理論和論點，來找到一條看起來比較容易且〔272c〕簡短的途徑通往此技藝，且當我們能選擇一條簡潔單一的道路時，就要避免那些冗長難走的道路。不過，如果你有什麼方法可以幫助討論，因為你有聽過呂西亞斯或其他人的言論，試著回想你聽到的言論且跟我說。

費：如果只是叫我試著回想那還沒問題，但是要我現在立刻做到可能沒辦法。

蘇：那你希望我跟你說我所聽到這個領域那些專家的言論嗎？

費：當然。

蘇：不管如何，費德羅，就如人們說的：正義就是要幫狼辯護[330]。

費：〔272d〕那就是由你來實現這句話了。

蘇：他們一口認定根本不需要這些剛剛說過驚艷我們的環節，也不需要繞這麼大一

329 由此可見，對蘇格拉底來說，這些對修辭學風格、技巧的討論都建立在靈魂與話語類型的分析之後才有意義，否則將錯誤的風格套用在某類型的靈魂身上，再傑出的演說家也無法取得聽眾認同。

330 「幫狼辯護」是一個表達方式，就如同「做魔鬼的辯護人」一般，指的是真正能夠立論，必須有能力站在對立點辯護，釐清對立面言論的極限為何，才能夠確立自己的言論不會被攻破。

331 「似實」為pithanos的翻譯，是一個中文中沒有詞彙指涉的概念，似實非事實，取其相似的發音一方面強調兩者之間模糊相似的空間，也強調似實畢竟只停留於「看似」是真實實在的地位。蘇格拉底在此表示，法庭之上，沒有人在意何為真實的正義或真理，只需要看起來像是正義和真理即可。

圈，因為，就如我們在討論開頭針對言論時所說的，他們完全不認為有必要考慮到言論是否涉及真理、正義或事物和人按照自然或養育所展現出來的善，這些都與一個演辯家的養成無關。事實上，在法庭上，沒有任何人關心真理或正義，人們只在乎那些有助於說服的事物，〔272e〕也就是**似實**[331]，所有想要掌握話術的人都急著追求似是而非的表象。甚至在某些時候，必須要避免呈現事實，且只堅持所云好似真實，這個技巧不管在控訴還是申辯都用得上。每當我們發表言論，也只有似實值得追隨，且樂於將這些似實說成真理。演說這門技藝基本上〔273a〕完全是由散落在各言論裡面的似實所累積而成。

費：你說的很對，蘇格拉底，這就是那些自以為專精演說技藝的人的論調。我會這麼說是因為我剛好想起來，剛剛我們好像稍微有討論到這點，這點對這些人來說似乎是非常要緊的事。

蘇：儘管如此，你還是很看重提西亞司。提西亞司還會這麼跟我們說：「似實」的意義別無其他，〔273b〕就等同於最多人認同的意見[332]。

費：不然還能是什麼？

蘇：這看起來就是他最天才的發現，同時也是他那門技藝的關鍵，他寫道：假如一個瘦弱卻勇敢的人攻擊了另一個強壯卻懦弱的人，因為他的衣服或其他東西被搶走，那麼不管是被攻擊的一方還是攻擊的那一方，在法庭上都不該說真話。懦弱的那個必然會說攻擊他的人不只一個，而勇敢的那個就會反駁他說他們倆是一對一，而且會有此言論說：〔273c〕像我這樣瘦弱的人，怎麼可能去攻擊像他那樣的人呢？而另一方絕不會承認自己的懦弱，但會不斷嘗試用謊言來駁斥對手。我們可以找其他例子，但他們所謂的演辯技藝不就是這些嗎，費德羅？

費：沒錯！

蘇：呼！這門技藝看來被隱瞞得真好，提西亞司或另一個人將它發掘出來，不管發掘這門技藝的人落在何時何方、又叫作何名何姓都沒有差別。不過，我的夥伴，對這個人我實在不知道該不該說……

費：〔273d〕說什麼？

蘇：我想說：在你剛剛介入討論之前，我們正好說道似實為眾人所用，正是因為似實

332 這裡蘇格拉底藉由提西亞司的口下了一個論斷：最能以假亂真的似實，就是最多人認同的意見。意見並不是知識，更蘊含錯誤的空間，但說服的伎倆之所以能夠顛倒黑白，就在於操弄最多人認同的意見，而由於這些意見缺乏精確的知識，且保留許多模糊和無知的地帶，若意見能夠精確掌握定義，而無模糊地帶就是知識而非意見，因此也保留了操弄心靈的空間。

相似於真實，而說到這相似性，我們剛剛才說過，只有那些真正認識真實的人最能夠偵測發掘到哪些是似實。因此，你如果在演說技藝上還有什麼其他要說的話，我洗耳恭聽，如果沒有，我們就信服剛剛我們討論出來的結果，我們認為：如果一個人沒有能力將聽眾本然加以分析列舉，按照類型來分割所研究的實在〔273e〕，再按照每個分割出來的單元實在，綜合出一個單一理念與其對應，那麼他就還沒有達到人類能夠掌握演辯技藝的最佳程度。然而，這門技藝只有在極端地勞心勞力之後才可能專精。如果只是為了和其他人溝通互動，這等辛勞毫無必要，人們承受如此辛勞是為了能夠極盡所能讓自己言語殊聖舉止崇敬。提西亞司你自己也看到了，〔274a〕那些比我們還有智慧的人都說了，知性，不是跟自己同屬奴隸的同夥相濡以沫可以達到的，同夥只有輔助功能，〔反之，知性是〕要和美好高貴的主子[333]〔交流才能達到〕。這就是為什麼如果這門技藝要求繞遠路，不用感到太驚訝，原因在於，當目標崇高那麼必然路途遙遠，跟你所想像有所不同。有一點十分明確，根據我們剛剛所言，只要有人願意〔付出看似多餘〕的辛勞，那麼結果必然更為美善。

費：不管怎麼樣，你剛剛所言在我看來精采絕倫，蘇格拉底，不過前提是我們有條件做到。

蘇：當我們想擷取美好之物，〔274b〕面對隨之而來加諸我們的後果，我們也甘之如飴。

費：的確。

蘇：在言論充分或缺乏技藝的問題上，我們的討論已經足夠了。

費：當然。

蘇：然而，這個討論是否適用於書寫？在何種條件下適用，在什麼條件下又不適用？這問題還沒討論，不是嗎？

費：是。

蘇：那麼，你知道要怎麼組織和演說言論才最能榮耀神靈？

費：完全不知道。你呢？

蘇：〔274c〕我又要來說說我從前人那裡聽來的內容，因為他們知道什麼是真理。不

333 古希臘文當中時常將人類比喻為神靈的奴隸，而在此處「主子」指的就是神靈。

334 伊比斯（Ibis）即埃及聖鸚，這種鳥類在古埃及文化當中被視為聖鳥，有著長長彎彎的嘴喙。

335 特伯（Theuth），古埃及神話當中的智慧之神，掌管醫學、數學，傳說中特伯是古埃及文字的發明者。

過，如果我們可以自己找到真理，那麼我們難道還需要考慮凡人的意見？

費：你這問題也太荒謬了。你就說你到底聽來了什麼吧。

蘇：我聽說，在埃及諾克拉蒂斯之地，那裡有一個古老的神靈，這個神靈的象徵標誌是一隻他們稱做伊比斯[334]的鳥，而這尊神靈的名字是特伯[335]。傳說中是祂發掘了數字、〔274d〕算術與幾何，另外最重要的，還有文字。然而，當時塔木斯統領整個埃及，且盤據在上埃及的這個巨大城邦裡，希臘人稱此人為埃及之泰伯，就如同他們稱呼神靈艾伯一般[336]。特伯，當祂來到此地，來演練祂所發掘這些技藝當中的其中一種給塔木斯看，並且要他跟其他埃及人交流此技藝。塔木斯問祂，祂所發掘的每一種技藝用處為何，特伯一一解釋給他聽，而塔木斯依照他的判斷，當他認為解釋有效就加以讚賞〔274e〕，反之則予以批評。人們說，塔木斯多數說的都是他自己的觀察，他對特伯詳細評論了每種技藝的正反兩面，兩者之間的關連就詳細寫成了一篇長文。當人們將此言論書寫下來，特伯說：「國王，這就是讓所有埃及人享有更多知識、更多科學、更多記憶的技藝，〈讓人擁有更多〉記憶與科學的靈藥找到了！」然而，塔木斯如此回應：「特伯，精湛技藝者有二，一者在於用此技藝創造，另一者在於判斷此技藝對使用者所帶來的用途與損害為何。〔275a〕祢，作為文字之父，祢賦予書寫某種跟它本身相反的威力。書寫這種技藝在使用它的靈魂中製造遺忘，因為在書寫的同時靈魂不再鍛鍊記憶，轉而信任文字記載下來的內容，這些外在陌生的印記，而非從內在自己身上開始回憶的過程，因此祢所找到的靈藥是給回憶的靈藥而非記憶。至於科學，祢這門技藝所追求的是相似〔於實在的記載〕，而非實在本身。感恩於祢，讓大家能夠聽說很多事物，而不必然受到相對應的訓練，大家表面上看起來好像具備豐富的科學〔275b〕，但實際上完全不懂科學，而且大家在人際交往上也會變得令人難以忍受，因為與其做智者，大家都帶著智者的表象[337]。」

費：蘇格拉底，你如此毫不費力就編造出這些埃及或其他國家的故事了。

蘇：我的朋友，反正那些城都之東的宙斯神殿裡面的神職人員，都認同神的話語第一次出現是從一棵橡樹中傳出來的，因此，那個神廟裡的人們，自知不是智者，而是跟你們其他這些年輕人一樣，就會去傾聽樹木與磐石，宛若它們是〔275c〕唯

336 古希臘文本所留存的文獻，無法讓後世確切知道柏拉圖此處確切想表達的究竟為何。

337 蘇格拉底在此講述的關於書寫的起源與評述的神話，在後世的討論中便被稱為「特伯神話」（Myth of Theuth）。

一會說真理之物。但對你來說，重點無疑在於誰從哪個國度來，以及他說了些什麼，若只說故事是如此這般或別種樣貌，皆無法滿足你。

費：你教訓的是，且對我來說書寫的故事就如特伯之神所云。

蘇：所以，那些用書寫這種技藝來將書寫之道傳諸於世的人，以為他們的記載確鑿且堅如磐石，這些人不僅過於天真，而且根本誤會了艾伯神諭的旨意。就如同那些深信〔275d〕書寫下來的言論，不僅是幫助人們回憶起他們對相關問題已經擁有的知識的工具，〔更是知識本身〕，這些人同樣天真。

費：說的很對。

蘇：可怕的是，書寫真的就像繪畫一般，費德羅。每一個被畫賦予生命的圖像都好像活生生的事物一般，但如果你檢視、探詢畫中物，圖像莊嚴寂靜〔毫無反應〕。言論也是一樣，你以為你所說出來的就是你的思考內容，所以如果有人檢視這些說出來的內容，因為他想要透過被說出來的內容來理解〔你的想法〕，〔他會發現〕言論本身跟思考內容永遠是同一個東西。然而，〔275e〕一旦你書寫下來，這寫下來的言論就不管到誰手中都一樣，對那些懂的人或一無所知的人毫無差別，被寫下的言論也無法得知到底對誰該開口、對誰該閉嘴。因此，只要書寫內容裡面有點不和諧的聲音，或言論沒有受到公正對待，它需要〔那個寫下它的〕父親來解救它，因為它既無法自己提供解決方式，更無法自我辯駁。

費：你剛剛說的真的很對。

蘇：〔276a〕是嗎？那我們再來看看另一個跟前面這言論孿生的書寫言論，看看透過什麼樣的方法能夠讓書寫言論改善且更有威力。

費：你想要探討什麼言論呢？這言論又是怎麼被創生出來的？

蘇：那種能夠傳遞知識，書寫在學習者的靈魂，〔而非紙板上〕的那種言論，這種言論才有能力自我辯駁，也知道對什麼樣的人該開口、什麼樣的人該沉默。

費：你是想討論那些有知識的人的言論，有生命且有靈魂的言論，我想我們能正大光明地說這樣的言論的書寫本身是一種影像。

蘇：〔276b〕你說的完全正確！告訴我，如果有個有智慧的農人，對那些他牽掛且想要使其開花結果的種子，他會怎麼做：他是會急著在暑熱中到阿多尼斯[338]的花園

---

338 阿多尼斯（Adonis），希臘神話中掌管植物生滅的俊美男子，是女神阿弗洛蒂的情人。

339 此處「娛樂」一詞在希臘文中是「遊戲」（paidia），在前文中有稍作解釋，「遊戲」一詞所蘊含某種非嚴肅性、無目的性。此處剛好突顯出矛盾，在一件有目的的行動上，用無目的性且去嚴肅的態度執行，必定讓最終目的難以實現。

中播種，引頸期盼八天之後就能有好收成，把種植當作娛樂[339]，還歡慶他的所作所為？還是會遵照農耕技藝，在播種之後，若在八個月之後每個種子都修成正果，他就感到歡天喜地？

費：〔276c〕後者吧，蘇格拉底，就如你所說前者操之過及，後者則踏實地做。

蘇：那麼，那些在公正、美與善上具備真知的人，他們難道智慧不如農夫，對他們自己的種子不會等同處理？

費：不太可能。

蘇：所以他們一定不會將這些寫在水上，好像播種在墨裡，把墨黏到一片蘆葦草紙上，使其成了一篇沒有能力自我辯護，也沒有能力用適當的方式教授真理的言論。

費：看起來是如此。

蘇：〔276d〕沒錯，他們不會這麼做。因此，在文字的花園裡，在我看來這些人都是用娛樂的方式在播種與書寫。每一次他書寫出來的內容，都是將從前珍藏的寶藏透過回憶喚出，以防自己哪一天衰老健忘，同時也讓其他人能夠按圖索驥，用同樣的方式耕耘出自己的結果。每當其他人被其他娛樂吸引，在類似孿生的娛樂中盡興，他則偏好在我們剛剛說的這種娛樂方式中度過一生。

費：〔276e〕你剛所描述〔書寫這種〕娛樂真美，蘇格拉底，自娛於書寫言論，講述關於正義或其他你提及事物的神話。

蘇：很可能是這樣的，我的朋友費德羅。然而，我相信有比這更美的方式來處理相同的主題。當我們使用辯證技藝，對那些氣息相近的靈魂來說，我們播下了那種能夠傳遞真知的言論之種子，這種言論有能力自我辯護〔277a〕，且不但不貧瘠還很多產，從這種子能創生出更多其他言論，這樣一來，種子的永生不朽就有了保障。而擁有種子的人就有能力成為達到人類所能擁有最高幸福的人。

費：你這話說得比剛剛還更美了。

蘇：現在，費德羅，我們已經在這點上面達成共識，所以我們可以轉移到下一個問題上。

費：哪個問題？

蘇：就是那個我們希望檢視得更清楚，一路引導我們談話至此的問題：要來檢討一下，剛剛對呂西亞斯的〔277b〕書寫言論多有批評，這些言論本身哪些遵循技藝，哪些毫無技藝。在我看來，我們剛剛已經演繹過這個問題了，要怎麼判斷言論符合技藝與否。

費：我也認為剛剛已經講過了，不過在繼續討論之前，可以幫我回憶一下剛剛我們怎麼界定的嗎？

蘇：在我們認識每個我們說或寫的對象各自的真理之前，我們能夠先按照每個對象自己本身來界定它們自己，然後我們才能知道如何將同一個對象分析出各種類別，直到無法分割下去。接下來，我們用相同的方法將靈魂分析出各種本然，〔277c〕且將言論也分類且對應到靈魂分析出來的類別，舉例來說，對複雜的靈魂要給複雜的言論，對單純的靈魂要給單純的言論，只要我們無法做到以上這些，我們就無法真的熟悉演辯技藝，不管是用來教學還是說服他人。這就是我們稍早講的內容。

費：沒錯，我們剛剛是這樣講的。

蘇：〔277d〕在某言論到底是美是醜，我們對其批評到底正當不正當這個問題上，剛剛還有些沒說清楚的地方……

費：哪些？

蘇：不管是呂西亞斯還是另有其人，不管是已經寫下還是正要寫的言論，也不管是寫來用做私人還是公開，創作政治作品來制訂規範法條，以為作品當中的內容堅若磐石且清楚明白，那麼此人就應該被批評。因為不管是醒是夢，〔277e〕正義與不義、善惡無知，就不能逃過被批評的命運，而也不值得群眾為這種言論喝采。

費：是這麼說沒錯。

蘇：所以有那種認為書寫下來的言論就一定蘊含重頭戲的人；那種認為沒有任何言論，值得被書寫下來也不值得人們朗誦，不管有格律還沒格律，因為這些言論是吟遊詩人的作品，這些言論只有一個目的，不是教學也沒有任何檢驗，完全只用來達到說服的作用〔278a〕；另外還有一種人，認為最好的言論類型就是創作來幫那些自己已經有知識的人回憶起這些知識，同時認為那些用來教學、培育的言論，實際上是寫在靈魂上的言論，在靈魂中探討正義、美與善，只有這樣的言論才能達到至臻完美且清楚明白的境界，且值得被當作一回事來認真看待；另外還有一種人認為，像這樣類型的言論應該是為作者的子嗣，因為言論首先是在他的靈魂中被創生出來，接下來才在其他靈魂中刺激出其他子嗣和手足言論〔278b〕，且依照每個人的性質各有不同產出，如果他具備這些其他人的衍生言論，他就有可能是你我都希望成為的那種人。

費：完全沒錯，你剛剛這番話完全道出我此生所願。

蘇：我們在這面娛樂到足以讓我們對言論本身有所討論。現在換你去告訴呂西亞斯，說我們一起走到水仙之境，且聽到了繆思女神的話語，〔278c〕針對呂西亞斯和那些跟他一樣書寫言論的人、荷馬和那些跟他一樣寫詩不配樂或寫來唱的人，還有梭倫和那些跟他一樣寫政治言論，把他們的作品稱做「法律」的人。繆思的話語讓我們得以對這些人說：若作品是在知曉了內容真偽才創作出來，若言論在遭受駁斥時總能自我辯駁，那麼書寫不過是言論的附屬品，若言論能夠自我解釋且演繹書寫下來，這個言論並不會被賦予更多的重要性，〔278d〕創作如此言論的人的稱呼不能由其書寫來界定，而是由他專心致志的活動來界定。

費：所以要如何稱呼這種人呢？

蘇：若稱他為「智者」，在我看來這個稱號太過譽，可能只能用來稱呼神靈，費德羅。若我們稱他為「愛智者」（哲學家），或給他一個類似這樣的名稱，我想是最適合他，聽起來也最恰當。

費：沒錯，這樣稱呼沒什麼不合適的。

蘇：相反的，那些生命裡面沒有比他書寫或創作的文章更珍貴的人，這些人花大量時間在文字中打轉，〔278e〕將字句相互拼湊或分節，我想稱他們為詩人、言論撰寫者，或法律撰寫人，這樣的稱呼很公正。

費：沒錯。

蘇：這就是你該去跟你同伴說明的部分。

費：那你呢？你又應該做些什麼？你的同伴也沒有一個可以遺落。

蘇：誰呢？

費：美男子伊蘇垮特啊。蘇格拉底，你會給他什麼樣的消息？你又如何肯定〔他屬於哪一種人〕？

蘇：伊蘇垮特還年輕呢，費德羅。不過我可以跟你說我對他的預測為何〔279a〕。

費：你的預測為何呢？

蘇：在我看來，若從言論上的天資看來，跟呂西亞斯比起來，伊蘇垮特天資較好，習氣中也混雜了較多優良的本性。因此，在他逐漸長成的過程中，若他在目前研習的那類言論上遠遠超越同齡孩童，也沒什麼好驚訝的。而且，如果他不滿足，會有一股超越他的衝力帶著他向前，讓他的作品更接近神聖的境界。因為，我的朋友，自然在他的思想中賦予了對知識的愛慕〔279b〕｛對知識之愛，也就是哲學｝。這就是我，在這個充滿聖靈之地，要給我的少男伊蘇垮特的信息，就如同你也要給你的呂西亞斯信息一樣。

費：我會做到的。我們走吧，暑氣稍微散了。

蘇：我們不應該先在這神聖之地留下祝禱再離開嗎？

費：當然。

蘇：親愛的朋友，潘，和其他此地的神靈，賜我以得內在之美，而至於外在，〔279c〕就賜予我與內在相慕為朋的外表。願以智為富，而予我多金，外人若非節制者，則對我財富既無法取亦無法奪。我們還有什麼其他要許的願嗎？費德羅？我的祝禱至此大致得當。

費：我跟你和合共修，所願相同，因為朋友之間休戚與共。

蘇：啟程吧。

跋

你的愛，夠了嗎？

法國哲學家沙特（Jean-Paul Sartre, 1905-1980）在《存有與虛無》（*L'Être et le Néant*）一書中曾經描述了一位咖啡廳侍者的故事，他觀察到侍者反射性地熟練工作，好似演員扮演著這個角色一般。但差別在於，侍者自己深信他就是「咖啡廳侍者」，除此之外別無其他，這個工作完完全全定義了他的存在，好像他注定也只能是個咖啡廳侍者。

我在法國索邦大學教授《費德羅篇》，有位同學在期末報告時，提到了沙特的這個「咖啡廳侍者」故事，同學認為這位侍者因為沒有「昇華」他的愛，而停留在不理性的熱情與慾望上。我留下如此評語：咖啡廳的侍者不是停留在不理性的熱情與慾望上，才以為自己只能是咖啡廳侍者，他像機器般將自己框限在一個角色內，正因為他的生命缺乏非理性的熱情、愛與慾望。

讀者也許會感到疑惑，哲學給人的刻板印象就是理性，這裡為什麼反而批評那些缺乏非理性之愛的人？

這正是為什麼「愛」在哲學思想中一直有著非常特殊且獨特的地位，因為愛，理性才可能自我超越；因為愛，人才得以自我突破。「慾望」、「愛」、「意志」其實都在解釋為什麼一個主體能夠追求一個尚未實現的目標，換句話說，實現自我的能力也許在於理性，然而，任何突破、超越自我的動力在於愛所激起的強烈渴望。而追求的目標愈為立即、具體，追求所需要的動力與突破就愈低。因此，所有生命都有慾望，渴了慾飲，餓了求食，無聊了慾求消遣時間，追求的目標都是立即且具體的消費，在需求下被動地追求慾望的對象。「愛」作為狂熱失控的吸引力，在柏拉圖眼裡，正是這股近乎瘋狂的渴求，提供靈魂充足的動力，讓靈魂能無視理性所建築起的、在習慣中鞏固且強化的規則，再怎麼艱難與挫折，都要不顧一切地向目標奔去。

缺乏了愛的熱情，就如同生命缺少了積極的動力，被需求與習慣催促著前進。現代社會中，人們自然而然地將「愛情」與「熱情」相區隔，且自然而然地認為兩者無關。愛情的對象是活生生的人，而熱情也許只是一個目標、一個念頭。柏拉圖的《費德羅篇》正是希望展現愛情與熱情互為連理的部分，愛情所牽掛的對象，宛如一面鏡子，讓我們透過其看到自己熱情想追求的目標。因此，鍾情於表象之美者，迷戀容貌姣好之人；熱衷於一枝獨秀者，為鶴立雞群者癡迷；熱忱繫於探索，就為探索者吸引。儘管這些描述簡化了真實狀況，多數時候大家對自己心之所向，都只有些十分模糊且複雜的念頭，且極為容易受到他人、社會的言論左右。愛，也許就如同所有熱情，是一股不理性的動力，但愛所追求的對象，卻是個能夠用知性選擇的結果。

理性的牢籠

談情說愛強調非理性，這聽起來也許完全顛覆了一般對哲學家的既定印象，也顛覆了我們通常賦予理性正面評價，視其為明智的同義詞，且將感性視為人性之弱點的這種評價。理性（reason），事實上是一種不完美知性（intellect）所展現的能力，換句話說，知性也可能不用理性的方式展現。理性之所以不完美，在於理性非常有限，只能透過將認識的對象切割成小部分、進行重組之後才有辦法消化理解，換句話說，理性的工作就在於分析與綜合，或用柏拉圖的語言來說，理性就在於切割與連結。在這些理性的活動下，我們逐漸建構起一套方便快速理性與反應的系統：看到陰天要帶傘，看到對方非我族類就先提防。理性的能力，也許允許我們不斷擴展知識的版圖，理性的產物卻由於貪求快速便利，而進入了為習慣所統治，反思難以觸及的領域。就像，男女有別、主外主內、黃金比例才是美，這些都是理性從前的產物，一旦安穩地根植於社會所有成員的思想中，加上機構與典籍的鞏固，就自然而然讓理性變得難以質疑。理性的這套分析綜合，不只在於提出判斷，而是慢慢地構築出一個系統，讓判斷變成計算，將所有生命都囊括進這個系統，讓理性能有效率地兵來將擋、水來土掩。

理性的成果因此像是一把雙面刃，一面用分析讓所有判斷變成不需要思索的反射動作，另一面建築出一個不反思的系統，讓人們以為生命本該如是，沒有其他可能。歷史上多少人物，正因他們的滿腔熱血，願意執著直至偏執、奉獻甚至犧牲、勇敢而知其不可而為之，此般不理性的熱情才讓人性掙脫理性建築的牢籠。理性少了熱情，就如同機器一般，即便再有效率，也無法走出系統之外，就像是少了動力的生命，起床、工作、娛樂、休息，所有行為在有限的選擇內排列組合，像是扮演著一個極為特定的角色。

「愛」因此對柏拉圖來說最重要的關鍵在於：生命的動態與自我突破的可能。突破，正在於執著去做理性本來判斷不可行、不值得的事，追求理性本來判斷效益低落、成果不確定的目標。然而，正如理性的雙面刃，不理性也會因為其爆發出的兩種極端而令人畏懼。

愛，為何縱慾？為何勇敢？

自古以來，哲學家對愛沒有一個簡單的答案。同樣狂熱襲捲而來，有時候愛幻化成縱慾、耽溺享樂，有時卻使人勇敢放手一搏，突破原本束縛自己的界線。《費德羅篇》中的蘇格拉底，便著急地尋求一種方法，來理解愛所散發出兩種極端且相互矛盾的現象。不同於對話錄中也許代表著社會中多數人想法的呂西亞斯言論，認為愛只會讓人盲目、讓人不顧一切成為對方的奴隸，蘇格拉底強調，這種不顧一切，這種狂熱與衝動，同時也是人類最美好創造力的源頭。然而，光是認知到愛的兩種面向還不夠，熱愛求知者還想知道「為什麼」，為什麼同樣是愛，某些展露出天使的臉龐，某些卻讓人宛如墮入地獄？

蘇格拉底給了這樣一種說法：追求的對象若鏡花水月，就算熱情如火終究會物換星移；所求之愛若穩如泰山，那麼情誼才會綿綿無絕期。這樣的說法，看似要人慎選追求對象，實則是追求者將愛慕的對象當作什麼來愛，決定了追求對象的性質；更進一步來說，蘇格拉底想表達的是：將自己理解成什麼模樣，就會將吸引自己的源頭視為符合自己模樣來追求。舉例來說，喜愛同一個人，有人只愛他的胴體之美，有人愛其性格，有人愛其作為，有人愛其社會地位，儘管指涉的是同一個人，追求的對象卻都不同，而這些差異卻反映了追求者本身自我追求所著重之處。

換句話說，受社會地位高者吸引，正反映了自己希望成為社會地位高的人，人愛自己的影像，決定了我們將愛的另一方視為什麼模樣。然而，一、兩個特徵永遠不可能定義一個人，社會地位高的人，除了社會地位高，他的人生有其追求的目標、有其價值觀、有其優缺點、有其擅與不擅長。如果我們愛的，只是這個人身上的某一種特點，例如社會地位、穿衣風格，那麼也許我們愛的就只是其社會地位與穿衣風格，並不是愛這個人。因為在這個人身上，社會地位可能會時過境遷、穿衣風格也許會跟不上時尚的速度，那麼追求者也許這一刻還愛著其社會地位與穿衣風格，下一秒那個展現他愛的社會地位與穿衣風格的人就成了其他人。在這樣的狀況下，我們愛的不是一個人，而是一個影像，愛那些暫時符合這個影像的人，消費過後，這影像可能就沒這麼新鮮動人，見異思遷也只是必然的結果。因此，也許表面上看起來這些愛戀關係並不穩定，換了許多不同的人，但愛的對象，這個影像，卻一直很固定，只是承載這個影像的人一直換罷了。

認識自己

把一個人當人來愛，而不是當作一具美好的皮囊、胴體、荷包等等來愛，本身就是一件很哲學的事，因為我們必須捫心自問：到底如何定義一個人？每個人都有這麼多的特點與特質：高矮胖瘦、嚴肅詼諧，到底哪些能夠代表這個特殊獨立的個體呢？反過來問，那麼我又該如何定義我自己，「我」又是誰呢？「認識自己」，是蘇格拉底為哲學留下的一個永恆的課題，但是，要如何認識自己？蘇格拉底在《費德羅篇》中談論靈魂，想探討的就是靈魂自我認識與靈魂追求自我實現之間的關連：如果身體給了我們第一層限制，那麼習慣就制約了我們部分的思想與行動方式，習慣的堆積形塑了我們的過去，追求的目標投射出自我的將來，每個當下就在慾望、習慣與想要成為的自己之間拉扯。生命就在過去所沉澱下來的我與未來投射出的自己，兩股勢力的拉扯之間劃下了有規律可循的軌跡，這個規律提供了認識自我的基礎，但此基礎卻永遠不會反過來限制自我的發展或窮盡對自我的認識。柏拉圖和許許多多的哲學家都相信，人類之所以獨特，在於其無法像定義物品一樣被定義，無法窮盡出所有特質，人類永遠具備開創新的可能的潛力，能夠抵抗箝制，就算只是概念上的箝制。

由此可見，認識一個人的關鍵在於他想成為什麼、他如何在行動中實現，在自己想成為的投射影像中反映出一個人獨特的價值排序，而在行動實現的方式中反映出一個人自我想像與實際之間的距離多遠，對自己的信念堅持到什麼程度。那麼愛一個人，將人當作人來愛，那麼愛的就是他眼中的自己，換句話說，愛他投射出反映著某種價值排序與行動模式的自我。然而，儘管愛的是這個獨特的個體，愛他卻是因為自己同樣追求著相似的價值排序，透過對方的眼睛，我們看到的是他想成為的模樣，更是自己人生追求的部分倒影。

追求所愛，追根究柢是追求自己人生中嚮往成為的自己、自我認同所蘊含的信念，而所愛之人，就像一面鏡子，映照出自己人生真正重視卻不一定有意識的事物。這樣聽來，柏拉圖式愛情說到底還是愛自己、愛精神所追求的理念，但實際上對柏拉圖來說，所愛之對象的這面鏡子與慾望在愛情當中不可缺少，因為是這個人、這個活動或這個事物對我們展現出自己生命所求，我們慾求對方，因為對方喚醒且不斷激發我們對自己生命所求的熱愛。

柏拉圖談愛的目的並不是在愛的對象與方式中區分優勝劣敗，好像追求肉體之美就不如精神之美。這一系列的討論中想確立的概念十分簡單：當我們追求的是個影像，而不是這個人，那麼愛所鞏固起的關係就是跟這個影像的關係，而非與這個人的關係，和影像的關係也許穩定（總是偏愛相貌姣好的人），誰符合這個影像卻十分無常（看到更漂亮的、審美觀改變，或對方年老色衰），因此跟這個人之間的愛情關係隨之減弱。

若我們追求的是對方投射出的自己，而對方所追求的也是自己投射出的他，那麼兩個人之間的關係，就在所好相似、志同道合中成為人生的伴侶。愛什麼對象，是人生的選擇，哲學的角色在於把每個選擇所引申出的來龍去脈、必然或可能的結果分析清楚，讓人在抉擇時更清楚自己所想要的人生為何。

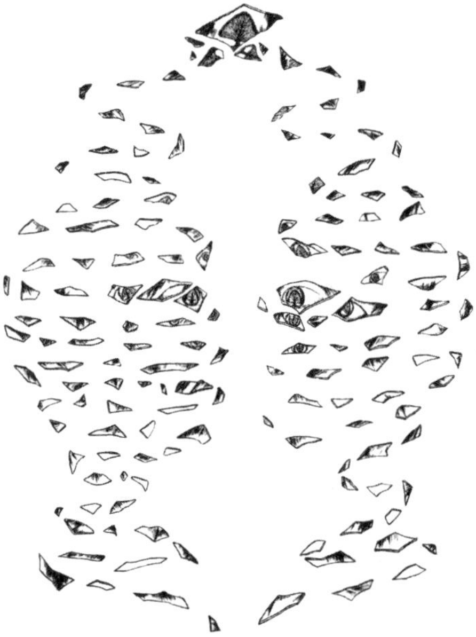

（彩圖請見封底）

愛與生命

愛，因此不只是與人之間的愛情，更是找到自己生命的熱忱，差異只在於在兩人的愛情關係中，這股熱忱由兩人的共同追求相互鼓舞，反過來說，其實是共享的熱忱鞏固了兩人的愛情關係，兩人因此不但是愛人，更是夥伴。這麼說來，哲學談愛，與其說是為了追尋真理，更應該說是為了理解生命開展的模樣。

愛若是動力，愛的對象便是我們所選擇追求的目標，那麼我們實際上費盡心力所追求的東西，就稱得上是我們的人生所愛。每個人的目標都會因為客觀條件、各種誘惑，而在實現的過程中有所偏離，如果理智無法抵擋其他誘惑，那麼代表對自己目標的愛也許不如我們所想的熱烈，甚至，實際上就是因為抵擋不過對誘惑的想望，因此開展出的人生就在對理想的想望與對自我行動的失望之間拉扯。正因為愛是動力，柏拉圖才將自己的行動理論與倫理學，都建築在愛與追求對象所交織出的無限種可能上，因為沒有動力，而只有行動的理由，那麼人類的行動應該跟物理學一樣完全遵照法則、毫無例外。但因為愛當中的狂熱與不理性，才有了例外，有了不可預期，才有了翻轉創新的可能。因此，熱愛文字的人，若在行動中體現了他的熱愛，那麼他就實現了我們稱為作家的那種生命，熱愛知識者，若在行動中體現了對知識的熱愛與追尋，那麼他就實現了愛智者的生命形態。

這份生命之愛說來簡單，柏拉圖卻再再於《費德羅篇》中強調靈魂將視線鎖定在理念是多麼困難的一件事，在肉體的影響下自然而然有需求、受各種享樂誘惑、偏好安逸舒適而厭惡勞碌受苦，思想也因為倚賴只能擷取表象的感官，而常常將表象當成實在。因此柏拉圖認為人類在自然、不特別努力與刻意的狀態下，會自然而然地將感官擷取到的影像當作實在，活在差不多就好、似是而非的狀態中。因此每一個堅持、不向其他誘惑讓步，都是靈魂內在一場奮鬥的勝利，也是靈魂對活在表象實在不分、被動被感官牽制生活的抵抗，每一個實現正念的義行都因此難能可貴。在這場意志與誘惑的爭鬥中，明智能讓我們更有能力分辨虛實、看清追求對象本質為何，但明智卻無法給我們不畏艱難的動力，只有對目標的熱愛能讓行動者有足夠的動力超越困難，承受難熬的訓練與過程，任何道德律令、理性說服都無法激發此自發的動力。

愛智慧

現代社會的生活中充滿理性計算和評估，買什麼先問划不划算、做什麼先問有沒有用，每一個行動都是評估衡量後的選擇，不顧一切的愛，不管指的是追求理想的熱忱或追求對象的渴望，在這個社會都日形稀少。人們害怕愛，因為害怕理性無法理解與預期的行為，因此就算有些想望、有些渴望與夢想，仍然遵照前人走過的軌跡安全向前走，或找些較為安穩的選項或有限的替代物來滿足自己，最終仍然難以踏出自己的安全網、舒適圈。

蘇格拉底也許難以想像，哲學到了現代社會，最常遇到的問題居然是：哲學有什麼用？哲學並非無用，但這門活動的意義卻不在於服膺哪一種特定的用途，更不被框限在哪個特定的需求之下。《費德羅篇》中蘇格拉底說了哲學為什麼叫「愛智慧」（philo-sophia），而這個名字剛好讓哲學這門活動站到了用途的相反位置。然而，哲學並非無用，只是它不是一門因為其用途而進行的活動，人們做哲學，因為好奇，因為想追根究柢，因為想不斷探尋、弄清楚我們所認知的自己、他人、世界，這些思維活動旨在用不同的角度看世界，突破慣性思維所謂生活、存在、知識設下的教條性限制與邊界，不斷挑戰思想的極限，創造新的認識空間。思考，並不會讓生活大富大貴，卻可能讓自己成為自己生命的主人，決定自己的命運，而不在時代的習俗、習慣、社會條件、他人偏好，或甚至他人的舌粲蓮花之下隨波逐流。

《費德羅篇》這部對話錄是少數注重教學方式，一步一步在對話中探討要如何檢視社會中流行的論調的可信程度，如何隨著這些流傳的言論找回背後真正重要的問題，如何用推論的方法來呈現自己的思想，一直到如何思辯問題、釐清想法，最後組織出自己的思想，且清楚有結構地表達。在一個極為不理性的主題上（愛），柏拉圖透過蘇格拉底與費德羅的對話來展現如何思辯、分析而不被混淆視聽，在理智的引導下，放手去愛、去追尋那個自己想成為的人。

附錄

論述與寫作——

《費德羅篇》教我們如何進行推論思考

柏拉圖《費德羅篇》中涵蓋了兩大主題：愛與寫作。讀者也許覺得奇怪，這兩個看似毫無關係的題目，為什麼同時呈現在一篇對話錄裡面，而不乾脆分成兩則對話錄？

《費德羅篇》的進行充滿了柏拉圖的巧思安排，通篇對話錄以「愛」為例來示範針對如何思考一個主題，以及最終如何讓思考即便脫離了主體，也就是說，即使將思考寫成了作品，作品本身仍然具有自我辯護、繼續進行思辯的能力。

如果我們仔細檢視這篇作品，我們會發現內容與結構的安排，讓作品分別探討了兩個不同的哲學問題。內容上顯然在探討愛，結構上卻在探討思想與論述，因此從開頭的第一篇謬誤論述起，蘇格拉底的第一篇言論就駁斥了謬誤論述的論證形式，將呂西亞斯言論的推論順序重新調整，讓本來一篇只有意見沒有思想的言論，轉變為有推論過程的論述。而蘇格拉底的第二篇言論，正好是在批評呂西亞斯言論的內容，也正好指出了一點：不是推論有效、論證遵循邏輯就叫做有思想。最後，用愛為例來突顯了論證結構與內容的重要之後，再用整個第二部分來檢討思想的論證動態在什麼樣的前提下能以理服人，而不是挑動情緒操弄聽眾，而什麼樣的寫作讓文章有論證的活力，什麼樣的寫作使得作者一旦離開作品，就落得只能任人宰割。

01 什麼是論述？

柏拉圖認為論述的極致就是思想能夠獨立於作者之外，為自我進行辯護，如同思想本身變成了一個獨立的生命一般[1]，因為這樣的思想言論不只是乘載了一個特定的內容，更要刺激讀者的思想活動，讓讀者自身在思想活動中辯證真偽。正因為這樣的言論能刺激思想與自我問答對話，因此此類言論必然以論述作為核心。

在柏拉圖的時代，「論述」和「論證」的概念都尚未有確切嚴格的界定，在《費德羅篇》當中也不見柏拉圖清楚定義何謂論證，因此借助幾個現代論證的定義，來分解柏拉圖對論述的探討。

以上的介紹沒有區分論述與論證之間的差別，此處分別用其各自組成來區分論述

1 參見《費德羅篇》276c-277a段落（頁292-293）。

與論證。論述，就字面來說指的是以論理的方式來表述，因此這個概念主要針對的是表述的方式。一個論述過程通常包含三個部分：**主題**、**論說**、**論題**。主題訂定討論的範圍，論說提供論證與說明，最後的論題則是作者透過這一整個過程想要表達的核心思想，也就是英文中的 thesis 。不同於論述這個較廣的概念，論證指涉的就是以嚴謹、相對邏輯封閉的推論方式證明某命題的真偽。而一個論證的組成也有三個部分：**前提**、**推論**、**結論**。

在《費德羅篇》當中可以看到，柏拉圖認為一個好的論述，本身就應該要完全符合論證的形式，也就是主題和概念必須界定清楚，以作為推論的前提，論說必須符合推論的邏輯規則，論題必須在最終得到推論支持，也就是推導出來的結論。以下就針對這幾點重新整理《費德羅篇》中促進讀者思考如何論述與書寫的部分。

02

從何論起？——開始前，先把題目想清楚

在成長過程中，每當我面對任何課業問題，我的父親都會先講一句話：「題目在問什麼？把題目看清楚再寫。」想不到多年後，我在柏拉圖的《對話錄》中，又重新找到了這句話：

孩子，要知道，在所有事情上，只要目標是要議論出個結果，那麼就一定有個起點：必須要知道你是為了什麼議論，不然必定全盤皆錯[2]。

不管是一個人發表論述，或者多人參與的討論，我們都可以輕易觀察到討論常常完全失焦，甚至偏離主題，因為大家以為自己在討論同一件事，卻各自用著同一個詞彙指涉著不同的概念，使得討論離題，只能落下一句「我的定義跟你不一樣」，論述到了最後，落入了正如柏拉圖所言「既不同意自己，相互之間也不認同[3]」的窘境當中。

因此，論述開始之前的工作就在於嚴謹界定論述對象，更精確一些，確定探討的主題為何，使用的詞彙被哪個概念定義，從這個定義上才能夠開始進行推論。我們常常在寫作或發表意見時，尚未弄清楚主題就莽撞開始討論，最終讓自己的言論毫無邏輯可言。因此，《費德羅篇》中蘇格拉底第一言論的第一部分237d-238c段落（頁170-173），在開始推導「愛的效應」是好是壞之前，先要定義這裡指的「愛」是什麼概念。蘇格拉底先從最為普遍的想法開始慢慢提煉出定義，因此說「愛是一種慾望」。然而，說愛是「一種」慾望並不足以界定愛，所以蘇格拉底接下來繼續檢視愛是「哪一種」慾望，並最終用慾望的對象來將愛定義為「肉體之美上的縱慾」[4]。從這個定義開始，蘇格拉底的論證才正式展開，界定了討論核心概念，推論才可能從同一個基礎上推導出來。

03 安排與組織思緒

在導論之初，我強調蘇格拉底的第一言論在於展示一個論證的形式要如何組織，因此可見此處的定義與論題最後都在懺頌[5]被推翻重新定義，由此可見柏拉圖在此想要示範的是如何從散亂的思緒組織成論述的方法，而非內容。

呂西亞斯言論[6]在此對話錄中的作用不僅是為蘇格拉底第一言論提供了所有元素，更作為論述失敗的例子，讓蘇格拉底得以檢討論述的構築方式。事實上，呂西亞斯言論是每一個人進行論述前的一個必經的步驟：**尋找論述主題相關的所有元素**。當

2《費德羅篇》237c（頁169）。
3《費德羅篇》237c（頁170）。
4 參見《費德羅篇》中238c段落（頁172）。
5 蘇格拉底第二言論，241d-243e段落（頁183-190）。
6 呂西亞斯言論指的是230e-234c段落。（頁150-160）

我們有了題目，界定好了討論的主題，並不代表我們立刻就得到討論主題的內容，因此在開始討論時，必須將所有元素平面地攤在眼前。例如呂西亞斯言論中幾乎是條列式地描寫出他對愛的觀察：愛是縱慾、使人盲目、判斷錯誤、衝動，等等等等。換言之，要呈現自己的論述之前，要先有想法，而想法不會憑空出現，必須先進行搜索，不管搜索的對象是自己腦袋中可聯想到的思緒，或者得在文獻、資料中找尋，在進行思緒組織之前，必須先找到能夠拿來組織的元素。挑選哪些元素，衡量每個元素的輕重緩急，就跟每個人的分析綜合能力相關，屬於學會論述方法之後提升論述層次的能力。

04 推論——給思想一點秩序

蘇格拉底對呂西亞斯言論的批判，就在於這是一篇只有元素、沒有任何組織的言論，因此不構成論述，只憑藉一些共同經驗或講者名氣來說服聽眾。呂西亞斯言論之所以沒有組織，正如蘇格拉底所言：

難道沒有人覺得這篇文章就像一堆元素載浮載沉？文章裡呈現的第二點難道有什麼必然性，讓它一定要被擺在第二點，而不是其他點先呈現嗎？如果你問我意見，我是沒任何知識，但是我覺得他好像突然想到什麼就寫什麼，儘管這些思緒本身並不糟糕。而你，你寫文章沒有什麼必須注意的規則，讓文章內元素的掌握方式，就如同安排元素一樣前後有序[7]。

換句話說，一篇論述當中的每個論點如果調換了順序，也不會有任何差異，那麼這就只能算是元素的積累，如一盤散沙，毫無推論可言。「推論」就定義來說，指出了元素之間特定的邏輯關係，因為有特定的邏輯關係，若是調換了元素的位置，意義也會隨之改變，除非調換後仍能維持邏輯上的等價關係[8]。比如說，「如果愛是一種慾望，那麼愛必然蘊含了渴望」，調換元素位置後成為「如果慾望是一種愛，那麼渴望就必然蘊含了愛」，前後兩句話所表達的意義截然不同。換句話說，論述的過程就在於將各個元素依照它們之間的關係組織起來，將秩序引入思想當中，讓每個元素由彼此之間的邏輯關係鞏固、組織出結構。

這樣講起來或許太過抽象，柏拉圖也幫我們準備了例子，蘇格拉底第一言論的第二部分（238e-241d；頁174－183）就是在把呂西亞斯言論當中的元素組織成有頭有尾的論證。在此將其論證整理成命題形式：

前提：愛是對肉體之美的縱慾，而縱慾指的是當慾望主導理性，過度追求歡愉的狀態（238c）。

推論一：如果縱慾者過度追求歡愉，那麼他一定會想辦法使歡愉最大化（238e）。

推論二：要讓歡愉最大化，就得避免所有會引發不悅的狀態，而慾望對象比自己高等，或是與自己平起平坐都可能引發不悅（238e）。

結論：因此，愛戀者打壓所愛之人，要他永遠處於比自己低下的狀態（239a）。

此處僅節錄論證的第一個部分作為案例，但讀者由此可見同樣將愛情定義為縱慾，所有元素之間卻有了因果邏輯條件關係：愛為縱慾，縱慾則追求最大歡愉，最大歡愉只可能在慾望對象較自己低下的情況下出現，愛因此必然讓所愛之人維持低下。必須再次提醒讀者，此處著重的並非推論的內容，而是此推論的過程，換句話說，柏拉圖認為所有論點都能找到邏輯論證來證成，但邏輯有效的論證並不足以成為好的論述，但好的論述一定要有邏輯論證的支持。由此案例來說，柏拉圖在懺頌裡面推翻了這個論證的前提，也就是愛的定義，前提既然推翻，那麼推論也自然遭到否定。

7《費德羅篇》264b-c段落（頁261-262）。

8 此處不多贅述邏輯上的所有關係，讀者若有興趣可以找相關邏輯書籍參考。有兩種情況元素位置相對換意義不會改變，如等號的兩邊相互對調不會改變，充要條件兩邊對調也不會有意義上的改變。

05 結論——論說寫作宛如畫藏寶圖

論述表達或寫作都在於將立體結構的思想，用平面的話語或文字表達出來。之所以有此立體與平面之間的差異，是因為在思想當中，所有相互支持的命題都存在於一個無時空限制的思維領域當中，然而，轉換成文字或話語，一次只能說一句，一次只能讀或聽一個字，本來能夠並存、同時呈現的結構，就必須經過安排，讓一個整體的思想由「開頭」走到「目的地」的方式呈現出來。人類智能在掌握學習事物時的動態也是如此，儘管構築好的思想是一個完整的體系，構築或者理解的過程都只能一部分、一部分慢慢進行，而無法一次掌握一個未分析的整體，否則思想掌握到的就只是一個十分模糊、大概如是的印象。

因此，論述的前提在於清晰地釐清每個元素之間的關係，依照著各個元素的邏輯關係，重新組織成一個有頭有尾推論完整的思想。就如對話錄最後，柏拉圖讓蘇格拉底多次強調辯證法的意義在於分析與綜合，「分析」，即將相異者進行區別，「綜合」，將相異元素用彼此之間的關係重新連結。舉例來說，當我們說「愛是一種慾望」，就已經區分了愛與慾望，而所謂「一種」又點出了兩者之間有多種關係，也就是說慾望亦包含了愛、卻不等同愛的綜合關係。

論述因此就像是用語言畫藏寶圖，有起點，每個元素之間的邏輯關係都像是藏寶圖上的標誌，意味著向前向後、向左向右，標誌整體體現出了一套規則，引領讀者從起點走到終點。唯一的差異在於，論述的重點從來不在於最終的結論，結論只不過是一句武斷的判斷句，除了教條之外沒有任何意義，而論述本身之所以讓言論有了生命、能自我辯護不任人宰割，正因為整個起點（前提）、路程（推論）和終點（結論）要求想要理解的人，在自己的思緒中按照指示上的每一個環節，重新將論證過程思考一遍。

一篇好的論述，就如一張好的藏寶圖，讀者跟著論述裡的每個邏輯關係，最終能找到論題有效的基礎，而不會迷失在茫茫思緒裡不知所終。

參考書目

其他譯本

Plato., & Rowe, C. J. (1986). *Phaedrus*. Aris & Phillips.

Platon, Derrida, J., & Brisson, L. (2008). *Phèdre Suivi de La Pharmacie de Platon / de Jacques Derrida.* GF Flammarion.

Plato., & Heitsch, E. (1993). *Phaidros*. Vandenhoeck & Ruprecht.

研究專書

Capra, A. (2014). *Plato's Four Muses : The Phaedrus and the Poetics of Philosophy*. Washington, D.C. Center for Hellenic Studies.

Carvalho, M. J. de., Caeiro, A. de C., & Telo, H. (2013). *In the Mirror of the Phaedrus*.

Sankt Augustin : Academia Verlag.

Givón, T. (2009). *Mind, Code and Context : Essays in Pragmatics*. Psychology Press.

Griswold, C. L. (1986). *Self-knowledge in Plato's Phaedrus*. Yale University Press.

Hyland, D. A. (2008). *Plato and the Question of Beauty*. Indiana University Press.

Nicholson, G. (1999). *Plato's Phaedrus: The Philosophy of Love*. Purdue University Press.

Perissinotto, L., & Ramón Cámara, B. (2013). *Wittgenstein and Plato : Connections, Comparisons and Contrasts*. Palgrave Macmillan.

Price, A. W. (1989). *Love and Friendship in Plato and Aristotle*. Oxford University Press.

Scott, D. (1995). *Recollection and Experience : Plato's Theory of Learning and its Successors*. Cambridge University Press.

Sinaiko, H. L. (1969). *Love, Knowledge, and Discourse in Plato: Dialogue and Dialectic in Phaedrus, Republic, Parmenides*. University of Chicago Press.

Werner, D. S. (2012). *Myth and philosophy in Plato's Phaedrus*. Cambridge University

Press.

研究文獻

Bett, R. (1986). Immortality and the Nature of the Soul in the “Phaedrus.” *Phronesis*, *31*(1), 1–26.

Bluck, R. S. (1958). The Phaedrus and Reincarnation. *The American Journal of Philology*, *79*(2), 156–164.

Brownstein, O. L. (1965). Plato’s Phaedrus: Dialectic as the Genuine Art of Speaking. *Quarterly Journal of Speech*, *51*(4), 392–398.

Delcomminette, S. (2008). «Facultés et parties de l’âme chez Platon», *Plato* 8.

Ferrari, G. R. F. (1985). The Struggle in the Soul: Plato, Phaedrus 253c7-255a. *Ancient Philosophy*, *5*(1), 1–10.

Fóti, V. M. (1978). Eros, Freedom, and Constraint in Plato’s Symposium and Phaedrus. *Auslegung*, *5*, 66–100.

Grabowski III, F. A. (2008). *Plato, Metaphysics and the Forms*. Bloomsbury Academic.

Griswold, C. (1981). Self-knowledge and the « ἰδὲα » of the Soul in Plato's « Phaedrus ». *Revue de Métaphysique et de Morale*, *86*(4), 477–494.

Gulley, N. (1954). Plato's Theory of Recollection. *The Classical Quarterly*, *4*(3), 194–213.

Irwin, T. (1979). Plato's Moral Theory. *Zeitschrift Für Philosophische Forschung* , *33*(2), 311–313.

McGibbon, D. D. (1964). The Fall of the Soul in Plato's Phaedrus. *The Classical Quarterly*, *14*(1), 56–63.

Murray, J. S. (1988). Disputation, Deception, and Dialectic: Plato on the True Rhetoric ("Phaedrus" 261-266). *Philosophy & Rhetoric*, *21*(4), 279–289.

Nehamas, A. (1975). Plato on the Imperfection of the Sensible World. *American Philosophical Quarterly*, *12*(2), 105–117.

Paisse, J.-M. (1972). La métaphysique de l'âme humaine dans le « Phèdre » de Platon.

Bulletin de l'Association Guillaume Budé : Lettres D'humanité, *31*(4), 469–478.

P., C. J. F. (1992). The Unity of Platonic Epistemology: Divine Madness in Plato's Phaedrus. *Southwest Philosophy Review* , *8*(1), 99–108.

Ramsey, R. E. (1999). A Hybrid Technê of the Soul?: Thoughts on the Relation between Philosophy and Rhetoric in Gorgias and Phaedrus. *Rhetoric Review*, *17*(2), 247–262.

Reeve, C. D. C. (2011). Plato on Friendship and Eros. In E. N. Zalta (Ed.), *The Stanford Encyclopedia of Philosophy* (Spring 201).

Robert W. Hall. (1963). Ψυχή as Differentiated Unity in the Philosophy of Plato. *Phronesis*, *8*(1), 63–82.

Santas, G., & Mathesis Publications, I. (1982). Passionate Platonic Love in the Phaedrus: *Ancient Philosophy*, *2*(2), 105–114.

Schipper, E. W. (1965). Souls, Forms, and False Statements in the Sophist. *The Philosophical*

Quarterly, *15*(60), 240–242.

Smith, D. L. (1991). Erotic Modes of Discourse: The Union of Mythos and Dialectic in Plato's Phaedrus. In *Ingardeniana III* (pp. 233–241). Dordrecht: Springer Netherlands.

Stoeber, M. (1992). Phaedrus of the "Phaedrus": The Impassioned Soul. *Philosophy and Rhetoric*, *25*(3), 271–280.

Terence, I. (1974). Recollection and Plato's Moral Theory. *The Review of Metaphysics*, *27*(4), 752–772.

Williams, T. (2002). Two Aspects of Platonic Recollection. *Apeiron*, *35*(2), 131–152.

Young, D. (2013). Soul as Structure in Plato's Phaedo. Apeiron, 46(4), 469–498.

國家圖書館出版品預行編目資料

論美，論愛：柏拉圖《費德羅篇》譯註 / 柏拉圖 (Plato) 原著 ; 孫有蓉譯註 . 導讀 . -- 初版 . --
臺北市 : 商周出版 : 家庭傳媒城邦分公司發行 , 2017.07
面； 公分

譯自 : *Phaidros*

ISBN 978-986-477-281-0(平裝)

1. 柏拉圖 (Plato, 427-347 B.C.) 2. 學術思想 3. 古希臘哲學

141.4 106011456

論美，論愛：柏拉圖《費德羅篇》譯註

原 著 書 名／*Phaidros*
作　　　者／柏拉圖（Plato）
譯　　　者／孫有蓉
責 任 編 輯／賴芊曄

版　　　權／吳亭儀
行 銷 業 務／李衍逸、黃崇華
總　編　輯／楊如玉
總　經　理／彭之琬
發　行　人／何飛鵬
法 律 顧 問／元禾法律事務所　王子文律師
出　　　版／商周出版
臺北市104民生東路二段141號9樓
電話:(02) 25007008　傳真:(02)25007759
E-mail:bwp.service@cite.com.tw
Blog:http://bwp25007008.pixnet.net/blog
發　　　行／英屬蓋曼群島商家庭傳媒股份有限公司城邦分公司
臺北市中山區民生東路二段141號2樓
書虫客服服務專線:(02)25007718;(02)25007719
服務時間：週一至週五上午 09:30-12:00；下午 13:30-17:00
24 小時傳真專線：(02)25001990；(02)25001991
劃撥帳號：19863813；戶名：書虫股份有限公司
讀者服務信箱：service@readingclub.com.tw
城邦讀書花園：www.cite.com.tw
香港發行所／城邦(香港)出版集團有限公司
香港灣仔駱克道193號東超商業中心1樓
E-mail:hkcite@biznetvigator.com
電話:(852) 25086231 傳真:(852) 25789337
馬新發行所／城邦(馬新)出版集團【Cite (M) Sdn. Bhd. 】
41, Jalan Radin Anum, Bandar Baru Sri Petaling,
57000 Kuala Lumpur, Malaysia.
Tel: (603) 90578822 Fax: (603) 90576622
Email: cite@cite.com.my

封 面 設 計／廖韡
插　　　圖／張容慈
排　　　版／極翔企業有限公司
印　　　刷／韋懋實業有限公司
經　銷　商／聯合發行股份有限公司
電話:(02) 2917-8022 Fax: (02) 2911-0053
地址:新北市231新店區寶橋路235巷6弄6號2樓

■2017年(民106)7月初版
■2023年(民112)9月初版2.7刷
定價380元

Printed in Taiwan

城邦讀書花園
www.cite.com.tw

 ISBN 978-986-477-281-0

廣　告　回　函
北區郵政管理登記證
北臺字第000791號
郵資已付，免貼郵票

104　台北市民生東路二段141號2樓

英屬蓋曼群島商家庭傳媒股份有限公司城邦分公司　收

請沿虛線對摺，謝謝！

書號：BP6022　　書名：論美，論愛：柏拉圖《費德羅篇》譯註 編碼：

請於此處用膠水黏貼

讀者回函卡

不定期好禮相贈！
立即加入：商周出版
Facebook 粉絲團

感謝您購買我們出版的書籍！請費心填寫此回函卡，我們將不定期寄上城邦集團最新的出版訊息。

姓名：＿＿＿＿＿＿＿＿＿＿　性別：☐男　☐女

生日：西元＿＿＿＿年＿＿＿＿月＿＿＿＿日

地址：＿＿＿＿＿＿＿＿＿＿

聯絡電話：＿＿＿＿＿＿＿＿　傳真：＿＿＿＿＿＿＿＿

E-mail ：

學歷：☐ 1. 小學 ☐ 2. 國中 ☐ 3. 高中 ☐ 4. 大學 ☐ 5. 研究所以上

職業：☐ 1. 學生 ☐ 2. 軍公教 ☐ 3. 服務 ☐ 4. 金融 ☐ 5. 製造 ☐ 6. 資訊
☐ 7. 傳播 ☐ 8. 自由業 ☐ 9. 農漁牧 ☐ 10. 家管 ☐ 11. 退休
☐ 12. 其他＿＿＿＿＿＿＿＿

您從何種方式得知本書消息？

☐ 1. 書店 ☐ 2. 網路 ☐ 3. 報紙 ☐ 4. 雜誌 ☐ 5. 廣播 ☐ 6. 電視
☐ 7. 親友推薦 ☐ 8. 其他＿＿＿＿＿＿＿＿

您通常以何種方式購書？

☐ 1. 書店 ☐ 2. 網路 ☐ 3. 傳真訂購 ☐ 4. 郵局劃撥 ☐ 5. 其他＿＿＿

您喜歡閱讀那些類別的書籍？

☐ 1. 財經商業 ☐ 2. 自然科學 ☐ 3. 歷史 ☐ 4. 法律 ☐ 5. 文學
☐ 6. 休閒旅遊 ☐ 7. 小說 ☐ 8. 人物傳記 ☐ 9. 生活、勵志 ☐ 10. 其他

對我們的建議：＿＿＿＿＿＿＿＿＿＿

【為提供訂購、行銷、客戶管理或其他合於營業登記項目或章程所定業務之目的，城邦出版人集團（即英屬蓋曼群島商家庭傳媒（股）公司城邦分公司、城邦文化事業（股）公司），於本集團之營運期間及地區內，將以電郵、傳真、電話、簡訊、郵寄或其他公告方式利用您提供之資料（資料類別：C001、C002、C003、C011 等）。利用對象除本集團外，亦可能包括相關服務的協力機構。如您有依個資法第三條或其他需服務之處，得致電本公司客服中心電話 02-25007718 請求協助。相關資料如為非必要項目，不提供亦不影響您的權益。】

1.C001 辨識個人者：如消費者之姓名、地址、電話、電子郵件等資訊。
2.C002 辨識財務者：如信用卡或轉帳帳戶資訊。
3.C003 政府資料中之辨識者：如身分證字號或護照號碼（外國人）。
4.C011 個人描述：如性別、國籍、出生年月日。

請於此處用膠水黏貼